张其祥 1954 年留影

1964 年初张其祥（一排右二）和夫人（一排左二）与子女九人合影

作者（左）与父亲张其祥（右）探讨评剧唱腔艺术

2011年9月30日，张其祥（左）获“评剧耄耋艺术家终身成就奖”（中国戏曲表演学会、宇扬评剧苑网站主办，北京市京昆振兴协会协办）

藝海情痴

戏曲音乐家张其祥的艺术人生

张茂生 编著

學苑出版社

图书在版编目（CIP）数据

艺海情痴 ：戏曲音乐家张其祥的艺术人生 / 张茂生编著．— 北京 ：学苑出版社，2023.10
ISBN 978-7-5077-6802-2

Ⅰ．①艺… Ⅱ．①张… Ⅲ．①张其祥－传记 Ⅳ．①K825.78

中国国家版本馆 CIP 数据核字 (2023) 第 204134 号

责任编辑：黄　佳
出版发行：学苑出版社
社　　址：北京市丰台区南方庄 2 号院 1 号楼
邮政编码：100079
网　　址：www.book001.com
电子信箱：xueyuanpress@163.com
联系电话：010-67601101（销售部）　010-67603091（总编室）
印 刷 厂：廊坊市印艺阁数字科技有限公司
开本尺寸：787 mm × 1092 mm　1/16
印　　张：14
字　　数：197 千字
版　　次：2023 年 10 月第 1 版
印　　次：2023 年 10 月第 1 次印刷
定　　价：112.00 元

前 言

提起评剧表演艺术家新凤霞及其代表剧目《刘巧儿》《祥林嫂》等，国内乃至国外知道的人很多。但如果提起戏曲音乐家张其祥，别说国际，就是当今国内知道的人也是寥寥无几。可他却是评剧新派唱腔艺术的创始人之一，是评剧表演艺术家新凤霞所演唱的《刘巧儿》《祥林嫂》等剧目中唱腔的创作者、教授者以及剧目演出的伴奏者。他的名字和贡献为何鲜为人知呢?

我国的戏曲艺术源远流长，是民族艺术之瑰宝，流传下来的曲牌、唱腔、调式、板式等极其丰富。戏曲音乐的创作者基本无从考究，他们的成果以完整的戏的形式被一代一代艺人传下来。创作这些艺术财富的人，应该可以被认为是中国的戏曲音乐家。可是他们有的没有留下姓名，有的虽留其名，却没有得到公正的评价。

戏曲戏曲，无曲怎成戏曲？可见曲在戏中的位置是何等重要。遗憾的是，也许是一种传统观念，也许是一种偏见，对于戏曲音乐工作者，在戏曲界乃至社会上，人们都没给予相应的重视。拿戏迷来说，他们观看戏曲艺术表演十分有特点：一是看戏，二是听戏。看戏是看剧目的故事性、趣味性以及演员的扮相、身段、表演、武功等。听戏是着重听演员嗓音的音质音色，唱功念功的功力、韵味、技巧及唱腔设计的好坏。对于戏迷来说，闭着眼听腔听唱，手里再打着节奏，是一种享受。他们就是要看名角儿演戏，听名角儿唱戏，这叫“捧角儿”。我们中国的戏曲艺术也正是因各剧种的“名角儿”效应而传承发展的。在传统观念中，戏曲界的琴师、鼓师只是“傍角儿”的，是为演员服务的。

唱曲者可以名满天下，创曲者却大多默默无闻。戏曲界有艺术大师、艺术家、著名演员，却没有戏曲音乐大师、戏曲音乐家。无论文乐还是武乐，戏曲艺术没有戏曲音乐家的心血，怎能孕育出戏曲艺术大师、戏曲艺术家？这绝不是夸大其词。京剧界的梅、尚、程、荀、马、谭、裘、张等，评剧界的“白派”“新派”等，豫剧的“常派”，还有越剧、晋剧、川剧、河北梆子等各剧种中的流派，如果没有一个或几个戏曲音乐家的创作、扶持，是很难形成的。没有戏曲音乐家，中国戏曲艺术也是很难流传和发展的。没有戏曲音乐家的积极创作，戏曲改革同样是实现不了的。所以，重新认识戏曲音乐工作者的历史作用，重新确立戏曲音乐工作者的艺术地位及声誉，是戏曲改革的关键之一，也是本书写作的初衷。

张其祥先生从来没有计较过名和利，更不在意别人是否知道自己为评剧事业所做的贡献。他只关心还能继续为戏曲艺术事业做什么，也就是他近半个世纪以来最最关心的——戏曲艺术人才的培养、戏曲事业的繁荣和当今的戏曲改革。他好像就是为着某种使命而生的，那使命就是要为戏曲艺术事业的发展繁荣做贡献。因他对戏曲事业这么痴情，这么一往情深，故我们戏称其“艺海情痴”。他对戏曲事业的这种锲而不舍、一往无前的精神，很令我辈感动，而他对戏曲事业定能再现辉煌的坚定信念及为此而进行的不懈努力，更令我辈汗颜。

这本艺术传记，不仅记录了张其祥先生达到其深厚艺术造诣的成长经历，同时也记录了他对评剧艺术事业的杰出贡献，还包括他根据自己半个多世纪的艺术实践之经验，提出的关于戏曲改革及艺术人才的选拔、培养等一系列具有深刻意义的见解。从张其祥先生的艺术创作、艺术实践及其对艺术诸方面的见解中，读者不难得出他是我们中国戏曲界杰出的戏曲音乐家之一（尽管当前戏曲界还没有戏曲音乐家这种称谓）的结论。

本书尽力再现张其祥先生的艺术实践、艺术创作和艺术思想，但限于作者水平，恐不能完全准确地体现出来。在完成本书的过程中，作者对戏曲艺术的方方面面进行了认真思索，获益匪浅，了解了戏曲艺术之深奥及其与观众、舞台、市场的更深一层的关系。作者真心希望让更多的人能真正地了解戏曲艺术，真正地了解观众、舞台、市场，尤其要去了解之前未被重视的戏曲音乐家的贡献，不再让这些戏曲音乐家因“曲满天下无人识”而寒心。

张其祥先生的艺术传记最早在2000年春节前完成，给相关人士看后，觉得写得不错，本想出版成书，给戏曲艺术的改革发展做些贡献，只是字数不够，我只得自己打印十本分发给兄弟姐妹留存。2015年，张其祥先生走了，但是他的心愿还未了。作为张其祥先生的长子，我有责任和义务去继续努力完成那些未竟之事，为戏曲艺术的繁荣发展尽自己的绵薄之力。为此我将已成型的传记几经修改扩充，以期全面反映张其祥先生对戏曲艺术的贡献；并将他曾经创作的一些剧目的唱腔整理出来，尤其在一些主要唱段中，把他的伴奏曲谱标示出来，艺传有缘者，供喜欢和想了解他的伴奏艺术的同行参考指正。

为了戏曲事业的发展，我将竭尽全力对张其祥先生的艺术实践、艺术创作及其对戏曲改革的相关论述，做全面、深入而准确的记述。如能对戏曲改革与发展起到一些作用，定能告慰张其祥先生，而我也将倍感荣幸。

张茂生

2022年7月

目 录

下篇　张其祥的创腔（乐谱）/101

上篇　张其祥的艺术之路

成才之路

（1926—1949）

一、进入梨园

1920年12月24日，张其祥出生在天津市一个比较富裕的家庭，他从小就与艺术有着特殊的缘分。准确地说，他从五六岁起（1926年前后），就特别爱听声腔艺术。那时他家有一台收音机（过去叫话匣子）、一部留声机和很多唱片。只要家里有人播放有关声腔艺术的唱段，他都会专心地去听。有京剧、评剧、河北梆子，还有刘宝全、白云鹏、小彩舞这三派的京韵大鼓，也有单弦、牌子曲、西河大鼓等。

他六岁开始读私塾，每天放学回家就是听京剧的唱片，继而学唱。七八岁后他开始到外边去唱，为他伴奏的是两位当时有点名气的票友琴师。他很喜欢并享受有人伴奏的感觉，只要学会一段唱，就会马上去找琴师吊唱，为此不惜逃学。时间一长，他竟能分辨出谁伴奏得好，既灵活自然又舒服。十二三岁他开始到票房唱戏，那时他对京剧演唱艺术已经达到了痴迷的程度。他天赋极佳，不管多难的唱段，只要听两遍就能学会，而且学谁像谁，尤其喜爱马派老生。十四岁时，他结束了八年的私塾学业，不再继续求学，而是天天去票房唱戏。一直到十六岁，他已经学会了几十出戏的唱段。

中华人民共和国成立前，一般家庭只要有口饭吃，谁也不愿让自己的孩子去学戏。像张其祥这样的家庭，就更不能让他去学唱戏了。于是，他的家里托人让他到天津三条石的“美孚油行”当学徒。他白天站柜台学买卖，晚上必须留在油行睡觉，根本没办法再去票房唱戏。这对于酷爱戏曲艺术的人来说，无疑是个很大的打击。“爱到痴时缘无尽，情至浓处百慧生。”张其祥并没有因此而放弃自己的追求，他利用当时身处的特殊环境，造就了自己另一个戏曲艺术技能。

张其祥买了一把京胡，白天在油行照样学习、干活儿，晚上掌柜一回家，他吃完晚饭就拿着京胡到油行后边库房的院子里去练琴。库房的院子很宽敞，一直延伸到河边，后门就开在那里。除了一个看门老人外，过往行人很少，环境幽静，远离嘈杂，又不吵扰别人，此处正是练琴的上上之选。

张其祥会唱的很多出戏的唱段，都是对名人名家唱段的模仿，而且学得惟妙惟肖，对劲头儿、气口儿、感情、韵味儿等领悟颇深。他又听过见过名琴师的演奏，知道唱腔的过门儿、垫头儿以及那些琴师伴奏时的弓法、指法等。这就成为他练习胡琴的最大优势。所以他练习京胡的起点、层次是高于其他人的。在练琴的过程中，他能逐渐把唱腔中的感情、韵味儿、抑扬顿挫等伴奏技巧在胡琴上去揣摩练习，每天都练到深夜，这一练就是两年。盛夏之夜的库房院落也不免闷热，因近河边蚊虫又格外多，而冬季的夜晚更是格外寒冷。不管环境如何，张其祥从未间断过练琴，即使获准回家也是琴不离身。在家练琴怕吵别人，他就用一根筷子代替琴码，把胡琴的琴弦一别，一直练到夜深人静时。这两年不是简单的两年，而是他在艺术方向上由最喜爱的戏曲演唱艺术到戏曲伴奏艺术的转换，并且取得了初步成功的两年，这种转换成为他以后步入戏曲界的契机，这两年也是对他的勤奋与意志的考验与磨炼。他在对艺术永无止境的追求下诞生出超越一般的意志力。

“美孚油行”的掌柜发现张其祥不能专心学买卖，而是热衷于拉琴，于是借故辞退了他。结束了两年学徒生涯的他已经十八岁了，并没有因此而沮丧，反而非常高兴地回到了票房。彼时的他不只是单纯想到票房去唱戏，更主要的是想尝试一下自己练了两年的琴艺能不能被票友认可。没想到大家听了他的伴奏，不只是惊喜，简直是惊呆了。两年没见，张其祥不仅学会了胡琴，还拉得挺好，于是大家都愿意让他伴奏，这一伴奏就又是两年。

如果说张其祥在油行仓库的两年练的是自己用琴为自己心中的演唱伴奏，逐渐达到了初步的“心琴合一”；那么在票房的两年他则是用琴用心去为别人伴奏，去捕捉、去体验、去熟悉、去掌握别人的特点（包括优点和缺点），不断地去体察、揣摩别人内心情绪的变换，以逐步达到默契。这种捕捉、体验、熟悉、掌握别人的特点，体察别人内心情绪的变换的过程，就是用自己的心去和对方的心相沟通的过程。这是戏曲伴奏艺术领域独特的“他心通”，是任何一个优秀的戏曲伴奏艺术工作者通过自己的深刻体悟和磨炼而必须达到的一种境界，一种“心琴合一”“心心合一”的境界。张其祥正是在这前后各两年的潜心磨炼中，使自己的“功力”“心力”都得到了惊人的感悟和提高。

张其祥的家庭是个严厉的家庭，同时也是一个宽厚的家庭。尽管他们不愿意自己的子女进入戏曲这一行，但看到张其祥对戏曲艺术的痴迷与执着，最终还是同意了。

那时要是真干戏曲这一行是很不容易的。首先，你必须要有师父；其次，作为琴师只会拉胡琴还不行，还必须兼职演奏一些相关的乐器，如唢呐、堂鼓等。于是，张其祥就拜在天津当时有名的琴师铁月亭老师门下，进一步学习和掌握京剧伴奏艺术的诸多知识和技巧，至此张其祥正式进入戏曲界。

二、初登舞台

张其祥踏入专业剧团参加伴奏工作的机缘，是从为一名叫赵晓岚的青年旦角儿演员伴奏开始的。赵晓岚的扮相、嗓音都好，是个非常有发展前途的艺术人才。她每到一个台口，三天打炮依次为《玉堂春》《红鬃烈马》《纺棉花》三出戏。在天津、唐山等地演出了两三个月后，赵晓岚就又应约去了上海，据说她在上海曾与周信芳合演过京剧《坐楼杀惜》。

张其祥首次也是在京剧班社参加的唯一正式的舞台上的演出，就是给赵晓岚伴奏。她的琴师叫崔宝贵，在天津、唐山等地演出的两三个月的时间里张其祥为他拉京二胡。正式的舞台演出不同于票房的演出，不单纯是环境的不同，伴奏者在听觉、视觉、心理等方面的感觉都不同。尽管张其祥在十五六岁时已经学会了几十出戏，但毕竟没有正式在舞台上与专业乐队合作、为专业演员伴奏过。这些演出带来的正是他所急需的舞台实践经验，哪怕这一伴奏工作仅有两三个月的时间，对他来说也是十分重要的。

一般情况下，第一次正式参加专业剧团演出，总会让人既兴奋又紧张，有的人甚至紧张超过了兴奋。而张其祥唯一有的感受就是专注与兴奋，他整个人都投入进去了，几乎到了忘我的境地。这里不仅有和演员的默契配合，也同时有与京胡及打击乐器的默契配合 。他自我感觉很好，同行也觉得他不错。

这两三个月的成功演出实践，对于张其祥来说是一种证明，也是一种检验，是对他十几年痴迷京剧艺术与刻苦磨炼技艺成果的证明与检验。不仅如此，他还在戏曲伴奏艺术的感觉上、认识上有了一个飞跃，那就是他感觉到了综合艺术的深刻内涵及触摸到了戏曲伴奏艺术的真谛。

张其祥对艺术不是泛泛的模仿者，而是一个具有艺术天赋的有心人。短短两三个月的演出对他来说已经是非常可观了，因为每一场艺术实践都能让他从中获得极大的教益，使他的艺术素质、艺术修养不断升华。那么他为何在赵晓岚应约去上海后，没有留下或再到别的班社去搭班儿演出、深造呢？这是因为他经历了一个惊人的、不可思议的变化，让其从对京剧艺术的偏爱，转向探究兄弟剧种的艺术之路。

三、接触评剧

张其祥由于酷爱京剧艺术，所以结交了不少京剧界的朋友。他的拜把兄弟中就有好几个京剧演员，像焦麟昆、小盖玉亭、李仲林、李桂鑫等。其中唱文武老生的焦麟昆的三哥焦景俊是当时“评剧皇后”白玉霜的琴师，由于这一层关系张其祥能有幸经常去看白玉霜的戏，时间长了就和别的场面先生也熟了。给琴师焦景俊拉二胡的是白玉霜的弟弟李国章，只要一看到张其祥去看戏，就马上把二胡交给他，自己则跑去跳舞。尽管张其祥以前也听过白玉霜以及其他评剧名角儿的唱片，终究对评剧艺术了解不够，像这样能经常有机会给白玉霜伴奏，让他逐渐真正地了解了评剧艺术，了解了当时极负盛名的“评剧皇后”白玉霜的演唱艺术。

白玉霜的扮相极富魅力，而更富魅力的是她的演唱艺术。她的嗓音宽、厚、亮，在她演唱时不仅仅是感人肺腑，有时她的声音力度竟然使人震撼。这不能不让张其祥深感震惊。他被白玉霜的演唱艺术所征服。他从白玉霜的演唱艺术中，深刻认识并体会到了声音的魅力与震撼人心的“力”的魅力。有时白玉霜到北京来演出，他竟自费到北京为其拉二胡。张其祥就是这样，凡是好的艺术他都如痴如醉地去学，从不满足自己已经会了什么，会了多少。只要是好的演唱艺术他都要学，而且要学好，要把它真正变为自己的，大有容纳百川之胸怀。正因他有这样的胸怀，在艺术上才没有受世俗与偏见的影响，才使得他在以后的艺术创作中，做出了杰出的贡献。

由于白玉霜那超凡的艺术魅力的影响，张其祥迷恋上了评剧，而一次偶然的机会，他正式地踏入了评剧艺术之门。

四、走上评剧舞台

一个刚“出码儿”（在天津对刚离开师父单独挑班儿的青年演员的习惯称呼）的女青年演员刘玉舫，在一次演出快要开戏时，为她拉弦儿的琴师没来，恰逢张其祥在场，在大家的要求与鼓励下，为了救场，他没戴“手套儿”（拉评剧板胡专用的银质指套）拉了一场戏。这是张其祥用板胡伴奏的第一场评剧，更是他正式踏入评剧界的关键的第一步。

板胡是评剧乐队的主弦儿，拉板胡的最起码也要熟悉演员及唱腔。张其祥虽然在为白玉霜伴奏二胡时学了不少剧目，但不是所有演员演唱的剧目都一样，而且他也从来没有练习过板胡。何况那时的板胡琴弦和现在的不一样，那时京胡的里弦是老弦，外弦是二弦。而板胡的里弦是占弦，外弦是老弦。而且板胡弦儿的调门儿定得高、硬度大，不戴“手套儿”根本拉不了。张其祥能伴奏完这场戏真是不可思议。因为是救场，各个方面的不足大家都有所谅解，但是这种胆量、这种能力，不能不让人佩服。张其祥喜欢迎接挑战，凡是那些他不熟悉而又必须掌握的领域，他必须战胜它、掌握它，而且还要做得更好，这就是他的性格。

自那次救场演出结束后，他向别人借了“手套儿”，回家连夜练板胡。第一次戴“手套儿”来回打滑按不住弦儿，指法也和京胡、二胡不一样，但他练了一个小时就逐渐适应了。第二天又练了一白天，晚上就开始戴“手套儿”正式为刘玉舫伴奏了，先后在天津、塘沽、唐山、济南等地演出近一年。这期间张其祥的板胡伴奏技巧有了长足的进步，还形成了自己独特的伴奏风格。从此，张其祥正式开启了评剧伴奏艺术的辉煌历程。

在刘玉舫之后，张其祥又分别为青年演员爱令君（著名评剧演员爱莲君的侄女）和著名评剧演员郭砚芳伴奏过一段时间。1949 年他随花明仙到北京，在华北剧场演出《天河配》等剧目，其间又结识了著名评剧演员筱俊亭。筱俊亭表示希望张其祥为她伴奏一段时间。就这样花明仙在北京演出结束后，张其祥又为筱俊亭在北京及天津汉沽伴奏了二十天左右。之后著名评剧演员喜彩苓又约张其祥傍她去哈尔滨演出。临出发前几天张其祥独自在天津南市听京韵大鼓，这是他多年养成的习惯与爱好。评剧琴师张春荣找到了他，问他是否要傍着喜彩苓去哈尔滨，并表示希望能与他换一下。张其祥问他怎么回事，张春荣说他现在正傍着新凤霞准备去北京演出，因和她闹别扭不愿傍她了。张其祥向他了解新凤霞的情况，他说新凤霞是刚出码儿不久的年轻演员，所以知道的人不多。张其祥表示给谁伴奏都行，但必须要征得喜彩苓及其母亲的同意。就这样在征得她们母女同意后，张春荣随喜彩苓去了哈尔滨，张其祥则随着新凤霞的班社到了北京。这真是“天降奇缘”，二人的合作从此造就了一代评剧明星。

从 1926 至 1949 年这二十三年之中，张其祥从酷爱演唱艺术到酷爱伴奏艺术，从迷恋京剧到迷恋评剧，这二十几年的艺术学习与实践，对他来说是各种艺术技艺的综合性积累，是综合艺术能量的聚积。这聚积的艺术能量在他以后的艺术创作与艺术实践中，绽放出五彩缤纷的艺术花朵，折射出一个个耀眼的光环。

打造新星
（1949—1958）

一、基本条件

唱腔在剧目中占很重要的位置，是戏曲艺术的重要组成部分。一个剧目中唱腔的优劣，能直接影响此剧目的命运及价值，进而影响演员的艺术表现力及艺术创作力。一个具有保留价值的剧目，其唱腔必然优秀，而优秀的唱腔可以激发演员的创作灵感与创作激情，从而调动他们的一切技术、艺术手段与潜能，使“唱”与“做”表现得更加完美，达到表演艺术与演唱艺术的高度统一，这就是戏曲优秀唱腔艺术的魅力所在。

因为我们现在只是单纯地谈论唱腔艺术，当然好的剧本、好的唱词，是创作好的唱腔的根基之一；好的唱腔和好的剧本还必须要由好的演员演和唱，而好的演员还必须要通过好的剧本和好的唱腔的滋养与孕育，当然还必须有好的导演、好的琴师、好的鼓师等。这就是我们中国戏曲艺术极其特殊的综合艺术之内涵。

戏曲唱腔的创作不同于其他音乐体裁的创作，有其自身的特殊性和局限性。如果单纯从剧情及人物的需要出发来设计唱腔，那就方便多了，作曲者可以依据自己所掌握的音乐素材，充分调动自己无限的想象力去尽情地创作。

而创作戏曲唱腔则不同，首先唱腔创作必须符合所属剧种特有的风格、板式、旋律、韵味而非其他，其次还必须根据不同演员自身的演唱特点、风格去创作，正是这种种因素增加了创作的难度。

张其祥不愧为戏曲创腔艺术的大家，他凭借自己二十多年所汇聚的各曲、剧种中的优秀唱腔艺术之精华，在有限的空间进行了无限的创作，进而丰富和拓展了这一有限的艺术空间。

作为戏曲音艺家，艺术天赋是其进行唱腔艺术创作的内在条件；具备丰富的戏曲音乐唱腔知识及多种唱腔艺术素材，则是进行唱腔艺术创作的外在条件。如果这两个条件都具备，音乐家还得有创作天赋。临摹、仿照都不是创作，虽然这在书画界被视为一种学习方法，也是对书画艺术修养的一种积累（有的人却也能练到乱真之境界）。然而，唱腔创作是在原有基础上有所发展、有所突破而另具新意。哪怕是一句唱腔中只动一两个音符，或板式的变换等等，都可使此句乃至整段唱腔令人耳目一新。具有创作天赋的人从不满足已有的，总是在不断追求探索更新、更高的艺术境界。最后还要看机遇，没有机遇一切都是空话。

以上各项条件张其祥完全具备。值得一提的是，他除了具备多种声腔艺术修养外，最重要的是他会唱且懂唱，会伴奏且懂伴奏。他可以根据剧中人物的感情需要，判断出哪一句该用什么腔儿，加什么过门儿、垫头儿等，他的伴奏使唱腔和过门儿浑然一体。那么他创作唱腔的机遇是怎么出现的呢？

二、重要机遇

从天津到北京是张其祥的机遇之一。他从天津到北京为新凤霞伴奏，就好像“天降奇缘”。原来，为新凤霞伴奏的琴师张春荣在恰当的时机找到了张其祥并与其对换，否则彼时的张其祥将不是在北京与新凤霞合作，而是在哈尔滨与喜彩苓合作。如是，新凤霞所上演的《刘巧儿》等剧目的唱腔，可能会是另一种腔调。

此次张其祥随新凤霞到北京演出，恰逢中华人民共和国刚刚成立，各行各业都展现出勃勃生机，这是他的机遇之二。在当时北京市文艺处的参与下，为新凤霞成立的私人班社，即“凤鸣剧社”。该社所有演员、乐队伴奏人员等，都在天桥“万胜轩”稳定下来，这是大家所没想到的。久占“万胜轩”，戏就不够唱，原有的戏又不能总是反复演，必须排新戏，这是其一。其二，当时政府鼓励演现代戏，只要在每场演出时，开场先演一个小型现代剧目，如《兄妹开荒》等，就可以减税。

张其祥到北京与新凤霞“天降奇缘”似的合作，“凤鸣剧社”在北京站住了脚，中华人民共和国的成立带来新的形势与新的需求，这一切都为张其祥步入唱腔创作之路提供了最好的机缘。

为了便于叙述，我们把张其祥唱腔的创作工作按时间、单位、对象的变换顺序来划分为几个时期。第一个时期是 1949 年底至 1952 年由“凤鸣剧社”改为“首都实验评剧团”时期，这也是为新凤霞创作唱腔的时期。据张其祥回忆，这期间所创作的唱腔有八个剧目。

三、为新凤霞创作唱腔时期

谈张其祥的唱腔创作之前，必须先介绍他多年创作唱腔时必备的两样工具，即一把二胡，一本字典。二胡的作用是在他唱腔创作完成后，用自拉自唱的方式去感觉这段唱腔的意境与韵味，再配以恰当的过门儿和垫头儿，使唱腔和伴奏形成一个比较和谐的整体。而字典也很重要，一来可查生僻字，二来因为张其祥是天津人，很多字的发音不够准确，所以他创作唱腔时离不开字典这个老师。

1949—1952 年张其祥主要为新凤霞创作唱腔。张其祥最早为新凤霞创作的是一个小型的现代节目《四劝》，内容是劝人向好。虽然情节比较简单，唱段也不多，但这却是张其祥的处女作，使他初次品尝到了创作的滋味，也从此激发了创作激情。他又为新凤霞相继设计了《小二黑结婚》和《刘巧儿告状》两个剧目的唱腔。《小二黑结婚》一剧在马少波的帮助下，利用每天夜场演出结束后进行整理排练，马少波亲自导演。由于是在夜场演出后排戏，不免惊扰了附近居住的民众，不免有的民众就来过问。剧场外的警卫人员告诉他们有重要任务，首长在帮助排戏，请大家谅解。几天后该团有幸到当时的市委小礼堂演出，当剧中人物小芹唱完“要感谢伟大领袖毛主席”这句唱腔时，整个礼堂的电灯突然全亮了，台下掌声雷动。因当时张其祥正巧坐在台口外侧，他回头一看，只见身着灰色棉军装的朱德、刘少奇、周恩来等很多中央首长向着同样身着灰色棉制服的毛主席热烈鼓掌。毛主席也站起身向大家边鼓掌边点头致意。张其祥内心万分激动，他不敢相信他们的剧团能给以毛主席为首的中央首长们演出，这在当时是多么大的政治荣誉呀！半个世纪过去了，他对这场演出仍记忆犹新，每当谈起当时的情景，他的脸上总是显现出无比激动之情。之后他们又多次到怀仁堂去为首长演出，对他们来说这是最大的荣誉与信任。

最初设计唱腔的体会与感觉是非常重要的。过去张其祥唱的是别人的唱腔，拉的是别人的创作；而现在教的是自己创作的唱腔，伴奏的也是自己设计的过门儿、垫头儿。这里面有一种用言语难以表达而又非常微妙的感觉。更重要的是张其祥取得了极其宝贵的创作经验，可以把过去所积累的各戏曲剧种、曲艺曲种的众多优秀唱腔之旋律、板式、调式等融会贯通而为己所用，再根据演员自身的嗓音条件及演唱特点，与剧中人物的特定感情需要相结合，创作出既能发挥演员自身特长，又能符合人物感情需要的唱段。张其祥后来为新凤霞设计创作的《红楼二尤》《锁麟囊》《祥林嫂》等剧目，已开始逐渐体现出这些特点。《红楼二尤》《锁麟囊》两个剧目移植自京剧，张其祥对其唱腔成功的设计得益于他懂京剧，尤其懂京剧的唱和伴奏，所以他没有完全沿用传统的评剧唱腔风格特点，而是糅进了一些京剧唱腔的元素，使之初显新评剧唱腔艺术诞生之势。20 世纪 80 年代初新凤霞还找过张其祥，问还记不记得《锁麟囊》那出戏的唱腔，说那出戏的唱腔很美，她很喜欢。然而事隔三十多年，张其详也记不起来了。因为当时都是口传心授，演的场次又不太多，又没有录音及记谱的能力，所以不可能回忆得起来。对此张其祥自己也很惋惜。

这些剧目中，《祥林嫂》一剧的成功上演，彻底改变了凤鸣剧社的地位及形象，提高并扩大了新凤霞的知名度。中华人民共和国成立前北京戏曲界有“街南”“街北”之分，街南即天桥一带，在这儿唱戏的都是一般的或刚“出码儿”的小角儿，票价较低，看戏的都是靠卖力气营生的劳动者和普通平民百姓。而有名气的演员则在街北，即在珠市口以北唱戏，票价较高，看戏的除了少数平民百姓主要是一些有点身份的人。中华人民共和国成立初期基本上还延续了这种观念。在当时北京市文化局副局长张梦庚的关心帮助下，凤鸣剧社被安排在街北有名的剧场——长安大戏院演出评剧《祥林嫂》。这不是一场简单的演出，长安大戏院是著名京剧演员常年演出的剧场，从不轻易接待地方剧种，何况还是个出自天桥的名不见经传的小型私营评剧班社，这在当时是不可想象的。演出的成功与否，对这个私营班社来说是极其重要的。然而，在张梦庚的精心运作下，《祥林嫂》第一场不仅客满了，而且演出效果出奇地好，反响很大，连后几场也全部满座。这个小私营剧团成功了，一炮而红并取得了轰动效应，说明“街北”的观众承认了这个团，承认了新凤霞，接受了这个剧目，也接受了这个团的艺术。如果总结一下其成功的原因的话，除了文化局领导的关怀帮助外，还因为此剧是个现代戏，是由鲁迅的名作《祝福》改编而来的，有知识有文化的阶层愿意看；又因为是戏，没文化的平民百姓也爱看。这是此剧成功的基础。剧本虽好，演得不好，也没人看，所以其成功的第二个因素是凤鸣剧社的综合艺术实力，包括主角儿、配角儿、唱腔音乐等。因为这里主要谈的是张其祥的创腔艺术，所以其他艺术的内容暂且不谈。那么这次成功的演出和张其祥的创腔艺术有多大的关系呢？

大家都知道“唱”在一个戏曲剧目中是多么重要，那时观众看戏首先就是要听唱。这里“听”有两个含义：一是听演员嗓子怎样，二是听唱得怎样。腔好听不好听，唱得有没有感情。然后再看你的表演如何。唱腔创作得好，符合人物感情，就能激发演员二度创作的热情，激活他们的表现能力。演员喜欢、爱唱，再加上嗓子好，达到声情并茂，观众怎会不爱听？张其祥创作的唱腔，突破了老评剧唱腔的传统模式，从唱腔的运行走势，到字句的排列，都做了重新设计。这种设计不是刻意的加工，而是自然地由心而生，是他聚积二十多年的艺术能量的自然释放。有人向他请教他是如何创作唱腔时，他说看完剧本，根据剧情的需要把所有唱段板式、调式定一下，就开始设计主要演员的唱段；根据演员的嗓音特点及感情的需要，按照唱词所反映、提示的剧情场景等，在心里就形成了一种旋律。一遍两遍，他就记下了——不是用笔记，那时还没有记谱之说，他本身也不识谱，他是用心记下了，唱腔就在他心里。然后他再教给演员唱，就这么简单。

在《祥林嫂》这出戏里，所有唱段没有一个华丽和造作的乐句，有的只是像说话那样流畅、上口、好听且有情的旋律。它们听起来像是对朋友倾心诉说自己的故事那样的亲切而自然。后来，在张其祥很多出戏的唱腔创作中，都表现出这种风格，这也是张其祥为新凤霞创作的唱腔的特点之一。由于京剧在张其祥的心里有极深的烙印，所以不管是他创作的唱腔的形、势、气派，还是他设计的伴奏的方法、过门儿、垫头儿等，都能隐现京剧的痕迹。所以，老评剧观众听了这样的评剧觉得耳目一新，老京剧观众听了觉得既熟悉又陌生且很好听。这种新的评剧音乐，两方面的观众都能接受并给予肯定。这就是张其祥的创腔艺术与《祥林嫂》演出成功之间存在的因果关系之一。

随着凤鸣剧社这个小私营剧社的影响越来越大，也正值当时要配合对私有制的改造，以新凤霞为首的剧社中的十三个人，向北京市文化局借款，从班主手里买下了这个剧社的全部财产，剧社更名为“首都实验评剧团”，借款的十三个人组成团委，负责偿还文化局的借款。从此私营的凤鸣剧社转变为由十三个团委组成的集体所有的首都实验评剧团（后更名为“北京市评剧团”）。为了更有利于这个团的发展，文化局把西珠市口的民主剧场作为剧团的演出基地，团部设在西珠市口煤市街内的大马神庙胡同，为剧团进一步的腾飞奠定了坚实的基础。

为了揭露旧社会黑恶势力对艺人的迫害，由市文化局派来的王雁执笔，剧团以原天津一个恶霸为原型进行剧本创作。剧团利用散夜戏后的时间，组织了几个团委围坐在舞台上，你一言我一语谈论他们所了解的有关天津恶霸的恶行，由王雁记录后，回家整理。这样反复数日，一个具名为《艺海深仇》的剧本终于写成并进行了创作排练。该剧演出的效果非常好，可以说轰动京城。此剧的音乐唱腔同样没有留下记录，只有新凤霞唱的那段“反调”因灌制唱片才得以保留。这段“反调”和《祥林嫂》剧目中的“反调”一样，给人耳目一新之感，尤其再经新凤霞一唱，让人听后总是久久不能忘怀。

为了宣传婚姻法，团里决定改编重排《刘巧儿告状》一剧，由北京市文化局派王雁帮助改编剧本。王雁根据 1943 年袁静的剧本《刘巧告状》和说书演员韩起祥的《刘巧团圆》进行改编，尤其对“小桥”和“桑园”两场戏做了重点加工创作，并正式更名为《刘巧儿》。该剧请人民艺术剧院的著名导演夏淳执导。音乐及唱腔设计由张其祥和杨嘉林分工设计，张其祥负责巧儿及与巧儿唱段相连接的其他演员的唱段，杨嘉林设计王寿昌的唱段及剧中的合唱。

由于对新凤霞演唱特点有了更深入的了解，又由于剧本中的情节、唱词提供了更准确的提示，在《刘巧儿》一剧中，张其祥为新凤霞进一步创作了更加经典且风靡一时的优秀唱段。

“小桥”一场戏如果按传统设计方法，巧儿出场用小锣夺头或小安板比较规范，既欢快又端庄，又不失主角儿的身份。但张其祥不单纯从主角儿的身份去考虑，而是从剧情及剧中人物的特定身份及特定环境去考虑设计。剧本已提示出欢快的情绪，张其祥觉得新凤霞的嗓子就像小喇叭一样明亮，于是他就借用评剧《老妈开谤》的〔喇叭牌子〕进行加工创作。虽然可以用其他比较欢快的板式，但〔喇叭牌子〕更欢快、更自由、更具灵活性。唱腔完成后，有的同行提出〔喇叭牌子〕与主演的身份不符，夏淳导演决定试用几天看效果再定，结果非常理想。用〔喇叭牌子〕设计的这段唱腔，充分体现了新社会农村姑娘那活泼、热情、可爱的性格。主角刘巧儿因为对自主婚姻及美好生活的追求及向往，便觉得身边的一切景物都变得更加亮丽可爱，展现出了勃勃生机。这段〔喇叭牌子〕的唱词与唱腔、情与景水乳交融，是那么美妙地结合在一起，不仅为演员的表演提供了丰富的创作依据，同时也为演员提供了一个更加广阔的表演空间。这段唱设计得欢快、流畅、上口，一句唱词三十九个字一气呵成，可谓天才佳作。

“情”是一切艺术作品的灵魂，不管任何剧种的唱腔，任何国家的民族歌曲、乐曲还是书画诗文，有“情”，作品才能栩栩如生，才能感人而更具生命力。张其祥创作唱腔除了运用他娴熟的艺术技巧外，“情”则是他创作的灵魂。他创作的任何一段唱腔，哪怕是一句，都能真切地反映出“情”与艺术技巧的融合。如《刘巧儿·桑园》一场戏中，巧儿所唱“说柱儿是傻瓜不懂人情”一句，他设计了一个比较长的“疙瘩腔”。这句唱腔的设计，充分体现了巧儿在当时学说这句话时的心情——尽管这句话原是她爹骗她时说的，但当时她相信了并退了婚，现在再和别人提起很觉不好意思，而且还要从自己嘴里再次说出这句话，哪怕是重复别人说的她也不情愿，因为柱儿是她心上人，更何况这句“是傻瓜不懂人情”在当时农村中还有一个更深层的含义，那就是他不能尽人事，女方要守一辈子活寡。所以，这句唱腔充分表现出了巧儿内心深处那复杂而微妙的感情变化。从这一句唱腔中，又可以看出张其祥创作的另外两大特点：一个是他充分利用演员自身的演唱特点来进行创作，以便更好地发挥演员自身的优势；二是他善于把其他剧种中一些唱腔的旋律经过加工用于自己创作的作品中。比如，“说柱儿是傻瓜不懂人情”这句“疙瘩腔”，就是他借用京剧《玉堂春》一剧中玉堂春所唱“这堂官司未用刑，玉堂春这里我就放了宽心”一句中“放了宽心”的行腔。张其祥把它稍加改动，就成为“是傻瓜不懂人情”这句“疙瘩腔”的行腔。一借一改，我们不难看出张其祥心中各种唱腔旋律的积累是多么丰富，而其创作唱腔的艺术又是多么娴熟。

张其祥认为新凤霞的嗓音清、脆、甜、亮、美，如果按照当时流行的评剧“四大名旦”的演唱方法，不仅力不从心，更会埋没了她天生的甜美嗓音。所以在为新凤霞设计唱腔时，张其祥总是找机会突出她自身嗓音的优势。从《祥林嫂》一剧开始，便尝试采用“说唱”的演唱方法。

“说唱”演唱艺术是我们民族一种独特的演唱形式，这种唱法像平常说话一样清晰、自然、流畅，因此其发声的位置比美声靠前，也就是平时说话的位置。民间曲艺中的单弦、京韵大鼓等，就用的是这种“说唱”的表演形式，而这种“说唱”也正是张其祥最喜爱的演唱艺术之一，而且他学唱得很到位。

所以用这种演唱方法设计新凤霞的唱腔，对张其祥来说游刃有余。恰恰新凤霞的发声位置也较靠前，采用“说唱”的演唱方法最能发挥她嗓音的优势。可以说她在《刘巧儿》一剧中的“疙瘩腔”，正是运用这种演唱方法，最大化地演绎了“疙瘩腔”的艺术魅力。作为代表评剧新派艺术特征之一的“疙瘩腔”，在刘巧儿的几个唱段中，随着不同的感情的变化而变化，既发挥了新凤霞的演唱特点，又丰富了“疙瘩腔”的表现形式。

在排演《刘巧儿》之后，新凤霞又排演了评剧《牛郎织女》。据张其祥说，此剧的唱词是由新凤霞的爱人吴祖光重新编写的，唱词写得非常好，尤其是织女刚出场的那段唱词。张其祥又充分运用了她最擅长的“疙瘩腔”进行了唱腔创作，艺术效果精彩绝伦。这个剧目也进中南海给中央首长演出了，演出过程中吴祖光台上台下地忙，非常认真负责。

由于新凤霞离团参军，她与张其祥之间的具有历史意义的三年合作就此结束。在这三年的合作中，诞生了以《祥林嫂》《刘巧儿》《艺海深仇》等剧为代表的新派评剧唱腔艺术，以崭新的面貌与独特的风格向人们展示了新派评剧艺术的魅力。

新凤霞是中华人民共和国成立后以惊人的速度成长起来的评剧表演艺术家，如果那时她和张其祥没有分开而继续合作，应该还会排出更多更好的戏，张其祥也会为新凤霞创作出更多、更美、更好的唱腔。

四、为李忆兰创作唱腔时期

新凤霞的突然离团参军，给剧团带来了很大困难，演出收入一落千丈。同样，新凤霞离开了这个合作集体，也给她自身带来了艺术上无法弥补的巨大损失。尽管 1956 年她拍了《刘巧儿》电影，后来在中国评剧院排演了诸多剧目，但是她最有风采的舞台形象、最脍炙人口的唱段，都是在首都实验评剧团期间创造的。

为了帮助解决评剧团的困难，北京市文化局领导从中国京剧院调来青年演员李忆兰，随即评剧团又先后从天津请来了当时就已是著名评剧演员的张锜青（艺名花月仙）和小花玉兰。这就是以后北京市评剧团所形成的、极具实力的“三驾马车”演出阵容。1952—1958 年，张其祥主要为李忆兰创作唱腔。

李忆兰是京剧演员，她习惯用小嗓演唱。为改变其演唱方法，张其祥一字一句地教她唱《刘巧儿》的唱段，从吐字、发声到演唱的韵味、技巧等，并天天亲自为她吊唱。她经过一段时间的刻苦练习，基本掌握了评剧大嗓的演唱技巧和方法，小嗓改大嗓初步获得成功。在此基础上，由文化局和剧团领导为她安排的第一出戏就是现代评剧《女教师》。该剧由市文化局局长王亚平编剧，人民艺术剧院的苏民执导，张其祥为她设计唱腔。为了排好该剧，由当时的市文化局副局长王松声带队，到北京东郊管庄小学去体验生活。参加体验生活的有导演苏民及主要演员李忆兰、王度芳，创作唱腔的张其祥与张定和（中国歌剧舞剧的作曲家）。北京市文化局对这个剧团的扶持力度之大，可见一斑。从《女教师》这个剧目开始，由作曲家张定和为张其祥记谱，从此剧团才开始有了曲谱（以后张其祥创作的很多出戏的唱腔都是由张定和记谱）。

《女教师》一剧是当时市文化局局长王亚平专门为李忆兰写的。李忆兰的形象、扮相都非常好，扮演女教师绰绰有余。只因她从小学的是京剧，现在不但让她唱一大出评剧，还是一大出现代戏，这对她来说是个巨大的考验。所以张其祥为了让她打好评剧演唱艺术的基础，在符合人物感情的基础上，这个剧目的唱腔基本上是用传统评剧的板式、唱法来设计的。设计唱腔的过程同时也是张其祥对她的嗓音特点及演唱艺术的功力、表现力的一种熟悉和掌握的过程，为以后为她设计属于她的唱腔做好准备。此剧演出时，正值中央文化部主办首届全国戏曲会演[1]，李忆兰在此次会演中，不负众望，荣获演员三等奖（有说她获得的是二等奖）。同年“首都实验评剧团”改称“北京市评剧团”。其后张其祥基于同一个出发点，又为李忆兰创作了《罗汉钱》一剧的唱腔。

经过近一年的学习、排练和演出，李忆兰基本掌握了评剧的演唱艺术，同时张其祥也通过李忆兰的演出，基本掌握了她的表演能力及演唱能力和特点。她原是京剧演员，身段、表演大气，非常适合饰演官旦一类的角色，而且她还能演武戏，在评剧界是很难得的艺术人才。

《张羽煮海》一剧同样是市文化局局长王亚平为市评剧团及李忆兰创作的。该剧在 1954 年参加了北京市戏曲会演[2]，李忆兰再一次喜获殊荣，此剧也同时荣获音乐唱腔创作奖，并连续上演数百场且场场客满。自此，剧团再一次走出困境，虽不似新凤霞时期之辉煌，却也雄踞市内各演出团体之榜首。

继《祥林嫂》《刘巧儿》之后，《张羽煮海》一剧再次成为全国评剧界所推崇之剧目，李忆兰也在进入评剧界短短一年多后就一跃成为全国著名的评剧演员。

《张羽煮海》是一出美丽而完整的神话剧目。一场场动人的情节，一句句美丽的如诗一般的唱词，再一次激发了张其祥的创作激情，一个个动听的旋律由心而生。这些旋律时而像涓涓细流，如淌不尽的琼浆玉液，让人心醉；时而又似怒海狂澜，汹涌澎湃震撼人心。感人的情节，诗般的唱词，美丽动人的旋律，是那么自然而美妙地结合在一起，组成了一个渐臻完美的评剧艺术珍品。这出戏的唱腔设计集中体现了张其祥创腔艺术的形与势、神韵与气

1 即第一届全国戏曲观摩演出大会。由中央人民政府文化部举办，1952 年 10 月 6 日至 11 月 14 日在北京举行。

2 即 1954 年北京市第一届戏曲观摩演出。

派之精华，是其艺术创作的巅峰之作。在这里，不对每个唱段进行剖析，只简单介绍一下张其祥在此剧的创作中对评剧艺术的又一大贡献，即评剧演唱艺术的紧打慢唱板式的创编过程。

《张羽煮海》一剧中，龙宫三公主琼莲与宫女走出龙宫，看到了向往已久的人间美景，边走边抒发自己的情怀。此情此景，如诗如画。而评剧中原有的板式无法表现那神形飘逸、动如行云流水的神女风采。最终张其祥认为，只有京剧中的摇板板式，才适合表现与抒发神女的情怀。于是，他反复思考怎样才能把京剧摇板的板式，运用在评剧演唱艺术之中。深夜创作是他的习惯。夜深人静，为免影响家人，他一人不知在马路上往返了多少次，不管是《失街亭》还是《宋士杰》，京剧中的摇板他都唱，然后把《刘巧儿》一剧中的“巧儿我采桑叶来养蚕”一段上板的唱段按京剧的摇板唱。经过反复试唱，终于诞生了这个流传至今的紧打慢唱板式。这一板式的诞生，不仅扩展了演员演唱及表演的空间，也同时拓宽了评剧音乐的创作空间，进而丰富了评剧艺术的表现力和感染力。

《张羽煮海》之后，由于不知名的原因，市文化局不再给予北京市评剧团艺术上的支持，包括派来支援剧团艺术工作的编剧、导演等都被调到北京京剧团去了。北京市评剧团只好自力更生，派人到处寻找剧本，这期间张其祥又为李忆兰创作了《白蛇传》《花木兰》《樊梨花斩子》《拜月记》等剧目的唱腔，其中《白蛇传》剧本是从上海越剧团找来的越剧本。

其实评剧、京剧都有《白蛇传》剧目，但在唱词、唱段的创编表述上各有不同。张其祥一看是从上海越剧团找来的越剧本《白蛇传》，头脑里自然涌现出越剧唱腔的旋律。因为 20 世纪 50 年代初上海越剧团曾经来北京演出过越剧名剧《梁山伯与祝英台》，张其祥非常喜欢越剧那优美的旋律，有时还会给家人唱上一段越剧《梁祝》的唱段。所以，他为李忆兰创作的《白蛇传》

唱腔带有明显的越剧韵味，但听起来又是评剧，尤其是“断桥”一场的唱腔，没有老评剧那高亢激昂的旋律，而代以低回婉转的抒情唱法，尽显白素贞贤惠温柔的一面。

在《花木兰》一剧中，张其祥借用京剧的西皮声腔创作了花木兰从军路上的一段唱，颇为新颖。

张其祥还为张筠青创作了《庵堂认母》《骆驼祥子》等剧目的唱腔，《庵堂认母》中扮演徐元宰的娃娃生是天津的小幼兰，此剧最后一场她的“我手拿血书为凭证”一段唱得催人泪下。

据不完全统计，自 1949 年底到 1957 年这八年的时间，张其祥为新凤霞、李忆兰、张筠青等共创作了约二十三出戏的唱腔，平均每年约三个新排剧目。在当时每天都要演出、星期天还要加日场这种繁忙的演出情况下，还要排这么多出戏，创作这么多出戏的唱腔，其艺术创造力是令人惊叹的。创作唱腔需要多少时间，创作完唱腔再教演员唱需要多少时间，然后挂唱、合乐排练等又需要多少时间。再去掉每年数月的巡回演出。大家可以算一算一位创作者能有多少时间进行新的创作。如果和现在剧团演出的场次、排演新戏的数量来对比，当时以张其祥为代表的艺术家的创作量真是让人不可思议，好像他们这些人别无所求，就是要夜以继日、兢兢业业地去创作、排练、演出。这也许就是那时的戏曲艺术工作者痴迷戏曲艺术的共性。

20 世纪 50 年代初，《祥林嫂》《刘巧儿》《张羽煮海》等剧目的出现，代表了新评剧艺术的崛起。这些剧目，从剧本创作到唱腔艺术以及全体演职人员的团结协作，均开创了评剧艺术的新纪元，推动了新评剧艺术的繁荣与发展。这是包括新凤霞在内的所有北京市评剧团成员共同努力的结果，是他们的共同荣誉。尽管新凤霞离开了北京市评剧团，但不管之后她到哪里，推动新评剧艺术繁荣与发展的光环永远属于她。新凤霞的突然离开给这个团的后续发展带来了巨大的困难，但是这个剧团的演唱艺术风格和伴奏艺术风格还是没有变，因为所有演出剧目的唱腔依然是张其祥等骨干亲自创作、教授并伴奏，因此早已形成了一个独具特色的在20世纪50年代初期很具影响力的北京市评剧团艺术风格。

五、张其祥离开市评剧团的原因

北京市评剧团是个很好的剧团，张其祥为何离开它？这是原来和他在一起的很多老同志所不能理解、疑问颇多的问题，也是影响他以后几十年艺术生涯的关键问题，在这里必须向关心他的人们解释清楚。

张其祥想在有生之年，再培养三到五个像新凤霞、李忆兰那样的艺术人才。但从1955年——正是在他的艺术巅峰时期——开始，他看到文化局派来的有能力的好干部、好编导都被陆续调到北京京剧团，文化局也不再给剧团提供剧本了，更不再像以前那样支持剧团的工作了。他觉得剧团很难再有发展，自己的心愿很难实现。他当时觉得北京市评剧团在培养人才方面有一定的局限性，认为国营的艺术单位无论人力、财力、物力等方面的实力都是雄厚的，有利于发现和培养人才，这是他离开剧团的主要原因之一。另一个原因是他觉得自己在艺术上得不到理解，在政治上得不到关怀。那时他们的业务是繁忙的，除了排戏演出，每个新排剧目他都要进行唱腔创作，要教演员演唱。他紧张而愉快地工作，从不计较个人得失。但是有一个现象他不理解：当时文化局派来的干部，和乐队其他人有说有笑打成一片，和他碰面却只是点点头，算是礼貌性地打打招呼，并不热情。一次去东北演出，他终于有机会和文化局派来的干部史协理员相约谈心。张其祥说：“我对您有点意见，您为什么对其他同志都那么好，又关心他们，对我为什么就跟他们不一样呢？”史协理员激动地说：“我对你还有意见呢！你在艺术上不民主，搞独裁！”张其祥蒙了，尽管中华人民共和国成立有几年了，自己也参加过一些学习，但是当时说一个艺人不民主、搞独裁，这是个多大的问题呀！而且还是从文化局派来的干部嘴里说出来的，他真的蒙了。这给他造成很大的思想压力，他觉得很委屈。他的工资和鼓师是一样的，也就是说他挣的只是琴师的钱，他创作唱腔、教授唱腔都是义务性质的，并没有多拿一分钱。为剧团的艺术发展做了那么多工作，反而给领导留下这么不好的印象，他很伤心。而更令他寒心的则是他第一次提出离团的请求时，时任文化局副局长的张梦庚只说了一句“我们研究研究”，连一句为什么要走的话都没问，就好像他在这个团无足轻重、可有可无似的。一段时间后他又遇到张局长，问关于他离团的事研究得如何了，张局长说：“同意你走了，你去办手续吧。”就这样，他离开了挥洒多年心血又无比珍爱的北京市评剧团。其实，在他的内心深处真的不舍呀，在他身后留下的不仅仅是深爱的剧团，更是深深的无奈与遗憾，而与他同行的则是他的使命与心愿。以上两点就是张其祥离开市评剧团的根本原因，不知那些关心他的人能否理解他。

风雨勇进

（1958—1982）

一、在地质文工团评剧团时期

1958 至 1965 年，是张其祥在中国地质文工团评剧团和文化部勇进评剧团的创作时期。这个时期，他的思想、生活、工作等都发生了很大变化。

离开北京市评剧团，最初他想到中国戏曲学校评剧班教学生，当时老花玉兰是评剧班的总负责人，她非常欢迎张其祥去戏校教学。恰逢此时中国地质文工团要成立评剧团，文工团的三位团长得知张其祥离开了北京市评剧团后，就马上找到他的家中，表示希望他能到文工团工作，帮着把文工团里的评剧团组建起来。他们虽经多次做工作，张其祥仍未同意，他连北京市评剧团都不愿意待了，怎么可能去文工团？最后文工团团长表示，等张其祥帮助把评剧团组建起来后，张其祥何时觉得不理想要走，文工团会负责把他保送到中国戏曲学校。就这样张其祥于 1958 年初，到了中国地质文工团。

地质文工团的评剧团组建起来后，张其祥感觉这种文工团性质的剧团不是自己所理想的单位，就开始向团长提出要走的请求。团长根本不想让他走，就百般推诿，并利用到外地演出的机会，组织一些青年人开会批评他想脱离革命团体当逃兵的思想。张其祥找到团长，问他不是说好了可以保送他到中国戏曲学校吗？团长开玩笑地说："咱们没有立下字据呀。"至此他只好委屈而不情愿地被善意地留在了地质文工团评剧团，满腔培养人才的愿望暂时化为泡影。

尽管此团没有像新凤霞、李忆兰这样的合作明星，没有能够完美体现他所创作品的意境的能力，也就是说不管从伴奏的角度和体现他所要求的演唱艺术的高度，都无法达到他的期望值，这让他既失望又无奈。但是，凭着一个艺术家的良心，他并没有放弃自己的追求，更没有丝毫减弱自己的创作激情。他认真对待每一出戏的创作，认真教授每一个学唱的演员。在地质文工团评剧团那动荡的六年当中，他创作了大约十四出戏的唱腔，优美感人的唱段层出不穷，尤其在变革西路评戏唱腔的旋律方面，进行了可喜的尝试。如团里排演的现代评剧《邢燕子》，在北京连演了三百多场，场场客满，其中邢燕子劝同村姐妹留在农村的一段唱，张其祥融入了西路评剧旋律，创出了优美动听的唱腔。这个唱腔的旋律在以后排演的《英雄人物数今朝》剧目中再度出现，同样达到了完美的艺术效果。

由于地质文工团评剧团面对的观众是全国的地质勘探工人，很少在社会上公演，所以这个团的剧目与唱段很难在社会上流传。又由于地质部各级领导对文工团褒贬不一，所以这个团总是动荡不定，很不利于艺术创作与发展。当时何长工副部长非常关心和支持文工团，正逢各产业部竞相组建艺术剧院，地质文工团曾经制订了一个非常宏伟的远景规划，包括组建一个包括歌舞团、评剧团、曲艺杂技团、话剧团和一个艺术学校在内的大型艺术剧院，以后还要组织直升机演出等。

二、在文化部勇进评剧团时期

在地质文工团领导传达了地质部领导落实中央关于"产业部门搞艺术剧

院是不务正业”指示精神后，地质文工团建制被撤销。1964年地质文工团歌舞团的团员被分配到“民族乐团”、“中国歌剧舞剧院”及“公安文工团”，评剧团则交由中央文化部代管，并由文化部派干部管理剧团，剧团更名为“勇进评剧团”，取急流勇进之意。有了专管文化艺术的部门做上级领导，又有了一个懂得艺术的领导干部梅德善（原中央歌舞团办公室主任）当团长，大家对剧团的前途寄予了很大希望。张其祥更是如此，他从梅团长身上看到了培养人才的希望，看到了戏曲艺术繁荣发展的曙光。梅团长不仅具备艺术领导者之威，更具领导艺术之能。在政治上，他鼓励大家学习马列主义、毛泽东思想，并结合实际为大家深入浅出地讲解毛主席《在延安文艺座谈会上的讲话》，使不爱参加学习的人都变得爱听他讲哲学了。在艺术上，他激励大家苦练基本功，多排练多学习，拿出高水平的艺术作品，鼓励大家只有这样才能受到人们的尊重与欢迎，才能在北京站住脚——由于被视为“包袱”，此团已作下放外省市处理，更兼有部分演员及乐队人员的工资较高，暂时没有地方肯接收。于是全团上下掀起了苦练基本功的热潮。在有计划地恢复排练原有剧目并努力提高艺术水平的前提下，该团开始适当地被安排在市内演出。1964年底至1965年初，文化部又派剧团到北京郊区去配合社会主义教育运动，边学习，边劳动，边演出。直到6月前后剧团决定移植排演当时很具有影响力的歌剧剧目《江姐》。

评剧《江姐》不只描写了一个可歌可泣的革命历史史实，更是一个优秀的艺术作品，那宏伟的气势，那激动人心、催人泪下的情节，震撼着艺术家的心灵，激励着他们以无限崇敬的心情去创作、去歌颂。《江姐》这出戏的唱腔，张其祥创作得很成功，他用评剧最美的唱腔旋律，唱出了革命者的胸怀，唱出了革命者的情感，唱出了革命者的胆识，也唱出了革命者面对死亡那从容不迫的气魄与情操。这出戏上演后得到了各界的好评，演员那精湛的表演，再配以波澜起伏而优美感人的音乐唱腔，使此剧又成为一部完美之作。在承德地区巡回演出时，该剧受到了广大观众的赞誉与欢迎。连演十场后，承德剧场甚至要求剧团巡回演出后再返回承德演出此剧。

1965年10月前后，华中、华南现代戏会演使剧团又移植了几个优秀剧目，这期间剧团抽出一部分力量，参加文化部所属剧院、团组建的“乌兰牧骑”[1]队奔赴山东，之后剧团其余人员又奉文化部之命组织文化工作队奔赴河北农村。1966年5月回京后，“文化大革命”开始了，张其祥培养人才的心愿又一次落空。1969年他又随团一起去了湖北咸宁文化部“五七干校”，1970年因疾病被迫退职到河北武清县（今天津武清区）马家口村亲戚家落户，庆幸的是他在妻子和女儿的精心照护下身体逐渐康复。勇进评剧团于1974年返京后被撤销，所有人员被打散分配到区属各个基层的文化单位。

三、“文革”后恢复勇进评剧团时期

1978年底，经文化部黄镇部长批准，勇进评剧团的建制恢复，张其祥经过两年多的努力也被恢复了公职。剧团恢复后的工作是繁忙的，要进行恢复基本功的训练，要恢复传统及原保留剧目的排练，还要排演新的剧目。张其祥复职后的心情是可想而知的，他积极投入了老剧目的恢复性排练和新剧目的唱腔创作之中。

从剧团恢复到1982年，他又相继创作了《于无声处》《清宫外史》《雷雨》《状元与乞丐》《玉堂春》《五女拜寿》六个剧目的主要唱腔。这一段时

1 “乌兰牧骑”是蒙古语，意即红色文化工作队或红色文艺轻骑队，是20世纪五六十年代活跃在内蒙古草原的小型巡回演出团体。文化部为了发扬光大这种艺术形式，组建一支小型综合的演出队伍，从中国京剧院、中国歌剧舞剧院、中央芭蕾舞团、天马舞蹈室和勇进评剧团分别调用部分艺术人员，组成了文化部的乌兰牧骑队，具有实验性质。

间他所创作的作品，使人感觉他的创腔艺术更加地炉火纯青，每段唱腔都是那么端庄大气且不失新意。像《清宫外史·杀寇》一场中寇连才的唱段，于情于景是那么真切且感人至深。每每唱到此处，不仅演员感情极具共鸣，台下观众也总是给予强烈反响。又如，《五女拜寿》中翠莲在避难途中的一段唱，张其祥把京剧中的“拨子”与评剧中的越调唱法融合在一起，充分表现了风雪途中翠莲那爱与恨、悲与愤的强烈情感，风格独特又另具新意。

由于张其祥对团内个别领导在艺术及工作方法上有意见，1982 年，他终于被退休了，也因此结束了他继续创作的机会。

张其祥历年创作唱腔的剧目做一大概统计如下。

1949—1952 年为新凤霞创作：

《四劝》《锁麟囊》《红楼二尤》《小二黑结婚》《祥林嫂》《刘巧儿》《艺海深仇》《天河配》。

1952—1957 年为李忆兰等演员创作：

《女教师》《罗汉钱》《柳树井》《张羽煮海》《花木兰》《白蛇传》《金黛莱》《白洋淀的春天》《庵堂认母》《草原之歌》《拜月记》《杨八姐游春》《骆驼祥子》《卖妻恨》《樊梨花斩子》。

1958—1963 年在地质部文工团评剧团创作：

《红霞》《宝石灯》《两代尖兵》《团圆之后》《双玉蝉》《邢燕子》《社长的女儿》《红嫂》《为了六十一个阶级弟兄》《英雄人物数今朝》《丰收之后》《九件衣》《南方来信》《南海长城》。

1964—1965 年在勇进评剧团创作：

《江姐》《游乡》《急浪丹心》。

1979—1982 年勇进评剧团恢复后创作：

《于无声处》《清宫外史》《雷雨》《状元与乞丐》《玉堂春》《五女拜寿》。

初心不忘
（1982—2015）

一个人如果失去他所酷爱并为之奋斗终生的事业，这种打击是巨大的，尤其是在有望通过努力而能实现自己后半生的心愿之际。但张其祥并未因退休而放弃自己的追求。对戏曲艺术痴迷一生的他，反而把眼界放得更宽、更远，去努力寻求戏曲改革振兴之大计。他利用退休后这难得的宽裕时间，对自己数十年的艺术经历、所闻所见，进行了认真的回顾与总结。通过多年的思索与琢磨，对于戏曲改革振兴中的几个关键性问题，他提出了颇具深意的见解（详见本书中篇）。

张其祥退休后，正值京剧界大搞振兴之举。而张其祥在20世纪50年代初教京剧演员李忆兰改唱评剧获得成功后，就思考过京剧旦角艺术的改革问题，即小嗓改大嗓、假声换真声的女声嗓音回归问题。张其祥认为小嗓束缚了女声声音的魅力，女声嗓音的回归是振兴京剧艺术的重要举措之一。张其祥经常赞叹京剧界人才济济，尤其是女演员，像刘长瑜、李维康、李胜素、张火丁等。他说如果她们敢于变革演唱方法，就早已成为具有属于自己流派风格的出类拔萃的艺术明星了。他很可惜无缘与她们相识，否则定能与她们深刻探讨这一问题，争取到她们的支持。张其祥对戏曲改革的关注不只停留在书斋中，他还积极建言，给报社等写信，希望对戏曲改革有所帮助。

退休后的张其祥，虽然离开了评剧舞台，但他有更多机会与评剧爱好者打成一片，花了不少时间为评剧爱好者说唱腔。他说："只要他们喜欢评剧，我就教他们，这样可以提高业余评剧水平，对评剧艺术的发展也是个促进。"并说等天气转暖，也要到公园去为他们伴奏。一些关心他的人说：您的年纪这么大了，凭您的身份怎能到公园去给业余的伴奏？可张其祥认为："戏曲艺术是大家的，是群众的艺术。尽管我和以前比有些力不从心，但是只要大家喜欢，我还是愿意尽我所能，把艺术奉献给大家。"

1998 年 4 月，张其祥接到新凤霞的讣告甚感震惊。痛惜之余往事历历，难得的人才却偏要遭遇不幸，昔日的音容笑貌，舞台上那光彩照人的英姿，清晰如昨日。难得的知音却偏要形同陌路，愉快的合作，默契的配合，创造了红遍京城的奇迹。辉煌伊始却分离，只留下一生遗憾半世疑。出人意料的是，新凤霞的告别仪式没有通常的哀乐，自始至终播放的是《祥林嫂》《刘巧儿》《艺海深仇》三个剧目的选段，那是 20 世纪 50 年代初在首都实验评剧团时录制的唱片。是刻意的安排还是偶然的巧合？整个告别仪式给人以无限的遐想与沉思，如同把人们又带回到 50 年代初的北京。那时北京的大街小巷播放的是这三出戏的唱段，北京的男女老少喜欢哼唱的也是这三出戏的腔调。这三出戏是她艺术的象征，是她成名的见证，更是她辉煌时期的真实写照、真实记录。观众真的非常喜欢她，就是喜欢看她演的戏，不管她演什么戏，也不管她演什么角色都客满……张其祥陷入了对往事的回忆之中，当年正是他们合作的这三出戏，造就了一代评剧明星；告别仪式上还是这三出戏的唱段，把她安详地送走了。此情此景似乎是历史的有意安排。新凤霞走了，而留在张其祥心中的却是无限的惋惜与遗憾。

进入新千年，张其祥这位耄耋老人本该安度晚年，可他从不放弃自己的追求，似乎他就是为戏曲艺术的繁荣而生。他希望自己的建议能够被采纳，更希望在自己的有生之年，能为戏曲艺术的再度辉煌做出贡献。

2015 年 8 月末，张其祥不慎把髋骨摔坏，因年事已高不能手术，不幸于 2015 年 9 月 3 日凌晨病逝。在他病逝前几天的昏迷状态时，听他反复唱的是京剧“宋士杰当堂上了刑，好似鱼儿把钩吞……”，他此时的状态、心情也许和宋士杰受刑时是一样的吧，即使是昏迷也不忘京剧，他是有感而唱啊。张其祥从六岁学唱京剧开始步入戏曲艺术人生，到唱着京剧唱段离开这个世界，这是他为自己的艺术人生画上了一个句号。

中篇　张其祥的艺术理念

张其祥如何教授唱腔

以前戏曲的音乐唱腔没有曲谱（没简谱更没有线谱），戏曲艺术能得以继承与流传的最根本也是最直接的方法就是口传心授。中华人民共和国成立后，由于新文艺工作者的加入，简谱才开始成为戏曲音乐唱腔的最基本的记录方法。它的优点是便于广泛传播、普及、教学、存档等。而口传心授的方法直到今天还是戏曲演唱艺术最根本的传授方法。电视台经常播放一些著名演员教授某某唱段时的纪录片，就证实了这一点。

口传心授不是单纯的教授唱腔，而是整体艺术的传授。传授的内容既有本剧种所独有的韵味特点，又有演唱时必须掌握的技巧方法。更重要的是在传授唱腔的同时把教授者自己多年心血体悟出的对艺术的一种感觉及对“情”字的更深层的理解传授给了受教者。这是一种立体的全方位的传授方法，这种传授的效果是单纯曲谱所不能给予的。单纯的曲谱是有形无声亦无情，而口传心授则是有声有形亦有情。当然有形的曲谱在一个艺术家的眼里，确可变得此处无声胜有声，此处无情胜有情了。这一点并不矛盾，只是说明曲谱教学与口传心授的不同之处就在于它的直觉性、真实感和生动感。

张其祥从六岁开始学唱，主要学京剧，其次是评剧、河北梆子以及一些曲艺艺术，学的都是名家唱段。他演唱天赋极佳，经过多年的历练，基本能做到学谁像谁。到十六岁他已唱了十年，打下了深厚的演唱基础，尽管从十六岁起他开始练习京胡，但并未放弃对演唱艺术的修炼。十八岁后他不只是在票房拉京胡，还经常参加票房的演唱活动。即使他改评剧多年后，遇到机会他还是要唱几段京剧，或者为一些演员或其他人唱上一段京韵大鼓“宝玉探晴雯”等曲艺段子，让大家赞叹不已。所以，很多戏曲、曲艺名家的演唱技巧、方法、韵味等，他都深谙其道，既知道各曲种的不同旋律韵味，又知道各名家不同的演唱艺术特点。所以，张其祥的演唱艺术是多元的而非单一的。可以肯定，他教授唱腔的水平也是高层次的。如果说在与新凤霞合作之前他并不知道自己有这个技艺的话，那么在为新凤霞创作唱腔并教授其唱腔之时起，他就开始展现出了超凡的教授唱腔艺术的才能。

教授唱腔时除了要讲吐字归音等基本技巧外，也要讲声情并茂。先讲声音。声音的魅力是无穷的，有的让人震撼，有的让人陶醉，它包含了柔之美、韵之美和力之美，而唱腔所要表现的是情之美。综合起来看就是一种感觉，一种艺术整体美的感觉。不只是自己感觉美，别人也要感觉美。不管是什么唱腔，哪怕是哭腔也要哭得美。世界上一切美的东西，包括能够听到的、看到的、触摸到的美，人们都是愿意亲近与接受的。教授者如果教得有情、唱得美，就能够得到受教者的钟爱，使他们爱听、爱学、爱唱，达到事半功倍之效。过去新凤霞也承认张其祥唱得美、唱得好听。原著名评剧女小生袁凤霞就曾经对张其祥说：“我要是有你唱得这么好我早成了。”

再讲“情”与“意”。“情”是一切艺术品的灵魂，尤其是表演艺术和演唱艺术。没有灵魂的艺术是没有生命力的。“情”赋予了艺术最真实、最持久、最生动、最美好的生命力。“情”又最具感染力，人们的喜、怒、哀、乐、忧、思、恐这七种表现皆为“情”之一字所主。在人们的精神世界里，“情”是最简单又是最复杂、最微妙、最缠绕不清、捉摸不定又描述不尽而包藏于万物之中的一种隐形物质。人云“世间万物皆有情”，人乃万情之祖，对情最敏感，情也最丰富。那么“意”是什么？与“情”又是什么关系呢？“意”也是隐形物质，与“情”如孪生兄弟。“意寓于内”而“情形于外”，意动则情现，意隐则情归。“情”是“意”的一种氛围、一种烘托、一种体现、一种延伸。七情六欲的种种现象，都是形于情而始于意的一种整体表现，可以说情为意之形，意为情之主。这在我们的表演及演唱艺术中是经常能体现出来的。所以，我们能够准确地理解人物和唱词，能够准确地体现和应用唱腔音乐的表现力，在演唱时准确地把感情灌注于内而展现于外，听者就会被感染、被打动而出现相对应的反响，该哭则哭该笑则笑，该喜则喜该愤则愤，凡此种种。这不管是对教授者还是受教者，都是对情与意的一种感觉，一种触摸，一种在艺术上的体验与修炼。凡是和张其祥学过唱的演员，都能亲身体会到他不只是唱得好听，他们总是被他教唱时的“情”所深深地打动。

声、情、艺完美地融合，使张其祥能成功地教授唱腔并取得了可喜的成果。新凤霞从一个一般演员，仅用短短的两年多的时间，迅速提高了演唱艺术，形成了独特的演唱风格，成为新派艺术的一代宗师。从未听过评剧的京剧演员李忆兰，仅经过短短的一年多的时间，就由不会唱评剧到会唱、到唱好，成长为著名评剧演员并初步形成了李派演唱艺术。这些不能不说是奇迹。有一次张其祥在给一个想改评剧的京剧演员教授唱腔时，唱得那个演员把泪水强忍着不让它流出来。在给“新派”评剧传人、著名评剧演员刘淑琴说《祥林嫂》的唱腔时，也把她唱得直掉泪。张其祥那高超的教授唱腔艺术可见一斑。当时张其祥虽已近八十高龄，但他唱起京剧、评剧、河北梆子等一些唱段时，还是那么用情，还是那么韵味十足。

尽管张其祥具备了很高的教授唱腔艺术，但他决不要求学唱的演员局限于此，而是希望他们不管学谁的唱，不单单是要学好学精，形像而神似，更需学活，要把这些唱完全地、真正地变为自己的，根据自己的嗓音条件、演唱特点和在艺术实践中的不断的体悟，去大胆地进行再创作。我们的戏曲艺术和所有舞台艺术一样，每一场演出都是演员、乐队的一次再创作的过程，都会有新的体悟、新的感受，新的创作和新的经验。舞台演出绝不会千篇一律，也不应该千篇一律。只有这样才能造就出戏曲演唱艺术生动活泼的氛围。这就引申出戏曲艺术的一个根本的艺术属性，即“再创作”属性。正是这种“再创作”属性，才使得戏曲艺术在不断的变革之中得以发展。继承是为了发展，如不能发展，继承又有何用？而再创作则正是其中之关键。继承—再创作—发展，这正是戏曲艺术发展之规律。

除了戏曲艺术的再创作的属性之外，戏曲演员、乐队的每场演出，都要直接面对观众，要接受观众的评头论足，要得到观众的认可。这对戏曲艺术工作者来说，既是一种挑战，也是一种享受。正是这种不断的挑战的魅力，吸引着人们献身于戏曲艺术事业，张其祥便是如此。

张其祥的伴奏艺术

中国戏曲的伴奏艺术，和戏曲的演唱艺术一样深奥，它同样没有曲谱，即使后来有了曲谱，也不会照谱量活。例如，简谱中的“3、2、5”，戏曲乐队念的是“哩、哏儿、楞”。念法不同，它的感觉也不同，伴奏出来的韵味、意境也不同。乐队伴奏唱腔时，拉的同样不是曲谱，而是唱。既然拉的是唱，伴奏者就必须要懂唱、会唱，而且还要唱好，这样在伴奏时，情感的起伏变化、韵味等都和演员一样，这才称得上是“一棵菜”[1]。

戏曲伴奏艺术的方法与风格因人而异，张其祥有自己独特的伴奏方法和风格。他原来是拉京胡的，还曾经多次为白玉霜的琴师焦景俊拉过二胡，改拉评剧板胡后他并没有沿用原评剧板胡的大弓大扯的演奏方法，而是借鉴了京胡的弓法与指法，大小弓结合，有刚有柔，拉出来的琴音有如弹出来的一样干净利落。在伴奏方法上，他同样没沿用老评戏的伴奏模式，而是运用了京剧的琴与唱融为一体的伴奏方法，小过门儿、小垫头儿又巧又俏。这不仅丰富了评剧板胡的演奏技巧和伴奏方法，也同样丰富了评剧板胡在伴奏中的

---

1 “一棵菜”，戏曲行话的一种，指演员，音乐，舞美全体人员，不分主次，严密配合地演好一台戏。强调戏曲演出是一个完整的艺术整体。

艺术表现力及艺术感染力。可以说，张其祥在以其风格为代表的北京市评剧团伴奏风格形成过程中的重要性，正如焦景俊及其弟子杨殿荣在他们所创建的中国评剧院伴奏风格中是一样的。

唱戏用嗓要讲嗓音，不是所有会唱戏的嗓音都好听。同样道理，操琴用手要讲手音儿，不是所有能操琴的手音儿都好听。张其祥的手音儿非常好听，不仅如此，更主要的是他伴奏中的“情”，他把情灌注在每一个音符之中，每一弓每一个音都是那么投入，使他伴奏时独特的形体造型与伴奏激情形成了完美的统一，达到既有情又忘情的境地。著名喜剧演员花砚茹经常喜欢在不上场的时候站在乐队后面看他拉弦儿，她说：“看他拉弦儿就像看一场戏。”他伴奏时的感情是那样的丰富，和演员演唱的感情融合成完美的艺术整体。

20 世纪 50 年代初，就有一批观众是专为听弦儿而去看戏的。过去舞台两侧都不是很宽敞，乐队人员稍微多一点，就坐不下。一般情况下张其祥都是坐在台口外，观众可以直接看到他。在演出开戏前，他拿着乐器一露面儿，就能来个碰头好。已故的民族板胡演奏家刘明源在 20 世纪 50 年代初由乐团开介绍信去找张其祥学习戏曲板胡的演奏技巧达数月之久。著名音乐家叮当，有时还把张其祥、张长城、刘明源三位聚到一起，交流各自的演奏技巧与经验。以后刘明源在给学生讲授板胡演奏技巧时，经常提到的一个例子，就是张其祥为新凤霞伴奏《祥林嫂》一剧中，祥林嫂唱段中的一个过门儿。刘明源讲：“这个过门儿就这两个音[1]，从张其祥的伴奏力度到意境和感觉，就好像真有万把的钢刀扎在心中的感觉一样。”刘明源为什么有这种感觉？这是因为张其祥在伴奏时，感情完全地投入进去，在伴奏到这段唱腔的这两个音时，很自然地用上了丝弦乐器的传统颤音方法，抑或是把音拉呲了[2]。

1 即剧中“好一似万把的钢刀扎在了我的心”一句中“万把的钢刀”处，谱例见本书 110 页。

2 把音拉呲了，是在一定的力度下，使琴音发出强烈的撕裂声音。

新凤霞离开北京市评剧团参军后，不知何时、何因又到中国评剧院去了，中国评剧院的琴师徐文华去找张其祥请教给新凤霞伴奏的方法，并说：“角儿总哭，您给我说说怎么才能给她伴奏得好点。”张其祥除给予具体指导外，还告诉他一个根本方法就是要学唱，学会唱再掌握演员的演唱特点才能伴奏好。其实这只是一个根本方法，是所有戏曲主要伴奏人员必须具备的，如果作为一个优秀的琴师，只有这一点还是不够的。张其祥常说作为一个好琴师，决不能让演员带着跑，那演员就太累了，也不能演员跟着伴奏跑，而是伴奏要在下边托着演员唱。在演出过程中，演员永远是第一位的。乐队只能是衬托、辅助演员去完成演出任务。所以，乐队不要喧宾夺主，不要管着演员，更不要捆着演员，要给演员最大的自由。乐队应该在下边托着演员，让演员尽情地、自由自在地去发挥，去再创作。不管演员在演唱中临时有何变化，琴师都会及时做出相应的变化，这才叫默契，才叫活的艺术，这就是中国戏曲伴奏艺术的奥妙所在。

张其祥认为，伴奏艺术本身是一门很深奥的艺术，它有高低优劣之分，这不仅是技术，还是悟性、是感觉、是修养、是默契的综合能力的体现。一个人的艺术造诣越深，就越能深深地体悟它。李慕良能够接替杨宝忠为马连良伴奏，而且事实证明他和马连良合作得非常默契，这是颇具天赋的李慕良仰慕酷爱马派艺术的结果。张其祥对李慕良的伴奏艺术心仪已久。马连良谢世后，就再没有见他专门为谁伴奏过。这其中自然有很多原因，笔者以为最大的原因是再没有能与其相匹配的知音了。

一个好的演员（仅就演唱艺术而言）不是任何一个琴师都能为他伴奏，同样，一个好的琴师（也包括鼓师）也不是可以给每个演员都伴奏，这里有一个棋逢对手、将遇良才的问题，也就是知音的问题。好的演员可以带出好的琴师，好的琴师同样可以带出好的演员。这其中的根据是人才的可塑性。

如果演唱者与伴奏者双方不在同一个档次上，好的一方将受到抑制，受到拖累，使其不能尽展其艺。结果是好的一方必然迁就差的一方，所以过去的“傍角儿”之说很有道理。新凤霞离开北京市评剧团后，痛失伴奏的左膀右臂，她为此曾哭过多次，以后也就顺其自然了。这其实并不意外。在张其祥和新凤霞合作的时期，新凤霞所新排的剧目，都是张其祥依据新凤霞的嗓音特点而为她创作并教授的；而张其祥带有京剧伴奏艺术特征的伴奏方法，和新凤霞的演唱艺术特点紧密地结合在一起，它们之间的关系是密不可分的一个整体。而当时国家评剧院主要是以“白派”演唱艺术的伴奏方法为主，演唱风格、伴奏风格相去甚远，一时间怎能相互适应？

一个优秀的戏曲琴师除了懂得操琴艺术，还要懂唱、会唱，懂伴奏、会伴奏，还要懂锣鼓经，等等。如何才能做到懂和会？靠的是艺术实践和艺术实践中的艺术合作。一个优秀的戏曲琴师的成长绝对离不开艺术实践中的艺术合作，包括与演员的默契合作以及乐队之间的默契合作。张其祥的伴奏艺术也是在这样的默契合作中成长起来的。譬如，和他合作几十年的鼓师伊焕明，他们二老在伴奏艺术上已经达到了谁也离不开谁的程度，而在他们合作伊始还真有一段趣事佳话。

凤鸣剧社是新凤霞的班主陈凤鸣专为她组建的私人班社，新凤霞要到北京演出，班主陈凤鸣先期到北京找当时北京的“评剧工会”联系演出及临时聘用乐队人员的相关事宜后，张其祥就随新凤霞等一班人来到北京，开始排戏演出。演出一段时间后，评剧工会就要求凤鸣剧社班主给临时聘用的乐队人员加钱，否则他们将罢演。他们也曾动员张其祥和他们一起罢演，如果鼓、弦儿都罢演，剧社就不能演出了，陈凤鸣听到这个消息就急忙从天津临时聘请了一个鼓师和一个琴师来京。可是，令陈凤鸣没想到的是，评剧工会的人都走了，张其祥并没走，张其祥认为和新凤霞她们都是从天津来的，而且待遇问题在天津都已经定好，为什么不给加钱就要砍活儿？就这样剧社的乐队就形成了一鼓、两弦儿，再从社会上找几个流动的乐队艺人，就又能正常演出了。

从天津请来的鼓师伊焕明，天津人，曾经是京剧鼓师。那时天津戏曲界讲究三大块，京剧、评剧、河北梆子三个剧种的鼓师相互都能伴奏，伊焕明经常在评剧班社打鼓。从天津请来的琴师杨嘉麟也是天津人，很早就从事评剧乐队的伴奏工作，和鼓师伊焕明是老搭档。杨嘉麟操琴的手音儿很好听，曾给很多有名的青年演员伴奏，他戏路子宽会很多戏，还能创作唱腔。他应陈凤鸣之约来北京后，发现张其祥没走，一个小班社两把大弦儿，这活儿怎么干？对此事陈凤鸣也很尴尬。几天后陈凤鸣就和新凤霞商量能不能让两个琴师换着为她伴奏，新凤霞说："两个琴师来回换我还怎么唱？不能换！"所以只要是新凤霞主演的戏，都由张其祥伴奏，杨嘉麟则主动在乐队后面拉一把越调二胡，这是杨嘉麟作为一个艺人的高贵品德的体现。

鼓师伊焕明和杨嘉麟既是很好的朋友，又是多年在评剧界合作的伙伴，他看到杨嘉麟不能和他一起给新凤霞伴奏，心里很不舒服，他就想在演出过程中抻练抻练张其祥，如果张其祥道行不够，就会知难而退继而退位让贤。张其祥说在一次演出的时候，伊焕明在伴奏唱腔的过程中用鼓键子抻练他，他就回敬了两弓子，看了伊焕明一眼，自此伊焕明就再也没有和张其祥产生什么不愉快，几十年来他们成为惺惺相惜的知音，是谁也离不开谁的合作伙伴。即便张其祥到中国地质文工团评剧团后，伊焕明还是义无反顾地放弃到中国评剧院的机会而选择到中国地质文工团评剧团与张其祥继续合作，因为他们二老的合作是无人可以替代的。他们都对京剧的演唱艺术、伴奏艺术了然于胸，又由于张其祥在评剧的伴奏艺术中融入了京剧伴奏技巧，使得二老的合作没有丝毫障碍，配合得无比默契。例如，张其祥在《张羽煮海》一剧中，借用京剧摇板板式而创作的评剧紧打慢唱板式，二老的伴奏配合得行云流水，天衣无缝。尽管此剧当时有很多评剧团学习演出，但这个紧打慢唱板式，谁也拉不好、打不好，唱这个板式的演员也唱不好。李忆兰原是京剧演员，演唱这种板式对她来说如鱼得水，换人唱、换人拉、换人打都不行，在当时这三人可以说是绝配，缺一不可。

在此还要借机介绍一下给张其祥拉二胡的张志刚。张志刚原来也是拉京胡的流动艺人，在凤鸣剧社时期，张其祥就把他招聘来给自己拉二胡，因为京二胡的伴奏讲究和京胡的弓法、指法一样，所以张志刚给张其祥拉二胡时，也秉承了京二胡的优秀传承。这下张其祥伴奏起来丝毫没有了后顾之忧，伊焕明和张志刚成了他的左膀右臂。尤其是在《张羽煮海》一剧中“张羽问海”那一场的行弦儿，张其祥让张志刚放下二胡弹月琴。随着剧情的发展，随着板鼓节奏的不断变化，张志刚的月琴随着张其祥时而单弓，时而双弓，把剧情不断推向高潮，赢得了观众的热烈掌声。京胡、月琴变为板胡、月琴，他们的配合把板胡、月琴的伴奏艺术发挥到了极致，这就是戏曲艺术，是综合性、合作性的戏曲艺术。

戏曲的伴奏艺术绝不逊于独奏艺术，它甚至具备了更广阔、更深奥的艺术哲理。张其祥经常说，给演员伴奏要学会“紧拉慢唱”。其含义似乎是说演员的唱，为慢；乐队用双弓子伴奏，为快。其实，张其祥所说的“紧拉慢唱”的真正意思是，乐队在给演员伴奏过门儿时的节奏要比演员唱的节奏快一点，这样演员唱得才舒服。可见有时候老先生对于艺术上的一些经验体会，哪怕只是只言片语，如果去细细品味，就往往会获益匪浅。就拿“紧拉慢唱”来说，过去剧场不管大小都没有音响设备，全靠嗓音琴音的自然传送，再加上众多观众的磁场及热效应，声波从演员发出传送到乐队，乐队的琴音再传送给演员，不可能是同步的。乐队要想配合好演员，关键是要掌握好快慢尺寸。

很多张其祥伴奏过的演员，再由别人为他们伴奏时，普遍认为太拖、不舒服。原因就是过门儿的节奏和演员唱的节奏一样时，演员就感觉慢。这也许是不同的距离在时间和空间上的不同的感觉所致。和张其祥合作几十年的鼓师伊焕明再和别的琴师合作时，总觉得他们拖、肉、慢、不舒服。总之，“紧拉慢唱”不只唱着舒服，听着也舒服。这也许就是我们中国戏曲伴奏艺术的奥妙之处。

张其祥在其一生的伴奏生涯中，除了《张羽煮海》外，使他感觉最舒服、最美好的一场戏就是 1953 年前后为张筠青（艺名花月仙）伴奏的一场戏。张筠青来北京市评剧团前，文化局领导和剧团要看她一场戏。她和乐队简单对了对戏和唱，就开始演出。张筠青那时已经是著名演员了，她的嗓子宽、厚、亮，唱、做、念俱佳。她的演唱很见功力，韵味十足，一出《珍珠衫》干板垛字，真是干净利落。张其祥的伴奏特点也是干净利落，大小弓结合。他们二人琴与腔合为一体，同起伏共进退，再辅以小过门儿、小垫头儿，真是珠联璧合。再比如此剧中张筠青唱的“襄阳府东阳县名叫罗德，嗯——”一句，这个“嗯”字落在中眼，从末眼到下一板全是鼓师敲，文场空着，多年都是如此。张其祥在伴奏时对唱腔中的垫头儿意识非常强，所以在他为张筠青伴奏到这句唱时，习惯性地加了一个非常恰当的小垫头儿。这个小垫头儿却惊动了评剧界的乐队，因为《珍珠衫》是一出传统剧目，不管谁拉谁打，到这句唱这个字文场都空着，虽然觉得不舒服，皆因多年的传承也习惯成自然了。经过张其祥加了这个垫头儿，又巧又俏，让人耳目一新。天津评剧院著名琴师郑伯文兴奋地称赞道：“张老这个垫头儿，绝了！”后来只要提起这场戏，张其祥总是津津乐道，兴奋不已。我从他脸上那神往的表情，那满足与欣慰的笑容中，似乎感觉到他又沉浸在当年的艺术享受之中了。

张其祥拉弦儿不仅有技巧、有情，还很有力度，演奏到激情处，他的力度可以使人震撼得毛孔发炸。这种对于力度的震撼，笔者一共有两次切身的体会。一次是20世纪60年代看郭兰英演出的歌剧《白毛女》，当喜儿看到父亲身亡的刹那，一个高强音的“霎时间……”震撼得笔者浑身汗毛竖起，真是惊天地泣鬼神哪！这个感情、这个力度让人铭记终生。这种震撼第二次出现是20世纪80年代初，勇进评剧团恢复传统剧目《秦香莲》排练后的首场演出，张其祥操琴，笔者当时拉一把小低胡。当演到“杀庙”一场秦香莲看到韩琪为放他们而自杀身亡时，打击乐的“哭头”结束的瞬间，张其祥以一个超乎想象的力度拉出一个高强音，瞬间又和相差六度的音符相转换。整个乐队的情绪一下子全调动起来了，笔者浑身的汗毛再一次竖起，身心再一次被震撼，那个高强音让人有一种什么东西被撕裂的感觉——自从和他一起工作以来，笔者从未见他展现过这种力度，他当时毕竟已经六十出头儿了——这也许是他对于又能重新恢复工作的心情的一种释放，抑或是他感觉又回到了他的青年时代。

在20世纪50年代初，张其祥拉琴的力度也曾经得到徐兰沅的赞许与肯定。1951年新凤霞在中和戏院演出《大溪皇庄》，剧中她串唱了京剧《让徐州》中的一段，正巧徐兰沅去看戏，散戏后徐先生问前台经理是谁拉的京胡，很想见一见。经理马上到后台找到张其祥，说徐大爷要见他。张其祥马上到前台去见徐兰沅。徐先生说：“胡琴拉得很好，很有力度，就是把音拉呲了也好听。就目前我所见到有这个力度的只有两个人，一个是我的学生慕良，再一个就是你。”并问为何不继续搞京剧而改评剧了呢？还说等有机会一起研究研究。张其祥说“我只能跟您学，哪能和您一起研究”，并表示有时间去看徐先生。但其后因工作繁忙竟无缘再与徐先生相见。后来听北京京剧院的张仲杰介绍，说徐先生经常和他提起张其祥，说张先生胡琴拉得好，只可惜未继续搞京剧，等等。在当时张其祥的琴艺能得到徐兰沅的赞许与肯定，这是多么难得又是多么了不起的事情啊。

正因为张其祥懂唱会唱，使他的创腔艺术、教授唱腔艺术和他精湛的伴奏艺术相得益彰，只可惜他当年立志要在有生之年再培养出三到五个像新凤霞、李忆兰这样的艺术人才，在伴奏艺术上没有授徒，很遗憾至今没人能全面继承下来。只有一直追随张其祥并学习他伴奏风格的评剧琴师石文玉于2010年前后，正式拜在了张其祥门下，成为张其祥伴奏艺术的唯一弟子。

能集“创腔艺术”“教授唱腔艺术”“伴奏艺术”这三项技艺于一身，纵观戏曲界可以说不乏其人，但能像张其祥这么高水平的确是不多。他的创腔艺术使评剧及紧打慢唱的板式以崭新的面貌展现在中华人民共和国成立初期的首都舞台上，他那时创作的唱腔即使在21世纪的今天也不觉过时。他仅用短短三年多的时间，就帮助新凤霞、李忆兰迅速成长为中华人民共和国成立后的第一代评剧明星，他的识才、育才能力可想而知。他的伴奏艺术革新了原评剧的伴奏模式，丰富了评剧的伴奏方法和技巧。可以这样说，张其祥为评剧事业的繁荣与发展做出了杰出的贡献。

张其祥从工作经历谈戏曲改革

对历史的回顾与总结是非常必要的，它能让我们想起很多人、很多事，那里有很多美好的、成功的经验，也有很多不尽如人意及应吸取的教训。

一、北京市评剧团

每当提起原北京市评剧团，张其祥总是感慨万千，尤其结合近几年戏曲的改革振兴，就有更多的心得体会。如果按现在的要求去衡量一个剧团是否成功的话，可以肯定地说，原北京市评剧团就是一个非常成功的剧团。只是有些人不愿总结罢了，一个早已消失的剧团，谁还愿意关注她呢？可是张其祥根据自己切身的体会，前几年就提出了有利于戏曲艺术发展的“集体所有民营公助”机制，对此他介绍了原北京市评剧团在出人出戏及可观的经济效益与深远的社会效益方面的辉煌业绩。在此，笔者把它记录下来，一是作为张其祥这一提法之依据，二是看看能否把原北京市评剧团当年的成功业绩，作为一种模式、一种现象，即“北京市评剧团模式”或曰“北京市评剧团现象”（简称“市评模式”或“市评现象”）来加以研讨，如能成为社会主义初级阶段戏曲团体成功的范例之一，那将是张其祥及所有“市评人”的最大心愿。

1. 新凤霞与北京市评剧团

新凤霞在市评剧团的三年，是张其祥称为辉煌的三年。凤鸣剧社约 1949 年 9 月开始在北京天桥万胜轩演出，11 月由原北京市文化艺术管理处派张仲杰作为联络员协助工作。那时新凤霞虽是一般演员，但包括张其祥在内的四梁四柱[1]全都是一流的。如原天津著名的文明戏演员王度芳、杨志诚（艺名杨星星），原天津著名女小生袁凤霞、著名小花脸李士尧，著名演员王景明，原北京天桥很有影响力的彩旦花砚茹，原唱京剧武生的陈德禄，原梆子班的主要演员王丽君，等等。乐队有原天津的著名鼓师伊焕明，著名琴师杨嘉麟，京剧琴师张志刚，给老白玉霜打梆子的已故乐队名家李永起，等等。这些人既组成了艺术园地的沃土，又是最好的园丁。新凤霞在他们的关怀扶持下迅速成长，很快成为天桥很具影响力的演员。1950 年在文化局的帮助下，剧团十三个人签名向市里借了当时币值五千万元人民币，买下了凤鸣剧社的所有财产，随后"凤鸣剧社"改为"首都实验评剧团"。这个由私营改为十三个委员集体所有的剧团，由新凤霞任团长，李凤阳、王度芳为副团长，张其祥任秘书主任，下边各科室及演员队乐队等由其他委员各司其职，正式成为集体所有民营公助的剧团，后来又更名为"北京市评剧团"。在天桥万胜轩阶段，最初剧团演出以传统剧目、喜剧与群戏为主。之后新凤霞因逐渐有了自己的剧目而迅速成长，终于成为天桥一带红极一时的演员。当时天桥的戏比较好唱，首都实验评剧团业务很好，每天两场戏，节假日演三场。在每天演出这么忙的情况下，还要不断排演新剧目，白天没时间排戏，就晚上散了夜戏后连夜排。演出—排戏，排戏—演出，好像永无止境。用现在的话说，就是为

---

1 由于旧时戏班皆以演戏为谋生手段，为获得生存条件，必须不断拓宽演出剧目并具有较强的演员阵容；所以除应有挑梁主演之外，还应配备一定的生、旦、净、丑主演，以增强其声誉和号召力，故把各行承担主演的演员喻为"四梁四柱"。

了生存而创作剧目、占领市场。这不单单是指人们自身的生存，也关系到戏曲艺术自身的繁荣与发展。

离开舞台与观众，戏曲艺术就失去了生存的条件与根基。戏曲艺术要生存与发展，必须要通过舞台与观众建立密切的联系。因为舞台不仅是演员用于演出和提高技艺的场所，更是演员与观众直接交流感情、直接联系感情的纽带。戏曲艺术不是电影也不是电视剧，电影、电视剧不能在舞台上演出，只能在银幕上放映和在电视中播放。戏曲虽然也能被搬上银幕和在电视中播放，但舞台才是戏曲艺术生存发展的园地与最广阔的市场。因为我国戏曲艺术的魅力在于真实感与直接性。所以，她才能数百年来扎根于民众之中，受到民众的关心、呵护、钟爱。如果长期脱离这种真实感与直接性，演员与观众之间的感情就会逐渐淡漠乃至消失，也就失去了戏曲艺术赖以生存的根基，又何以谈戏曲艺术的繁荣与发展呢？所以首都实验评剧团在不断提高艺术水平的基础上，最大限度地扩大了与观众联系感情的机会，受到了观众的喜爱与欢迎。

戏曲艺术除了这种真实感与直接性外，还需要观众的参与性。观众在剧场直接听到、看到演员的演唱及表演，给出的反馈也是直接的。唱得好、演得好，我给你鼓掌叫好；不好或者有错，我给你喝倒彩。例如，琴师在伴奏当中琴弦突然断了，只在几秒钟之内——演员一句唱腔还没唱完——琴师就把琴弦接好而继续伴奏，丝毫不影响演员演唱，此时的观众就会对琴师的这种应变能力给以喝彩，这就是观众的参与性。这种参与性，对观众来说是一种满足。观众买票看戏，不单是要得到一种艺术上的享受，也乐于得到这种参与感的满足。这是我们戏曲舞台艺术所特有的一种生动活泼的演出景观。试看当今的流行歌星、摇滚歌星等，他们的最大成功之处，就在于观众的这种最广泛的参与性。有一个时期流行“贵在参与”之说，希望我们的戏曲艺术，能继续得到观众的广泛参与。

1950年，在市文化局领导的关怀下，由副局长张梦庚负责安排剧团到街北的长安大戏院演出《祥林嫂》。此剧一炮而红，七场全满。这有力地证实了一个事实，那就是新凤霞与这个剧团不仅在街南受到人们的喜爱，在街北也同样受到观众的欢迎。

张其祥为何称新凤霞在首都实验评剧团（北京市评剧团）的三年是辉煌的三年？我们先看看张其祥是如何评价新凤霞的：凤霞是一块美玉，是一个难得的艺术人才，她天赋极佳，聪颖俊秀，领悟力强。可以用清、脆、甜、亮、美这五个字来囊括她那天赐的嗓音。所以，她能在这一班人的爱护培育下，迅速成长为中华人民共和国成立初期评剧界的第一颗闪亮的明星。尤其是配合反黑恶势力和宣传婚姻法而上演的《艺海深仇》《刘巧儿》等剧，使凤霞迅速红遍京城，真是家喻户晓，妇孺皆知。那时的观众好像不知道什么是刮风下雨酷暑严寒，只要是凤霞演戏，不管演什么，一贴出来就满座。为此，中和戏院的掌柜特意在戏院外做了一个醒目的“客满”霓虹灯，开创了北京剧场的先河。凤霞在中和演一年，“客满”的红灯就亮一年。可以说，从1950年有了属于她自己的剧目以后，到1952年凤霞离团前演的最后一场戏为止，她所有的演出全部客满。也就是说演了两年，剧场就满了两年。剧团不但把演出税缴齐，把之前借市里的钱还清，还购置了几处房产，又买了一辆很好的卡车在演出时运送布景道具，在20世纪50年代初的北京戏曲界独树一帜。这是多么惊人的经济效益呀。京剧表演艺术家李万春曾说：“新凤霞就是小钢炮，谁也撞不过她。”连京剧、梆子、中国评剧院的演员都唱不过她，顶多在一个剧场维持十天半个月的“客满”，谁也不敢在一个地方连演一年。只有新凤霞成，可以说她创造了北京戏曲演出史之最。

张其祥还说，新凤霞曾因身体不适，有些日子没参加演出，她的角色由别人替演，剧团的业务一下子就不行了，每场演出就来二三百人。那时他们只能按份儿分钱。张其祥一份儿是 4 元，即每天可分 4 元。业务一不好，他一天只分三厘份儿[1]，就是 1 元 2 角钱，加上每人都有的 3 角钱的饭费，每天一共是 1 元 5 角钱。等新凤霞病好能够演出了，在民主剧场贴出“新凤霞主演刘巧儿”的海报后，晚上开戏前民主剧场两边的小汽车排出很远。当天晚上演出结束后，张其祥就分了三份儿，加上饭钱就是 12 元 3 角。由此可以看出明星效应是多么突出。这样分了约一个星期，文化局派的干部张仲杰提出这样分不好，剧团要留有一定的经费。经大家研究决定采用底薪分红制，于是大家都定了工资，张其祥每月的工资定为 120 元。

以 1951 至 1952 年首都实验评剧团一年的演出情况做一个粗略统计。在正常情况下，每周应该演出八场，每个星期日加演一个日场。按每年正常演三百五十天计算，加上大约五十个星期日，每年演出应该是四百场戏。因剧场大小不同，按平均每场一千人计算，每人的票价是 4、5、6 角，我们取其中间数按 5 角计算，一场戏的票价收入是 500 元，一年四百场就是 20 万元，和剧场二八分的话也有 16 万元。当年的生活水平如何呢？只从柴米油盐的价格上可见一斑。一百斤煤球约 1 元钱，小站大米每斤 1.8 角，面粉每斤约 1.75 角，花生油每斤 5.1 角，好的牛羊肉、猪肉每斤约 4 角至 6 角。从那时的生活水平看，16 万元可不是一个小数目，除了团里人员的工资及排戏等项目开销外，每年还要向国家上缴数万元的盈余。从这个简单的统计能看出，当时这个剧团的确是个很有影响力、很成功的剧团。

再用现在的标准来衡量这个剧团。第一看其是否“出人出戏”。这个团培育出一个红遍京城的评剧艺术明星，并促成了评剧界“新派”艺术的诞生；成功地移植了京剧传统剧目，排演了鲁迅名作和宣传婚姻法的剧目等；排演

1 即一份儿的十分之三。

了数个评剧传统与保留剧目。第二再看其是否有“经济效益与社会效益”。经济效益方面，从前边的数字可以看出，一年可以创出十几万元的效益。尽管这是个大约的数字，在当时也是可观的。剧团在崇文区的西草市买了一大片房子做宿舍，在宣武区煤市街里边的掌扇胡同买了一大所房产做宿舍，又买下大马神庙团部的所有房产（据张其祥说，当年裘盛戎经常借用他们团部的排练室排戏，和评剧团的关系特别好），为演出方便又购置了一辆大卡车。不知当时在北京哪个剧团有这种效益。再说社会效益。一年约有四十万人次的观众看他们的演出，这个人数不可谓不多；他们还经常上山下乡，面不可谓不广。他们上演的剧目，有的是与封建恶势力做斗争的，有的是反对包办婚姻宣传婚姻法的，等等。当时《刘巧儿》和《艺海深仇》两个剧目的上演，在社会上引起了极大反响，使很多人受到了争取民主权利与法制的教育，所产生的社会效益是深远而广泛的。

我们可以毫不怀疑地认为，这个团不管是在当时还是现在，都是一个非常成功的剧团。那么这个剧团是否就只有这两年的辉煌呢？前文曾经介绍过，新凤霞的离团给剧团带来了巨大损失，使得红红火火、蒸蒸日上的局面急转直下，这种突如其来的打击是团员始料不及的，也是无法接受的。张其祥对这件往事记忆犹新，每次提及此事总是表现出无限的惋惜之情。他觉得如果新凤霞当时不离开这个剧团，她一定能为后人留下更多更好的剧目，而他也能为她创作出更多更好的唱腔。对于新凤霞在北京舞台上的突然消失，给那些关心她、热爱她的观众也留下了不尽的惋惜与难解的迷雾。

据张其祥回忆，那是一天的上午，北京市文化局副局长张梦庚到团里开了一个全团大会，向大家介绍了一下他将要出国的一些情况，谈了一些对团里工作的要求与鼓励的话，之后说：“一个英雄，如果脱离了群众，他就不再是英雄，但群众中还可以产生新的英雄。”最后他还笑着说，“等我回来希望你们这些人都在，如果少一个，到哪儿我也要把他找回来。你就是离开北京，转来转去最终你还是要转回北京。”当时这些话说得大家莫名其妙。当天下午李凤阳副团长召集其他十一个团委开会，宣布了新凤霞已经参军的消息，并说全体团委明天一同到文化部开会。当时大家都蒙了，不理解新凤霞为什么突然去参军？以后这个团怎么办？这是其一。其二是作为一团之长，这么大的事情为何不跟大家商量就一人先去参军？这其中是另有隐情还是别具他意？大家一无所知。再结合上午张梦庚副局长的谈话，更如身坠五里雾中……第二天的会议是在文化部的一个会议室召开的，参加会议的有市文化局局长王亚平，文化部艺术局局长马彦祥、军委文化部副部长宋之的。他们分坐在长条会议桌的两端，新凤霞和十二个团委隔桌相对而坐，陪她坐在一起的是军委的一个女同志。艺术局局长马彦祥讲话，首先把与会者与领导做了介绍，然后把开会的目的讲了讲。主要意思是：凤霞已经参军，军委文工团的领导也希望与会的团委们一起参军，开会的目的就是征求一下大家的意见，希望大家在自愿原则的基础上发表意见。军委宋副部长也做了欢迎的发言，希望大家做出决定，王亚平局长也做了类似的发言。沉默——长时间的沉默，大家都没有发言，此时此刻大家所想可能是一致的，他们和新凤霞都有感情，张其祥回忆这段往事时总说：“剧团这辉煌的三年来之不易，与凤霞合作得很愉快、很默契。剧团正在蒸蒸日上之时，剧团离不开凤霞，凤霞也同样离不开这个团。如今凤霞突然参军，大家一时接受不了。参军是个好事，为何不事先和大家商量？何况剧团所取得的辉煌业绩是与市文化局领导的关怀帮助分不开的，怎么能说走就走？再者剧团这么多人怎么办？哪能置全团这么多人的利益不顾而一走了之？张梦庚副局长在全团大会上的讲话又意味着什么？没有充分把握，谁敢轻易离团？”经过较长时间的考虑，张其祥首先发言表示不同意参军而愿意留在市评剧团。紧接着其他团委相继表态，都愿意留在市评剧团。新凤霞对于这样的结果，她是没有准备的，更是接受不了的，所以她捂着脸大声痛哭着跑出了会议室，大家内心也甚觉惨然。为什么会弄成这样？这究竟是为什么？大家不明白，留在心中的只是一片茫然。

2. 新人才的培养

新凤霞的离团，让这个成功的首都实验评剧团经历了她最困难的时期，团员们不仅要承受经济上的压力，更要承受感情与心理上的压力。他们最终经受住了这个打击，并很快扭转了这个颓势，因为他们毕竟已有成功的经验和模式。随着李忆兰、张筠青、小花玉兰的相继到团，剧团逐渐再现了她的勃勃生机。在全国与北京市的戏曲会演中，李忆兰异军突起，连获殊荣，迅速成长为全国著名的评剧演员。这再一次证明了这个团的实力，证明了这个团是一块艺术沃土，只要是可塑之才，就能在这一班艺术园丁的悉心栽培下迅速成长。李忆兰是继新凤霞之后由北京市评剧团培养的又一个评剧明星。李忆兰的成功，惊动了戏曲界的很多人，其中就有著名的曲剧明星魏喜奎。

据张其祥介绍，1954 年文化局派北京曲剧团的魏喜奎到剧团来学习戏曲表演，当她看到李忆兰在这么短的时间，就取得这么大成就，非常羡慕，于是找到张其祥，说她也想要改唱评剧，希望张其祥也能教她唱。张其祥婉言劝她说："你和李忆兰不同，她原本就是京剧演员，只要她把评剧的唱腔学会就行。你虽然扮相好，嗓子也好，可是要改评剧你不但要学唱，还必须练功、学习戏曲身段，这是很困难的，不如你学一些戏曲的表演回去搞好曲剧，这更能发挥你的特长。"张其祥又把当时剧团内正在排练的《柳树井》一剧介绍给她。于是魏喜奎放弃了学评剧的念头，以后终于成为一代曲剧明星。由此可见，北京市评剧团在"出人"这方面的贡献还是很大的。剧团于 1951 年招收的二十余名学员，仅经过两年多的培养就开始崭露头角。他们在很多剧目中的表现让世人瞩目，他们是市评剧团的未来与希望。实践证明，在以后的数十年中，他们始终是活跃在评剧舞台上的生力军。这也是北京市评剧团不可磨灭的功绩之一。

李忆兰不仅能唱文戏，也能演武戏，这又充分扩大了剧团上演节目的范围，《白蛇传》《花木兰》《樊梨花斩子》等剧目相继上演。可以说这个团所演剧目之多，在北京市是首屈一指的；其文戏、武戏、传统戏、现代戏和神话戏等剧目类别之丰富，也是北京市首屈一指的。再说剧目的内容更是丰富多彩，如李忆兰、王度芳主演的改革旧教育观念的《女教师》和歌颂中朝友谊的《金黛莱》等。而且这个剧团在 20 世纪 50 年代中期就敢于把老舍名剧《骆驼祥子》搬上评剧舞台（由张筠青、王景明主演），同样深受广大观众的喜爱。

敢于变革、敢于创新，善于变革、善于创新，正是此团成功的关键。前面已经介绍过张其祥在唱腔音乐上的变革与创新，使评剧以崭新的风格和形象站立在首都的戏曲舞台上，不再赘述。现在所要介绍的是，该团在艺术创作中大胆地让非戏曲音乐工作者参加戏曲音乐创作。如音乐家张定和在很多出戏中与张其祥合作，为很多出戏配曲，取得了很好的音乐效果。又如，剧团在排演反映藏族青年爱情故事的剧目《草原之歌》时，音乐家张笑虎在与演员、乐队的通力合作下，首次使用管弦乐队与戏曲乐队配合为评剧艺术伴奏。尽管此举在当时受到非议而没有取得成功，但是对于张笑虎与剧团来说，这种敢于对未知领域进行大胆的探索与尝试的精神，是一种非常可贵的精神。以后管弦乐在京剧界的运用成功，正是这种可贵的“市评风格”精神的延续。

3. 什么是“市评风格”

“市评风格”是 20 世纪 50 年代人们常说的一种评价，是对北京市评剧团的艺术风格给予的肯定。艺术家之所以被称为艺术家，必有其独特的艺术风格与特点。而作为一个成功的剧团来说也是如此。“市评风格”不是属于个人的，是属于整体的，是带有独特的整体的艺术风格与特点。这种独特的整体的实力，让市评剧团不致雷同而有其独立的个性，也更具竞争力。

“市评风格”在艺术上是从两个方面来体现的：一个是体现音乐唱腔的演唱及伴奏风格，一个是演员的表演风格。张其祥与伊焕明这一弦儿一鼓之间带着京剧伴奏特点密切合作，代表了剧团的伴奏风格。而在唱腔及演唱风格上，除一些演员原有的剧目及其演唱特点外，所有新排剧目中主要演员的唱腔，都是由张其祥创作并亲自教授的，所以戏中的唱腔与演员的演唱风格，都有其必然的统一性与延续性，能够很快形成共有的唱腔风格与演唱风格。

再看演员的表演风格。所谓“表演”应该是表演艺术、语言艺术与形体艺术的综合性词语。作为戏曲演员在这些方面的表现手法是丰富多样的，其训练、要求也是极其严格的。而过去评剧界除少数有名望的演员外，在这些方面不是很讲究，尤其是在形体艺术上不讲究。北京市评剧团在这些方面，却有不俗的表现。我们先侧重谈感情艺术方面。感情是一切艺术手段的出发点及归宿，也就是说一切艺术的一切手段都是从属于、服务于感情的。在这方面团内的一些演员表现能力是不俗的，可以说各有千秋。但其中最为突出、最具影响力的莫过于王度芳，他的表演逼真、诙谐，极富感染力，他不但能激发起同台演员的激情，更能唤起观众的共鸣。如他在《艺海深仇》一剧中饰演汉奸恶霸阎五，新凤霞饰演被阎五迫害的艺人陈凤英，在排戏过程中，他多次要求新凤霞要恨得起来，要敢于用力抓住阎五的头发打他嘴巴。每次反复排练这场戏时，他都要被揪掉数根头发。此剧演出时更是如此。他与新凤霞那出色的表演，似乎使人忘记他们是在演戏，尤其观众的反应最强烈，观众们和台上的演员一起喊口号，台上台下群情激愤，演员观众浑然一体，很多愤怒的观众要冲上舞台打扮演阎五角色的王度芳，此情此景真是让人叹为观止。又如，该团排演的《女教师》，王度芳在剧中饰演一个因循守旧的孟大学问，他在表现剧中人在新旧教育观念中的情感、认知的衍化过程中，那细致而又有些夸张的表演惟妙惟肖，感人至深。此剧参加了全国戏曲会演，主要角色女教师的扮演者李忆兰在会演中荣获三等奖，而扮演孟大学问的王度芳却荣获二等奖。再如《刘巧儿》一剧中，他把刘彦贵演得活灵活现，有“活刘彦贵”之称。他演的丑角儿，不只让你在剧场看了觉得可笑，回家后越想越可笑。还如《金黛莱》一剧中，他又成功地塑造了一个庄严高大的志愿军团长的舞台形象。王度芳的表演艺术对其他演员来说，影响是深远的，是潜移默化的。他是该团难得的表演艺术家。

再说形体艺术，京剧的形体艺术可以说囊括了所有戏曲形体艺术之大成，向京剧艺术学习，使市评剧团在形体艺术上变得比较讲究。曾经陪金少山唱过旦角的王秀文，亲自一招一式地教授新凤霞《锁麟囊》《红楼二尤》两个剧目的身段表演。曾唱京剧武生的陈德禄长期担任所有新排剧目的身段及武打设计。尤其李忆兰和狄江这两个京剧演员到团后，剧团相继排演了大量讲究身段的古装戏与武打剧目，使剧团整体的形体艺术有了进一步的提高。

综上所述，这个团在唱腔艺术、伴奏艺术、演唱艺术及表演艺术上，形成了区别于其他评剧团的独特的风格。看市评剧团的戏，给人一种讲究、规范、大气的感觉。剧团的综合艺术实力说明该团肃然不失为一个大团的风范。从该团人才辈出到上演的剧目及场次，从经济效益到社会效益，毫不夸张地说，北京市评剧团在当时可以说是北京所有戏曲剧团之最，是戏曲艺术发展历史新时期的代表与典范。她体现了新的历史时期戏曲艺术发展的特点与规律，是应该被载入戏曲发展史册的。

4. 剧团的解体

北京市评剧团之所以成功，在于赶上了一个好时代，赶上了这么一班人才，又地处首都，有文化局领导的关心帮助，团内所有演职员都各司其职、各尽所能、各就各位，当然更离不开广大观众与传播媒体的厚爱。正所谓占尽天时、地利、人和。这些就是这个“集体所有民营公助”的剧团得以成功之所在。像这样一个业绩辉煌、自给自足、为评剧艺术事业做出卓越贡献的集体所有的剧团，为何仅仅存在了八年多的时间？这似乎也像新凤霞突然离开剧团去参军一样，是个谜。

《白洋淀的春天》是市文化局为北京市评剧团写的最后一出戏。此后颇具领导艺术的干部张仲杰与颇具艺术实力的编导王雁，被一起调到北京京剧团。又据张其祥回忆，市文化局局长王亚平继《张羽煮海》之后，曾经又给剧团写了一个《孟姜女》的剧本，张其祥说此剧写得感人至深，单听读剧本就那么感人，唱词也非常好，要是排出戏来，那又将是一出了不起的佳作。只可惜读完剧本后，原本说剧作者要对剧本做一些修改后再给剧团排演，谁知自此杳无音信，如石沉大海，之后就再也无人给剧团写剧本了。为了维持演出，剧团只能到处找剧本，《花木兰》《白蛇传》《樊梨花斩子》等剧目就是在这个时期的这种情况下排演的。文化局为何不再全力支持这个团？无从知晓。

种种迹象让张其祥逐渐感觉到文化局领导不再重视与支持这个团，就萌生了要到国营单位去培养人才的愿望。正值李忆兰要去拍电影《画中人》，临走前她对张其祥说希望回来后能见到他，意思是希望他不要离开剧团。1958年初，张梦庚批准了张其祥的离团请求，同年北京市评剧团与中国评剧院合并，成为所谓评剧院三团，分离出的部分人到了中国地质文工团评剧团。原北京市评剧团的团长李凤阳被调到河北梆子剧团，据说在做了一段时间的行政工作后就离开了剧团，不知所终。副团长王度芳到评剧院后也无端变成了一般演员，不仅不再是副团长，就是排戏也只安排他演群众角色，甚至是连一句台词都没有的群众角色，致使这位已具表演艺术家水平的人才抑郁而逝，终年只有五十余岁。张艾丁在北京晚报发表《忆评剧名丑王度芳》的文章中说："……可惜，这样一位优秀演员，竟因过早地被迫离开舞台，终于在1967年抑郁去世，去世时还不到六十岁！我们合作多年，使我获益匪浅。直到今天对于他过早地、而且是抑郁而死，我还是深感悲痛的。"所谓评剧院三团，之后又被打散分到一、二团，终于这个业绩辉煌、具有独特艺术风格及魅力的艺术集体就这样彻底被肢解了。这个集体所拥有的一切资产也被无偿地吞并了。有的原"市评"的老先生讲："我们哪是与评剧院合并，我们简直就是俘虏，被整编被改造的对象。""我们冒着风险签字借钱，日夜苦干挣下那么多资产，名为集体所有，实际我们什么也没有。"更多老"市评"的人每每显出不尽的惋惜与怀念，同时都表示对与评剧院的"合并"的不解与不平。张艾丁对"市评"也有很深的感情，他曾多次对张其祥讲："对于这个问题，我就是对梦庚有意见，为什么偌大的北京市就搁不下一个市评剧团？可惜了团里这些难得的人才。"

很多个为什么，我们无意、更无力究其所以然，只能把"市评"的组建、发展、成功直到解体，看作戏曲发展史中的一种现象，尽管这种现象在历史的长河中是短暂的，也已显现出了她那瞬间的辉煌与无奈。人们应该去总结、思考这种辉煌与无奈，因为那是历史留给我们的经验与教训，是难得的宝贵财富。

市文化局戏曲编导委员会负责同志张艾丁于1981年1月11日在题为《不能？还是不为？》的文章中写道："五十年代初，北京有三个民营公助、自负盈亏的剧团：北京市评剧团、北京市实验话剧团和北京京剧团，这三个团都不向国家伸手要钱，全凭售票收入，不但解决了全团人员的生活问题，还积累了大量演出器材，购置了交通工具、排演房舍，甚至每年还将若干万元盈余上缴国家。这三个剧团共同的特点是：第一，编制严密，没有闲人。第二，演出质量好，上座率高，未演过一个坏戏。第三，建立了正规的导演制度，整理改编了不少传统戏还排演了大批新戏。第四，经常上山下乡，送戏上门，丰富了郊区工厂、农村的文化娱乐生活。在这方面，比较突出的是北京市实验话剧团和北京市评剧团。第五，培养了不少优秀的青年演员，今日在首都评剧舞台上活跃的张淑桂、刘珊、刘淑萍等，都是北京市评剧团的学员。”这篇文章，也足以证明市评剧团确实是一个成功的民营公助剧团。

在改革开放的大好形势下，1999年第九届全国人大二次会议召开。大会对《宪法》做了修改，将第十一条的个体经济、私营经济等非公有制经济是“社会主义公有制经济的补充”修改为“是社会主义市场经济的重要组成部分”。这对发展非公有制经济是非常有利的，如果有条件，在戏曲界也发展私营或集体所有的剧团，这不仅有利于发展戏曲艺术，还能重建与繁荣逐渐萎缩的戏曲艺术市场。绝不会再像原来北京市评剧团那样，剧团的命运不能掌握在自己手里。

前边我们介绍了原北京市评剧团成功的业绩与经验，当然还很不够，如果把原“市评”所有演职员召集到一起，畅谈“市评”的辉煌业绩与经验，那将是最完整、最深刻的。即使从前面的点点滴滴来看，也足以证明张其祥提出的关于剧团“集体所有民营公助”的机制是有利于戏曲艺术发展的，因为她具备了生存意识与竞争机制。我们再透过张其祥以后的艺术生涯，看他对国营剧团的认识与体会。

二、地质文工团

张其祥觉得国营单位有保障，人力、物力、财力等各方面，私营剧团都是无法与之相比的。他带着这个美好的愿望离开了北京市评剧团，来到地质文工团。他憧憬在这里有充裕的时间和优越的条件让他得以实现在有生之年再培养三到五个新凤霞、李忆兰这样的艺术人才的心愿。当他踌躇满志地来到这个国营剧团之后，历史真的和他开了一个不小的玩笑。地质文工团团长的一个善意的、从来没想兑现的承诺，使他从此和这个剧团结下了几十年的不解之缘。如果单纯地为了艺术创作，单纯地为了排戏演出，在北京市评剧团岂不更好？那里有很多一流的演员，有很多配合默契的合作伙伴，何必非要离开他们，而到一个既陌生又不理想的戏曲单位呢？世间事往往就是这样，不是所有事都能尽如人意，通往理想的路是漫长而艰辛的，是需要付出代价与牺牲的。有得必有失，有失必有得，这是自然与社会的又一条不变的法则，只是各自内在的含义不同而已。

张其祥到地质文工团评剧团后，环境不理想，工作不顺心，自己在有生之年的心愿又不能实现，对于将全身心都投入到戏曲艺术之中的他来说，失去的的确很多。可是他同样在其他方面又得到很多，固定的收入，公费医疗，宽敞豁亮的一套三室的楼房等，作为一个戏曲工作者来说，在那个年代能得到这样的待遇是很让同行羡慕的。而最大的收获是开阔了眼界，丰富了阅历，深入了生活。那时地质文工团的歌舞团与评剧团，每年分别到一个省去慰问与地质部门相关的党、政、军机关及工厂部队，当然主要是慰问地质勘探队员。每到一省，剧团都是被当作中央慰问团而受到省、市等各级领导的欢迎接待。尤其是到勘探队演出，全体演职员都被当作亲人一样以泪相迎送，团员们也是挥泪道别离。次次感人至深的情景，让人终生难忘。那时勘探队员被称为工业尖兵，《勘探队员之歌》唱出了他们的抱负与豪情。地质文工团的团员们，也同样不怕艰难险阻，他们跋山涉水，翻山越岭，披星戴月，几经生死。慰问演出之余，他们扛钻杆，缝洗衣物，进行艺术辅导。他们也以做文艺尖兵为荣，纵览祖国的大好河山，了解各地的风土人情，与当地的文艺团体进行艺术交流。地质文工团能够如此深入而广泛地接触生活、了解生活，是任何一个戏曲团体不能与之相比的，也是每一个艺术工作者学习、体验、追溯艺术源泉的难得的机缘。如此优越的氛围与条件，却不能使艺术团体得到长足的发展，这是计划经济时期产业部门文工团的必然结果。这些文工团只要每年完成慰问演出任务就可以了，谁也不会执意让它去发展艺术事业。加上部机关各级领导对保留文工团的意见不统一，造成文工团一些领导认为这个团是临时的，自1962年到1964年，地质文工团都是在动荡中度过的，直到撤销。

张其祥从民营剧团到国营剧团，各个方面都发生了变化，尤其是所有制的变化，使剧团在生存意识与竞争机制上发生了根本变化。民营剧团时期，人们要生活，剧团要生存，必须要有好演员、好剧目、好的票房收入。同样的剧目，你演就二三百观众，团员收入少，生活差些；他演就客满，团员收入多而生活好些。这无可争辩的事实显现出明星效应的不可取代性。演员之间和乐队之间也有竞争，没有竞争艺术就不能发展。这只是艺术的竞争，艺德的竞争。观众则是他们的尺和秤，谁好谁差不用别人评说，观众是最好的裁判。那时无论是演员、乐队，都能清醒地知道自己在不同时期所体现的价值与应处的位置。这种价值与位置是可变的，是有其自身的艺术规律的。所以他们不但都能各就各位，还都能尽其所能。地质文工团评剧团就不是这样了，在这儿不需要丝毫的票房意识，不需要天天去演出，只完成部里规定的任务就成了。国营剧团一切福利待遇都优于民营剧团，成员不必为生活担忧。演出不需要明星效应，因为是慰问演出，演出条件又很艰苦，不管是谁来演，勘探队员们都很欢迎。这其中有着实质意义的不同。数十万的勘探队员，终年工作在深山野岭荒漠戈壁，几百公里不见人烟，那时别说书报杂志，就是广播也听不到，他们太需要文化生活了。文工团员为他们演出，参加他们的劳动，为他们缝洗衣物。勘探队员从文工团员的身上，体会到了党的温暖，体会到了全国人民对他们的关爱之情。有党和人民时刻的关怀，他们才不觉得枯燥与孤独，才能战胜一切艰难险阻，创造一个个奇迹。如果说民营剧团演出体现的是文化市场中票房的经济价值，那么文工团的慰问演出体现的则是净化心灵的精神价值，对于勘探队员和文工团员来说都是如此。后者虽然已成过去时，可这确是在我国经济发展的历史时期，地质部艰苦创业的一个侧面，也是文艺工作者深入第一线的真实写照。现在我们虽已走向市场经济，进入信息时代，但现在还是社会主义初级阶段，各方面发展还不平衡，还需要我们继续艰苦奋斗。所以建议文化艺术部门，应该不断地研究开发具有中国特色的文化市场，组建具有中国特色的文化艺术队伍。只有这样才能实现我们党的关于两个文明一起抓的战略思想。

地质文工团撤销后，其所属评剧团交给文化部代管，更名为“勇进评剧团”。“代管”，顾名思义，此团不归文化部所属，而只是代为管理，何时交给何地不得而知。幸有梅德善团长带领大家艰苦奋斗，终使剧团恢复活力，再现生机。尽管文化部经常派这个团去参加各种各样的劳动、运动、活动，但是这个团所显现的艺术实力，已是不容低估的了。“文化大革命”初始，该团终于获得了文化部部长把此团当作“亲儿子”的承诺，此后该团作为文化部的主要劳动团体，被派往湖北咸宁“五七干校”参加了各种艰苦的劳动。又代表文化部干校在湖北各地进行慰问演出，当然演的是京剧而不是评剧。当时干校有很多人问，这是广大干部下放劳动，你们剧团为什么也来了？不知道，大家都不知道。就算这样，这个命运坎坷的剧团还是没逃过被撤销的厄运，1974 年回京后，这个剧团被撤销，交由北京市文化部门打散分配。

1978 年底，中央领导亲自关心并批准恢复该剧团的建制。文化部恢复勇进评剧团后，又批准该团在全国范围内招收二十名演员及其他艺术人才。能在全国招收演员，张其祥非常高兴，他的心愿有望得以实现。他认为这二十个进京名额非常重要，每一个名额都要慎之又慎。如果是一般演员北京有的是，要进就进好的，进有发展前途的出类拔萃的演员，因为我们要搞艺术，要发展评剧事业。可是事与愿违，出于各种原因，除了有数的几个比较好的外，来了很多丫鬟彩女、武行龙套，有的甚至用此团作为进京的跳板。对此张其祥深表遗憾，他觉得剧团筹建班子在进人的条件、标准上，是轻率和不负责任的。如果是私营剧团，绝不会这样进人。而文化部对下属剧团从外地进人这么重要的大事，也不认真监督审查、把关，至少有失察之责。为此他和一些持同样看法的老演员，到文化部反映自己的意见。不久文化部有关领导在没有做调查研究的情况下，做出了同样轻率与不负责任的决定，把剧团筹建班子的所有成员（包括由部里派来组建剧团的团长肖枫在内）全部撤换。重新派来三个团长，其中一个团长是外地的老演员。在《清宫外史》一剧的排练中，由于这个演员团长的错误决定，影响了排练进度，这个团长反而埋怨团里演员水平低而大发脾气。张其祥对此甚为不满，两人弄得很不愉快。第二天文化部戏剧处长就找张其祥谈话，说你是老同志老艺术家，在工作上要多支持这个团长，等等。张其祥向戏剧处长说明情况，并表示不会影响工作。他回团后团里重新按张其祥的创作方法，迅速而高质量地完成了创作排练工作。此剧参加了文化部的评奖演出，喜获优秀剧目奖，不少演员也喜获一、二、三等奖，唯独不设音乐唱腔创作奖，尽管此剧的音乐唱腔创作得非常出色，其中的奥妙可想而知。出于对艺术特殊的关心与爱护，张其祥对剧团领导的标准，就显得严格一些。他对勇进评剧团恢复后的一些领导不满意，总是怀念原来的梅德善团长。可是梅德善团长已经去世。他在全面落实政策后，被委以重任，因为夜以继日地带病工作，逝世在工作岗位上，被大家誉为“焦裕禄式的好干部”。张其祥认为，像这样的好干部，才能领导好剧团。有比较才有差异，进而才能有选择、有追求。为此，他有时到部里反映情况，剧团领导对此很不满意。1984 年团里以找人帮他总结艺术成就为由，无声无息地停止了他的工作。1988 年，领导统一给超过 60 岁的人员办理了离退休手续，至此他最终失去了唯一能实现自己夙愿的艺术阵地。而更让他遗憾的是未能有机会与刘淑琴合作一出《祥林嫂》。张其祥说在评剧界他遇到了三块璞玉，依次为新凤霞、李忆兰、刘淑琴。当年李忆兰如果再有几出好戏，那时她就早已是艺术家了。刘淑琴也是一样，如果把《祥林嫂》的唱段帮她进一步加工，她会和当年新凤霞演这出戏时一样好；如果和她早相识几年，帮她排几出属于她自己的好戏，她也一定会很快成长为艺术家。只是这些都早已成为泡影。

三、戏曲改革的三个要素

在私营剧团和国营剧团的工作经历，使得张其祥对戏曲改革的思考更全面。戏曲艺术是我们民族文化这个大环中的一个小环，这个小环又是由全国各剧种、剧团相连而成。发展艺术必须要有经济做支撑。经济要由观众通过剧场来提供，剧场、观众都要由好的剧目、好的演员来吸引。所以说，人才、剧场、观众，才是振兴戏曲的三要素。当然现在很多剧团的经济来源大部分靠国家支撑，它们几乎失去了竞争能力。偌大的国营剧院团，竞争不过几个通俗歌手，这不能怨天尤人，只能从自身找原因，只能在新的形势下，逐步完善自身。人才、剧场、观众，这三个要素各自独立却又相互依存，是紧跟时代的艺术纽带把它们紧紧地联系在一起。

1. 对人才培养问题的思考

众所周知人才不会从天而降，需要发现与培养，这就需要选才、育才。选才需要识才，需要伯乐。因为伯乐最清楚千里马的真正标准是什么。育才需要因材施教，更要科学施教，教师队伍的素质也应得到提高，不能因为司空见惯而失却了更高的标准。只要静下心来去历史地、全面地认真思考，而不是从眼前利益，更不是从狭隘的个人利益或狭隘的小团体利益出发，定能够悟出改革振兴戏曲艺术事业的有益且有效的办法。张其祥正是这样做的，他始终坚信戏曲艺术定能再现昔日辉煌。结合自己一生的艺术经历，他日思夜想，反复琢磨，认为在振兴戏曲的各个环节当中，首先要解决演员这个环节。因为历史的经验说明，一个好演员能救活一个剧种。他首先想到任何剧种都要有自己的出类拔萃的演员，何为出类拔萃？一是形象（形体、相貌）要百看不厌，二是嗓音要一鸣惊人。张其祥列举了很多演员的例子。现仅举几例。

第一位，京剧界前辈金少山。

20 世纪 40 年代金少山在天津中国大戏院演出《坐寨盗马》。中国大戏院楼上楼下约一千八百个座位全部客满。开戏前在“守旧”[1]上有一张用黄纸写出的告示，上写“金艺员少山因嗓音失韵，请诸君原谅”。观众觉得金先生嗓子再不好也不会差太多。开戏后窦尔敦一出场就获得满堂彩，一向就有“活霸王”美称的金少山，身高超过 1 米 8，再穿上厚底儿扮上戏，威风凛凛，这高大形象真称得上顶天立地的伟丈夫。观众怎能不喝彩？但等听到金少山唱的引子、念白、唱，观众心里一下全凉了：嗓子声音不但小且嘶哑，坐在后边的观众几乎听不到声音。大家既惋惜又失望，这么难得的机会却偏偏赶上金先生嗓音失韵。台下观众开始议论，这一千八百名观众要是都议论，声

1 守旧是门帘台帐（幔）的别称，指舞台上作为背景的底幕。

音可就大了，台下乱哄哄的连打击乐的声音都听不到了，大半出戏就是在这种状态下过去的。等窦尔敦唱到“胆大的小更夫也敢逞强，你二人具已在爷的刀下命丧”这两句时，金先生稍微用了些力，大家似乎听到点儿声音，前面的观众开始停止了议论。等唱到“唯有那”这三个字时，金先生又加了些力，所有观众就全都静下来了。等唱到“黄三”这两个字时，观众几乎屏住了呼吸。当金先生的这个“泰”字突然用力喷出口时，就感觉整个剧场“嗡”的一声，瞬间的寂静，似乎能感觉到剧院顶上的灰尘被震落的声音。所有的观众像同时从刚才的震撼中清醒过来一样，喊声、暴风雨般的掌声突然迸发，整个剧场沸腾了，观众说就听这一个字就值了，太过瘾了。连剧场外拉洋车的工人都说听到剧场里“嗡”的一声。用“声振屋瓦”来形容金先生的声音那是再恰当不过了。在当时没有任何音响设备的条件下，在坐有一千八百名观众的大剧场，这种声音的魅力、这种力的魅力不仅是让人震撼，更是让人倾倒。

第二位，评剧界前辈白玉霜。

人称“评剧皇后”的白玉霜，是少有的出类拔萃的戏曲艺术明星。正是她那超凡的艺术魅力，使得痴迷京剧艺术十几年的张其祥毅然投身到评剧艺术事业中来。白玉霜高高的个儿，身材很匀称，长得非常漂亮，一双清澈透亮的大眼睛炯炯有神，就像会说话一样。曾经有过一个笑话来比喻她眼神的魅力，说“和她配戏的小生如果没有道行，让她多看一眼准忘词儿”。在《可怜云娘》一剧中她扮演云娘，戏一开始云娘是丑扮，她把一个朴实善良、鲁音十足的渔家女，演得惟妙惟肖。当云娘不再受苦而改成俊扮上场时，让人感觉眼前一亮，清水脸的扮相更显光彩照人，当场获得观众满堂彩。她的嗓音属女中音，声音圆润、浑厚、甜美，可刚可柔有力度。观众非常爱听她唱，她即使唱普通的二六板都好听。上演《玉堂春》时，因她的唱段多，戏票还临时加价。她的演唱艺术就更见功力，她可以在某一个音符上，逐渐加强丹田之力，那浑厚的力度真是震撼得人毛孔发炸，每当此时，喝彩声加上暴风雨般的掌声，使得整个剧场都沉浸在一片赞美的狂潮中。

以上两个例子充分体现了一个出类拔萃的演员那种“百看不厌，一鸣惊人”的艺术魅力。当然这种例子在各剧种中还有不少，在此不一一列举。据张其祥讲，凡是出类拔萃的演员都有撒手锏，让观众在哪儿开花（叫好鼓掌）就在哪儿开花。而且他们的戏你只要看上一次准上瘾。大家都知道京剧界的裘盛戎的演唱艺术魅力是何等惊人，过去讲“十净九裘”，现在恐怕是“十净十裘”了。张其祥经常提起他的一个美好的设想，如果有一个演员既有金少山的形象声音，又具备裘盛戎的演唱艺术特点，那他不仅是中国的巨星，也必将是世界巨星，何愁京剧不振兴？张其祥不相信在全国十几亿人口中就选不出这样的人才，关键是下不下大力气。

有了出类拔萃的演员标准，接着就该考虑选才问题了。不是其他演员不重要，而是各个行当都需要培养顶尖高手，合在一起才是一台好戏。没有根、茎、叶，花从何处来？根壮、茎挺、叶茂，花才艳。这不仅仅是自然界的规律，也同样是戏曲界的规律。那么所有人才从何而来？一是选才，二是育才。张其祥认为选才要由教育部门配合，由中小学发现推荐，再经艺术院校用科学方法选拔。在育才方面他认为首先要提高教师队伍的素质，要给教师进修与交流及舞台演出的机会。过去都是拜师学艺，现在有了戏校有了教师队伍，每一位师傅，每一位戏校教师，都应该有数十年的舞台演出经验，起码会几十出戏，不管是艺术造诣还是眼界、经验都是一流的，正所谓名师出高徒。试看我们现在的戏校教师队伍，有很多会不了几出戏，更没什么舞台实践经验，你如何让他们培养出类拔萃的人才？所以提高教师队伍的艺术素质是当务之急。

张其祥结合自己一生的艺术经验，又提出了交叉艺术的理论。他痴迷演唱艺术，不仅学习京（京剧）、评（评剧）、梆（河北梆子）名角儿的演唱艺术，也同样学习曲艺名家的演唱艺术。如白云鹏、刘宝全的京韵大鼓，金万昌的梅花大鼓，程士明的西河大鼓及单弦牌子曲等。各名家都有其各自的演唱魅力，各曲、剧种又有其各自的风格、特点、韵味儿，对于这种全方位而非单一的演唱艺术的学习，不但让他丰富了学识，开阔了眼界，提高了鉴赏能力，而且能对演唱技巧，对唇、齿、喉、舌等部位的应用，对气息及各共鸣箱进行综合训练，再把这种交叉、立体的演唱艺术的技巧、感觉、体悟，运用到本剧种的演唱艺术中去，那这种演唱艺术应该是最好的。如郭兰英原来是唱山西梆子的，后改唱歌剧，在《白毛女》一剧中她演唱的不只是好听，“霎时间天昏地又暗”这一句震撼全场。骆玉笙原来学京剧，后改唱京韵大鼓，电视剧《四世同堂》主题曲《重整山河待后生》倾倒群英。她们就是最好的运用交叉艺术进行演唱的例子。张其祥认为学生进戏校后，应该有计划、有选择地去欣赏、学习其他曲、剧种名家的优秀唱段。不但要学会，还要学好。学乐器的学生也要学唱，且要学好。不懂唱、不会唱的乐手不是好乐手，离不开曲谱（除个别需要外）的乐队也不是好的戏曲乐队。戏曲乐队的伴奏艺术是非常深奥的，它不只需要乐队自身的和谐，更需要与演员的默契。尤其是学习戏曲音乐唱腔创作的学生，他们不仅需要有丰富的包括戏曲音乐在内的多种音乐知识，更需要懂得演员及演员的演唱艺术，懂得乐队及乐队的伴奏艺术。

2. 对演出场所的思考

选才、育才的问题解决了，那么这些学生毕业后到什么地方去实践、锻炼？要知道一个演员必须经过千锤百炼方能成才。他们要有用武之地，要演戏给人家看，他们要熟悉舞台熟悉观众，这就需要舞台、需要观众。似乎大家都很清楚，演员、舞台与观众之间那相互依存的关系。正因为其显而易见，往往容易走向表面化，而丢掉了更深层的也是最本质的东西，所以使得戏曲艺术长期在低谷中徘徊而未能振兴。这更深层的也是最本质的东西，就是戏曲艺术与民众的关系问题。戏曲艺术经历数百年得以发展到今天，是因为她深深扎根于民众之中。正如我们前面曾经谈到的，民众之所以喜欢戏曲艺术就在于她的时代感、真实感与直接性。历代的艺术家们把民众喜闻乐见的剧目通过舞台直接送达到民众面前，使民众能够直接地、真实地感受到时代的气息、戏曲艺术的魅力与教益，演员与观众建立了深厚的鱼水之情，这就是戏曲艺术能受到民众的喜爱与呵护，得以发展的最深层、最本质的东西。在这里演员不只是演戏的，观众也不单只是看戏的，他们相互间在艺术和感情上进行的是更深刻的理解与交流。这种理解与交流是通过舞台这一唯一途径来实现的。舞台艺术，是一切影视艺术所不能取代的、具有独特感觉与魅力的艺术。舞台对戏曲艺术的生存与发展是至关重要的，它是演员锤炼与展现技艺的场所，更是演员与观众相互沟通的桥梁。

20 世纪 50 年代仅天桥就有四五个小剧场，能给很多民营小剧团提供演出场地。另外珠市口有民主、华北二剧场，前门大街一带有中和、三庆、大众、广和等剧场，为剧团提供了足够的演出场地。后来由民营改制为全民，由剧团改为剧院，越搞越大，演员不能随意流动而形成人才积压，既抑制了演员自身艺术的发展，又逐渐磨灭了他们的竞争能力。同时那些小剧场因不适合大剧团演出而改作他用。为适应需要，剧场越建越大，大到不用音响就无法听戏看戏的程度。结果观众与演员的距离越来越远，那种真实感、直接性及演员与观众间的交流被削弱了，这就产生了一些弊端。例如现在一些中青年演员的唱念功和过去的老演员比相去甚远。过去的演员在吐字发声、用气等方面很讲究，训练得很刻苦，因为他们需要在没有任何音响设备的情况下，要让坐在最后一排的观众听清唱念中的每一个字，这需要多么深的功力呀。现在一些中青年演员虽然有音响相助，但如无字幕就很难听清他们说的什么，唱的什么。这是唱念功力上的一种退化。小剧场没有了，大剧场数量有限，虽然它们的设备齐全，但场租相对也高。像长安大戏院这样名副其实的大戏院，它的设备、场租都是一流的，在这样的剧场演出成本很高，票价也很高，一般的剧团谁敢轻易涉足？一般的观众又怎舍得花高价去看一场戏？长此以往不只是戏曲艺术后继无人，就连戏曲观众都要后继无人了。这绝不是危言耸听，因为连接演员与观众的桥梁没有了，戏曲艺术与民众的联系中断了。就如同一棵棵参天大树离开了它赖以生存的大地和水源就会倒下枯死一样，我们的戏曲艺术也将走进历史博物馆而被束之高阁。当然这种情况是不会出现的，我们的国家、我们的民众、我们的戏曲艺术工作者是绝对不允许这种情况出现的。所以很多人提出了很多改革、振兴之举措，可惜至今收效甚微。我们不是不需要大剧场，现代化的大城市没有大剧场怎么行？很多大型优秀剧目是需要利用很多先进设备、调动很多艺术手段去体现去完成的，戏曲艺术也需要利用先进技术来丰富扩展自己的表现力，没有现代化及设备齐全的大剧场怎么行？但不能都是大型的剧场，还要有中型的，更需要小型的剧场。我国是处在社会主义初级阶段的发展中国家，各地区的发展是不平衡的，甚至缩小到各个家庭的发展都是不平衡的。再结合戏曲艺术的时代感、真实感和直接性，结合艺术人才需要在不断磨炼中成长之特性，我们需要各种层级的剧场，才符合艺术及市场发展规律。连接演员与观众的桥梁问题，就是张其祥继“人才”之后又反复思索终于找出的戏曲界仍未走出低谷之又一重要症结。张其祥认为应该有选择地在人口较密集的城区和城乡交界处建立初级文化艺术市场，有条件的地方可以建立像过去天桥那样的综合性初级文化市场。这个初级市场是我们锤炼戏曲艺术人才、密切联系民众的最基本、最广泛的文化市场。既然是初级市场，剧场当然是比较简易的，但却是科学的。冬天不要太冷，夏天不要太热，座位在五百左右。不要复杂的灯光，更不要任何带电器的音响设备，管理人员最多十人，按需要还可雇用临时工。这样一来建设剧场的成本不会太高，同样使用剧场的租金也不会太高。这就为演出团体提供了更多的便利与机会，也就能更大限度地提高剧场的使用率。至于是否能有那么多演出团体来演出，这些演出团体从何而来，这就联系到体制改革问题。张其祥认为国家级剧院在北京不妨只有一个，其他的戏曲剧院团都应该打散重新组合成能够自负盈亏的演出团体。这其中包括集体所有的，像过去的北京市评剧团；个人所有的，像过去的梅剧团以及个体的流动演员。国家应该制定相应的较宽松的政策去鼓励和培养这些团体和个人走向市场的勇气和能力，以贷款与租赁的形式协助解决他们的活动资金及演出物资等问题。如京剧院有那么多优秀艺术人才，把他们捆绑在一起，又很少演出，这不但是人才的积压，更是人才的浪费。但让他分别各掌一摊儿，或几人合掌一摊儿，就能形成几个或十几个没有闲人、短小精悍的演出单位。这样既有利于发挥他们各自的艺术才能，又有利于市场竞争。尤其对于个体流动演员，只要符合文化市场要求，经过市场管理部门批准，就允许他们临时组班儿唱戏。这一下我们戏曲界就能真的活起来了，那真能在这广阔天地大有作为了。

3. 对戏曲观众的思考

现在剧场有了，各样的剧团有了，就差观众这一重要环节了。这么多的剧场，这么多的剧团，是否能有这么多观众看戏？从市场潜力来看，农村是一个广阔的市场，这是因为戏曲艺术不仅具有广泛的人民性、民族性，更具地方性。尤其是很多地方戏曲艺术都是农村土生土长起来的，这就决定了戏曲艺术最广大的基础市场在农村。更何况我国大量人口在农村，这是一个不容低估的最广大的市场。又由于在文化、艺术、娱乐的形式种类上，农村相对少于城市，一些戏曲团体又常年活动在农村，可以说农村的老、中、青三代人都是最可靠的观众。在城市中就不一样，各种文化、艺术、娱乐等形式比较多，戏曲观众相对比较少。20 世纪 50 年代出生的人只是见过京剧样板戏及拨乱反正后的一些戏曲剧目，他们对曾辉煌一时的戏曲艺术及艺术家们印象不深，更不要说 20 世纪 60—80 年代出生的年轻人了。由于各种艺术形式的冲击及自身的不景气，戏曲艺术的观众多数为五六十岁以上的中、老年人，如不争取青年观众，若干年后在城市就真的没人看戏了。如何争取观众，尤其是青年观众？当然离不开前面所讲的人才及市场问题。人才需要在市场中磨炼，20 世纪 50 年代的演员每年要演三四百场戏，我们现在的演员一年能演几场戏？这中间有很大差距。人才要培养，观众也需要培养。戏演多了既锻炼了队伍，又能不断提高艺术质量，更主要是培养和加深了与观众之间的感情。感情加深了，观众了解你喜欢你了，自然看戏的人会逐渐增多。戏演多了，只几出戏就不够了，必须要多排戏、排好戏，尤其是青年观众喜闻乐见的剧目。这就又牵扯出戏曲艺术发展的又一个关键环节——创作，包括剧目的创作以及剧目音乐唱腔的创作。创作的生命力源于紧跟时代步伐，不断创新。过去讲“剧本剧本，一剧之本”，一个好的剧本必须紧跟时代步伐，好的音乐唱腔也必须不断创新，才能不断激发和调动演员的无限创作力去表演新时代，达到一个完美的艺术境界。过去很多名演员都有著名的文化人根据他们的优势特长为其写剧本，这是名角儿们能够成名的重要因素。拿中华人民共和国成立初期的北京市评剧团为例，为了打破旧的婚姻传统观念，我国制定了新的婚姻法，为了宣传新婚姻法，北京市文化局派剧作家王雁根据袁静的《刘巧告状》及韩启祥的说书进行改编。张其祥又根据新凤霞的演唱特点，为她创造了崭新的评剧唱腔。《刘巧儿》一剧的成功上演，轰动了京城，男女老少传唱《刘巧儿》的唱段，男女青年热烈拥护新的婚姻法。紧跟形势的剧目，崭新的评剧音乐唱腔，催生了一代评剧新星的诞生，这完全符合戏曲艺术繁荣发展的规律。再如原京剧演员李忆兰，当时的文化局局长王亚平根据一个神话故事，为李忆兰创作了《张羽煮海》这个神话剧目，唱词写得非常好，张其祥依据剧中人物及李忆兰的特质，为她创作旋律与韵味完美统一的唱腔，凭此角色李忆兰成为又一颗评剧新星。这又促进了剧目的生产，又提高了剧作者的积极性，形成了繁荣创作繁荣市场的良性循环。

再有就是票价问题。既然是初级市场，票价不宜太高，这样普通观众可以接受，当然还可以根据演员不同的知名度、不同的剧目来适当提高票价。这是培养市场的一种方法，也是市场自身的价值调节规律之必然。

争取青年观众的关键还在于变革，青年人最不保守，最乐于接受新事物。因循守旧青年人不喜欢，戏曲艺术也是在不断变革中得以发展的，有变革才能使艺术充满活力，永葆青春。不管是京剧还是评剧或其他剧种都是如此，张其祥正是变革了传统评剧的旋律和唱法及伴奏方法，才使评剧艺术以其崭新的面貌展现在20世纪50年代的首都舞台上，促成了新凤霞“新派”、李忆兰“李派”演唱艺术的诞生，对半个世纪以来评剧艺术的发展产生了深远的影响。所以要争取青年观众就要出新，出新人、新戏、新艺术。也就是说戏曲艺术要紧紧跟上时代的步伐，才能繁荣、发展，才能争取到一代代的青年观众，永葆艺术青春。

以上所说的人才、剧场、观众等问题，是张其祥多年来反复思考的问题。这些问题集中体现了他对自己这一生的艺术实践、艺术经历的深刻总结，也是他对戏曲艺术走向市场、面对机遇与挑战的深刻反思，更是这个年近八十岁的老戏曲音乐家对他一生所酷爱的戏曲艺术的赤诚之心，这种赤诚之心还表现在对京剧艺术的改革问题上。

张其祥漫谈戏曲改革
——以京剧为例

浅谈戏曲“国粹”

中华文化源远流长，传承数千载，为我们留下了无数的民之宝、国之粹。戏曲艺术就是其中之一。

目前在我国戏曲艺术界，一提“国粹”，就感觉非京剧莫属，似乎京剧艺术就是集中国戏曲艺术之大成，是中国戏曲艺术之最高境界。京剧界的所有演职人员，自然也以“国粹”一员而自居、自傲、自荣。对于任何单一剧种进行这样的定位，其实是一种狭隘的认知与偏见。

作为中华传统文化的表现形式之一的中国戏曲艺术，具有独特艺术模式，能够流传近千年而不衰，是我们中华民族的艺术瑰宝。而京剧和其他兄弟剧种一样，只是我们中国戏曲艺术大家庭中的一个剧种而已。不客气地说，京剧其实也是地方剧种，是身居北方京城的地方戏，后因慈禧太后的赏识而腾飞，因历届精英的出现而发展，更因梅兰芳把京剧艺术带到国外而被世界认知。梅兰芳向世界人民展示的，是我们中国戏曲艺术的表现形式及魅力，不能片面地理解为京剧艺术就是中国戏曲艺术的全部。其他剧种虽无皇家赏识，却也有自己的生长环境、名家名剧。

我们的国家是一个多民族、多方言的国家，因此拥有着极其丰富多彩的艺术表现形式及风格，它们共同构成了我们民族文化艺术繁花似锦、光彩夺目的大花园。戏曲艺术则是这个大花园中的一个组成部分，各剧种正是因地方性及接近群众的原因而形成了各自的音乐形象及表演风格。秦腔、晋剧、豫剧、汉剧、京剧、评剧、河北梆子，黔剧、粤剧、花鼓戏、川剧、越剧、黄梅戏……这些剧种传承千百年，千姿百态，异彩纷呈，受到广大人民群众的宠爱。尤其是所谓的“地方戏”，它们紧跟形势的发展，推动了我们中国戏曲事业的繁荣与发展。正是这些“地方戏”的地方性，使它们更贴近大众，贴近生活，它们的表演风格、演唱风格和各地的民俗民风交融在一起。它们深深扎根于民，不管是古装戏、历史戏、现代戏，它们都得心应手。更可贵的是它们能随着时代的发展而发展，这才是我们中国戏曲艺术发展近千年不衰之本源和根基。因此笔者以为，“国粹”之说不是单指哪一剧种，而是泛指我们中国戏曲艺术这一优秀的传统艺术模式及其根植于民的深刻内涵。

这些“地方戏”的地方性还体现在它们所使用的语言正是本地的方言。每一个民族、每一种方言都有其自身的“语言文化”。我国是一个多民族、多方言的国家，因此形成了中华民族丰富多彩的艺术形式。这其中所蕴含的民族性、地方性及多种艺术形式的特色，是其他国家不可比拟的。语言文化也包括“方言文化”，不同的语言文化产生了不同的音乐表现形式及演唱风格，因此不同的语言文化是不同音乐形象、不同音乐艺术风格的根基。这种语言文化的多样性造就了我们每个人的成长记忆不同，更在本地音乐中大放异彩。例如“陕北民歌”，不用陕北方言你就唱不出陕北民歌那浓厚的“情”“韵”；王玉珍的一曲带有湖北乡音的《洪湖水浪打浪》让人回味无穷；西藏民歌能让你感受到雪域高原的无比壮丽。可见，“语言”是一个国家、一个民族、一方水土的象征，保护好我们各民族的语言、各地的方言，就是保护我们丰富多彩的民族艺术的根基。所以重视、研究和保护好“语言文化”“方言文化”是相关文化部门的历史责任。戏曲艺术也是这样，包括京剧在内的各地方剧种，都要深刻了解我们各自的语言文化，发挥好我们各自的语言艺术优势，让我们中国戏曲艺术园地的花朵，更加绚丽多姿，异彩纷呈。

从京剧看流派的继承与发展

流派是我国民族传统艺术的传承与发展的重要形式之一，戏曲艺术也同样因流派的出现和传承而得到助推、繁荣与发展。

“戏曲流派”是说任何戏曲剧种中可自成一派的表演，有其本流派的代表剧目和代表音乐，这些代表作是本流派独有的，也是与其他流派之间相区别的，大家熟悉的梅、尚、程、荀这京剧四大流派艺术就是如此。可以说京剧艺术中各流派的诞生，助推了京剧艺术的发展——是“助推”，而不是京剧艺术繁荣发展的全部原因。流派的诞生不要只看其形，而要看其“实”、看其“本”。流派艺术的诞生所体现的是一种精神，一种紧跟时代、不断创新的精神。时代在飞速发展，人们的观念意识、欣赏水准和角度也在随着时代的发展而发展，自然不断有新的艺术形式和流派因发展而诞生，它们受到了新时代人们的宠爱与欢迎。这种紧跟时代、不断创新的精神是推动我们民族艺术发展的原动力。我们戏曲艺术发展近千年而不衰，靠的就是这种精神。

京剧界原来有“梅派”吗？没有。是在民主革命的大背景下，以梅先生为中心的各方艺术精英创立了“梅派”艺术，受到了广大国内外观众的赞誉。现在“梅派”弟子众多，他们精心学习梅先生饰演过的每一出戏中的每一句台词、每一句唱腔、每一个身段……似乎梅派艺术得到了真正的传承。然而真的是这样吗？

有幸看过梅先生演出的人，很难不对梅先生一出场就获得碰头儿好、满堂彩而印象深刻。这说明观众对梅先生及其艺术的尊崇与热爱，体现的是梅先生的出场亮相所带有的一种威慑力，那种大气、威严、华贵无人可比。这就是一种“份”，这种“份”不是什么人都可以学的，它是一种修养，是一种文化的、艺术的、精神的深厚内涵的积累与体现。所以说学习流派艺术不能只从表面学，要从历史、文化、艺术、人文精神等方面全方位地学习，这才能使流派艺术真正发扬光大，进而超越本流派去创建新的流派艺术。继承是为了发展，更是为了超越，戏曲艺术就是这样不断发展繁荣的。这就引申出了学习和继承流派艺术的理念和方法。

20 世纪 30—40 年代评剧也曾有四大流派，那时天津所有学习评剧的女孩儿除了学习基础的评剧演唱艺术外，都会有选择地学习四大流派的相关剧目及唱腔，新凤霞也不例外，如果她那时选择继承四大流派中的任何一派，也不会有她自己的流派产生。正是在中华人民共和国成立的大背景下，新凤霞有了适合自己演出的剧目，有了适合自己嗓音特点、能充分发挥自己嗓音特质的唱腔以及那些无私帮助自己的良师益友、合作伙伴，“新派”的演唱艺术才得以诞生。

新流派的诞生需要天时地利人和。20 世纪 60 年代初，北京戏校评剧班学员毕业演出，笔者被借到评剧班乐队帮忙时听到其中一个小女孩儿的嗓音特别好，音质清纯，声音又宽又亮，演唱韵味儿十足，如果她学习张筠青那种演唱风格、技巧，再充分发挥自己嗓音的优势，必然会创出属于自己的艺术流派。几年过去了，听同行说她学了“新派”。经过几十年的刻苦学习，终于实现了自己心愿，成为“新派”艺术的传承人之一，仅此而已。可惜她为了学习“新派”而放弃了自己得天独厚的嗓音优势去苦苦地模仿新凤霞的声音，否则她的成就不止于此。而且，当时的评剧院名角儿林立，怎么可能专门去为一个刚毕业的小学员排戏、设计唱腔？除非她像当初新凤霞一样自己成班儿。

世间之人千人千面，千姿百态各不相同，而每个人的声音也因其各自的口腔、鼻腔、声带、唇齿喉舌等的不同而不同，可以说在世间它们各自都是独一无二的存在。“新派”唱腔艺术中的“疙瘩腔”，不仅仅是展现演员的演唱技巧，也不单单是展现剧中人物内心世界的起伏变化，更是对于新凤霞那清、脆、甜、亮、美的亮丽嗓音的展示，别人可以学，但永远也达不到她的艺术境界。因为嗓子的声音是她自己的，是天生的，是独一无二的，因此她的演唱是自然的。“新派”的演唱艺术之根本是什么？是自然，不做作，是以说唱形式来体现的，所以她演唱时给人以亲切、自然美的感觉。“说唱形式”就是发声位置靠前，是在我们平常说话的位置，这样吐字才清晰，犹如把人们相互交流的语言用音乐唱出来的感觉。京剧“赵派”的演唱艺术也拥有这样的特征，否则人们不会在没有字幕的情况下也能听清赵燕侠演唱时的每一个字。一代歌坛巨星邓丽君也是这样用她的甜润舒美的声音向人们讲述小城的故事。三位不同领域的艺术家的发声特点是相近的，都很自然，她们都是发挥了各自所独有的嗓音特质及演唱特点，形成了她们各自的流派。

学习流派艺术，不要生搬硬套，学其艺要知其技，习其技要明其意，明其意而丰己之羽，壮己之体，扬己之长，“青出于蓝而胜于蓝”，其言何意？思之、慎之。

来到这个世界上的每一个人，都是唯一的，只要做好自己，东施也能展现出自己靓丽的一面。大美皆出于自然，因为她不牵强，不死板，不做作，法自然。

谈京剧旦角唱法改革

以下文字原是想借助当时第四次世界妇女大会（1995 年 9 月 4—15 日）将要在京召开的东风，争取京剧界女演员对京剧旦角唱法改革的共鸣与支持。可惜因种种原因未能实现。当时，会唱京剧的著名评剧演员刘淑琴给予了很大支持，表示为了获取用本嗓唱京剧的第一手资料，她将全力进行试唱。最后终因人单力薄未能将此事进行下去。张其祥并未因此而放弃京剧旦角唱法改革的想法，除了继续回忆总结自己的艺术经历外，只要有机会就会向有关部门或领导倾谈自己的想法。从其后两封信中，同样能看出他对艺术的锲而不舍的精神。

20 世纪初，封闭多年的京剧舞台上终于有女演员参加表演了，这无疑给京剧艺术自身带来了勃勃生机。由于京剧“小嗓”早已形成它固有的形式并被人们所接受喜爱，所以即使有女演员参加进来，也很自然地继续沿用“小嗓”。

“小嗓”是一种演唱形式，是前辈男旦艺术家们留给人们的艺术珍品，也是历史留给人们的一种视听欣赏习惯。所以女演员参加京剧艺术的表演，只能说是女性在艺术发展史上的部分解放，还不能说是全部解放。因为她们不能用女性自己所固有的声音去说去唱，只能沿用历史造成的、男旦为了表现女性声音才出现的“小嗓”的艺术形式。这无形中对女演员的嗓子形成禁锢，无法发挥她们嗓子的全部功能。自京剧界有女演员参加到如今，有哪一个女演员（艺术家）形成了自己独特的艺术风格（赵燕侠正是稍微变动了一下吐字发声的方法而成“赵派”）？正如评剧明星白玉霜、新凤霞，如果她们演唱时也用小嗓，是不会创出“白”派、“新”派的。更不会留下演一场满一场、演一年满一年的戏曲界奇迹（当然她们唱的是评剧而不是京剧）。再比如原京剧演员李忆兰，改唱评剧后她小嗓改大嗓，很快成长为著名评剧演员。这是什么原因？很简单，就是解放了嗓子。

在这里提出旦角唱法的改革，并非否定艺术大师的艺术及功绩，更非否定小嗓那历史的、艺术的功绩，只是建议把它作为一种表现形式，而绝不是京剧女性角色表演艺术的全部。小嗓和大嗓只是演出艺术形式不一样，不存在用谁否定谁，用谁替代谁。一种艺术形式，或是一种演唱方法，在一定的历史时期，曾起到过它应起的作用，有过它应有的辉煌。它可能活跃了很长的历史时期，但它不应该也绝不可能抑制另一种艺术形式或是另一种演唱方法的崛起和发展。京剧女演员改用本嗓唱是性别的需要，更是时代的需要，正像当初男旦用小嗓演唱一样。

地方戏曲各剧种不存在小嗓的问题，只要能发现和培养人才，再加上剧作家为他们写表现新时代、新事物的剧本，各地方剧种的戏曲音乐家们为他们创作出具有时代气息特征的音乐唱腔，他们就会很快脱颖而出，受到青年观众的喜爱。

不争取青年观众就走不出困境，何谈振兴？而京剧本身还要经过一场变革，即小嗓改大嗓的变革（或曰大小嗓的结合），这需要付出双倍甚至更艰苦的努力。因为改用大嗓演唱，首先要得到专家内行的认可，还要得到观众的认可。笔者曾试探性地与京剧界同行探讨这一问题，人家首先提出疑问："那还是京剧吗？那不是成了地方戏了吗？"恐怕在京剧界甚至很多喜欢京剧、熟悉京剧的人，都有这种看法。

京剧艺术是多方位的整体艺术，旦角儿的小嗓演唱只是其中一种艺术表现形式，或者说表现方法，不能说小嗓就是京剧，京剧就是小嗓。京剧作为一个剧种，有它自身的特点及规律。

任何剧种区别于其他剧种，有两个根本条件：一是它的语言形象，二是它的音乐形象。正因为我国各地区的方言不同，因而形成了各自不同的语言音乐形象，这是各剧种的根本区别。评剧、河北梆子、豫剧、越剧、黄梅戏、川剧等剧种中，旦角儿都是用大嗓演唱，但因为各自的语言、音乐不同，让人一听就能区别出不同剧种。京剧也是这样，老生、老旦、花脸都是大嗓，让人一听就知道是京剧。由此可见用大嗓或者小嗓演唱只是个方法或形式问题，绝不会因为用大嗓唱就变成地方戏了。同样，如果用小嗓唱评剧，也不能说评剧就变成京剧了。

当然如果用大嗓演唱小嗓的唱腔，还是存在一定困难的，除了唱腔音域和调门儿等问题之外，主要是人们的听觉习惯问题。大家听惯了小嗓唱法，突然听大嗓演唱，听觉不习惯，觉得不伦不类，甚至有可能说这是欺师灭祖。但如果能进行一下尝试，还是应该得到允许的吧？不妨预测，京剧的振兴首先应该就从女旦角儿演唱方法的改革开始，没有这个改革谈不上京剧的振兴。这个改革正像当年女演员登上京剧舞台一样，将给京剧艺术带来勃勃生机。把小嗓留给男旦演员去坚守和传承吧，这即是他们的专长，更是他们的专利。他们不但能完美地继承下来，还定能继续发扬光大。他们还能排演更多适宜他们演唱的新的历史及古装剧目，还能出现更多的梅、尚、程、荀。而女旦角儿改用本嗓的演唱艺术，排出大量具有新时代气息现代剧目，定会涌现很多新星。京剧舞台上不光有古装戏、神话剧，还有大量的现代戏，何愁京剧不振兴！

以上是形势的迫使也好，需要也好，反正是大势所趋。那么剩下来的就是观念和技术上的问题。观念问题即认识问题，认识问题就是讲一堆道理也是讲不通的，关键就是实践，要大胆进行尝试。也需要各方面专家的支持、合作，对唱腔、唱法反复实验，定会成功。以成功的作品来说话，逐渐转变人们的认识和习惯，这是转变观念的唯一捷径。

技术上的问题，也是关键的问题。女旦角用大嗓演唱，其有利条件之一，是演员本人就是女性，不需要嗓音化装，张嘴就是女声。之二，前辈艺术家已经为旦角的唱腔创作出那么多优美动听的旋律，那么丰富的调式。之三，京剧界有很多女艺术家、很多知名的女演员，人才济济，是最最宝贵的资源。她们的嗓音很好听，只要她们中有人敢于出来进行改革尝试，定会取得惊人的效果，犹如颗颗明珠跳出沧海，放出夺目的光辉。之四，这种改革有利于争取当今青年观众，这是发展、振兴戏曲艺术的关键。能得到青年观众的支持，京剧艺术的改革定会取得意想不到的社会效益。

真切地希望京剧界的有识之士，有胆识的女演员、女艺术家们，来进行一次大胆的尝试。用你们的本嗓来展现一下京剧艺术的魅力，剧中人物的魅力以及你们女性的魅力。你们定会创出一个更加崭新的、生机勃勃的京剧艺术新天地。

张其祥给《北京晚报》的一封信

尊敬的编辑先生：

获悉贵报明年将要扩版，甚喜。很久以来，总想晚报能有一块专门讨论戏曲改革的园地，叫“戏曲改革论坛”或叫“百姓谈戏改”。使包括各界在内的数百万北京的读者都能有机会参与有关戏曲改革的各方面看法、建议，甚至可以就具体问题进行广泛深入的讨论。过去总是专门家们谈得多，何不让更广大的观众参与戏改？用当今市场经济中较为时尚的一句话说：“观众就是上帝。”谈戏曲改革不让观众这个上帝参与怎么改？你怎么知道他们喜欢什么，不喜欢什么？“百姓谈戏改”是我们进行戏曲改革的最广大、最深厚的基础，是繁荣我们民族艺术的根本动力。

1996年9月27日白宙伟先生在贵报“艺林漫步”中曾提到“徽班进京，吸收京秦二腔，乃使京剧杂交而成气候，京剧这一辉煌就辉煌了二百余年，京剧不仅仅是艺术，而是一种精神，时代发展了，观众的文化、欣赏层次高了。我们能不能在保留老戏、传统戏的同时，创演一些新戏、现代戏；能否与姊妹艺术相结合创造出新的艺术手法、形象来”。白宙伟先生这一精辟的总结与尝试性的建议，能否进行广泛的讨论而求得共识？举一反三，如果数百万各界读者与专家都能充分发表自己理论的、实际的见解，再经过热烈的、可能是针锋相对的讨论，进而达成共识。这就能形成戏曲改革最客观、最现实、最具实际意义及最富有成效的指导性意见，何愁戏曲改革不能成功？何愁京剧不能再现昔日之辉煌。贵报如能把各方面的意见精选成册而流传于世，也不失为一项义举。中国戏曲艺术再度繁荣、再现辉煌之时，贵报当记首功！

致

礼

您忠实的读者 张海宁[1]

1997 年 11 月 9 日

---

1 张其祥字海宁。

张其祥给敬一丹的一封信

尊敬的敬一丹先生：

有幸看了您 12 月 1 日主持的节目，很久不能平静。尤其是在您的言谈话语中对京剧艺术那关切的神情，令我感动。我作为一个老戏曲艺术工作者，想就目前戏曲改革的若干问题，提出一些看法，不知能否成其为焦点？请您指教。

戏曲艺术的繁荣体现在出人出戏上。改革开放二十年了，北京京剧界究竟创出了多少传世之作，我暂且不做评论，只对人才、改革、市场等问题提些看法。"研究生班"的出现，可以说是戏曲改革中的一项成果，是培养跨世纪人才的有效措施。改革开放二十年，戏曲界才研究出个"研究生班"也算不错。在电视里看了他们的汇报演出（当然不如在剧场里观看更准确，效果更好），有一些演员还是不错的。个别演员也确是可塑之材，有望成为出类拔萃之选。但一些客观因素制约了他们的发展。还有一年多将进入下个世纪，怎么办？令人焦急。多日彻夜辗转，思得几个问题，如能在明年得以实现，下个世纪的前十年，将涌现出几个出类拔萃的人才。时不我待，要勤奋、敬业。戏曲领导部门更要勤奋敬业，否则戏曲改革还会这样迟缓、滞后。

一、确定戏曲艺术档次的标准

一个时期以来，“大师”“艺术家”满天飞，像商者皆经理一样时髦，大有艺术贬值之势。有的作为著名演员都很牵强，却被称为艺术家。此风一长，不利艺术发展，阻碍人才的培养。暂提几个标准，以供商榷。

1. 演员

必须具备戏曲演员的基本素质，有一定表演及创作能力，能较好而准确地表现剧中人物。

2. 著名演员

没有自成一派，但在艺术上有较高深的造诣，对本剧种有较大贡献。有一定数量的代表剧目，在戏剧界乃至国内有一定名望，特点是戏保人。

3. 艺术家

既有“百看不厌”的扮相，又有“一鸣惊人”的声音。有高深的艺术造诣，对本剧种有杰出贡献，有众多优秀代表剧目，自成一派，在国内有很高名望。突出的特点是人保戏。如程、尚、荀、马、谭、裘、张、赵[1]等。

4. 艺术大师

对戏曲艺术有杰出贡献，自成体系并深具国际影响；艺超群英，艺德高尚，才貌惊人；家喻户晓，妇孺皆知。梅兰芳博士为艺术大师则当之无愧。

再以评剧为例：

“评剧皇后”的美称是广大观众及评剧界对白玉霜精湛艺术的推崇。她除了具备艺术家的素质、条件外，还具备了独特的感染力。那就是在她浑厚的近似女中音的声音的魅力外，还更具力度的魅力。

新凤霞过去可谓是家喻户晓、妇孺皆知的评剧艺术家，那为何不称其为“评剧皇后”而只称其为艺术家呢？她和白玉霜不可比拟的地方是凤霞的优势

1 指程砚秋、尚小云、荀慧生、马连良、谭富英、裘盛戎、张君秋、赵燕侠。

白玉霜同样具备，而白玉霜那力度的魅力她却没有，柔有余而刚不足。

小白玉霜用低回婉转的旋律丰富了“白派”的演唱艺术，为“白派”艺术的发展做出了杰出贡献。也可称为艺术家……

以上只是根据原北京市京剧界、评剧界过去的老演员、老艺术家的各方面情况，粗略地划分四个档次的标准。不知妥否？不管如何，只要有了档次标准，才能对号入座而避免混乱，才能看到差距而有学习目标。当然这种评定不能只由专家来定夺，更主要的是要由观众来评定。要参照一定的上座率、一定的票房价值来评定。当然这一点目前还不一定能做到。

二、选才、育才问题

选才必须有人识才，育才必须有高素质的教师队伍。体育界培养出那么多出类拔萃的人才，国内、国际各项冠军层出不穷。而我们戏曲界为何不能像体育界那样系统地、科学地选拔人才？应该和教育部门挂钩，从小学校去发现、推荐人才，再由一些专家根据嗓音、声带、形体相貌及是否具备艺术天赋等科学的选拔手段，为戏校提供生员。不要坐家里等，要去找。北京市各区县都有业余体校，为何不调动一些地区的积极性去成立业余戏校或叫业余艺校。这不单纯是不断输送人才的渠道，更是不断扩大与提高我们民族艺术的基础素质的沃土。

在育才方面要选送一批有较高艺术造诣，并具备教学素质的人才去进修。时代要求我们全方位地培养艺术人才，不首先培养一批高素质、全方位的教练队伍是不行的。

三、京剧旦角儿唱法的继承与改革问题

京剧艺术的特点之一是旦角儿的小嗓（假声）的演唱方法。过去能够成

名的四大名旦、四小名旦都是男旦，为什么？为什么女声参与京剧艺术数十年之久，却没有一个女演员（赵燕侠除外）唱出自己的一派，而还是梅、尚、程、荀、张[1]。

在小嗓演唱方面，男旦具有女声无可比拟的魅力，这也是男旦在生理上所独具的特色。男声的小嗓比女声的小嗓宽、厚、亮，而更重要的是力度强，这些是女声永远无法与男声相比的。要继承发展京剧小嗓的演唱艺术，非男旦莫属。

从艺术角度讲，男扮女应该得到认可，正像女老生、女小生一样，男旦只是一种艺术的表演形式，是扮演异性的一种方法，所体现的是艺术而非其他。

为了京剧艺术再现辉煌，发展男旦艺术应该还是可以的，一定还会出现不少四大名旦、四小名旦。当然因为所要表现的时代不同，男旦就相对有其局限性。演古装戏、大扮、越扮都可以，演便装、现代戏则不成，要由女演员来扮演。这就引出了唱法的改革问题。既然女声小嗓不如男声小嗓，那就用女声自己所独具的而男声又无法与其比拟与抗衡的大嗓（真声）来演唱岂不更好？男声的小嗓表现的是女声，而其大嗓则是男声；女声的小嗓是女声，而其大嗓同样还是女声。不管是演古装戏还是现代戏，女性扮演女性总是最方便的。从各地方剧种及其他艺术形式的经验看，女声本嗓（真声）具有无限的魅力与无限的感染力。试想如果邓丽君、王菲都用小嗓唱，将永远都不会出现那醉人的歌声，歌迷们也将会远离她们。京剧艺术的再次革命，就是女声唱法的变革。由单一的小嗓，变成大小嗓（真假声）的结合，这是唯一能使女演员摆脱禁锢、全面发挥自己嗓音魅力的光明之路。这种变革是艺术发展的必然，如能实现，不久在京剧界必将出现以女演员为代表的四大名旦、四小名旦。这不但更能丰富京剧旦角儿的演唱艺术，也同时丰富了京剧的上

1 梅兰芳、尚小云、程砚秋、荀慧生、张君秋。

演剧目。

四、市场问题

再好的产品没有可投放的市场也卖不出去。再好的演员不长期进行艺术实践也会失去光泽。人才培养出来了，如果没有机会、没有地方演出又有何用？我们现在的情况是：原来能演出的剧场、俱乐部都改了放映电影。即便能演戏，租金很高让剧团却步。再就是唯一的一个长安大戏院，如无人包场，谁敢轻易去那卖票演出？戏院越建越大，剧团改剧院、乐队加管弦，也是越搞越大。摊子越铺越大，包袱越背越重，行动越来越迟缓，人才越来越积压。再说北京的观众，能到长安大戏院看戏的人和北京市人口的比例是多少？除去没有观赏能力的人，这个比例也是悬殊的。而一般家庭谁又舍得花几十元钱到那又远又不方便的大戏院去看戏？北京市民长期没有剧场看戏，演员又长期不能直接与观众交流，最终剧团将失去观众。没有观众的戏曲怎么振兴？人才是根本，市场是关键。诸多问题归纳起来看，就是二大：大剧院，大戏院。二高：场租高，票价高。三少：剧场少，演出少，观众少。对症下药，我们把它变成二小、二低、三多。二小即小剧团，小剧场。先说小剧场，可以建一些比较简易的小剧场，座位五百个左右。灯光只用节能平光灯，管理人员不超过十人，整个成本下降。如果有剧团演出，租金肯定不会很高，剧团容易接受。因为剧团本身也降低了成本，这样票价也就不会太高。另外，因剧场小，不需要音响设备，这样可以锻炼演员唱、念的功力。又因剧场小，演员和观众的距离缩短了，演员与观众的交流密切了。

再说小剧团，其实是指人少精悍的演出团体。人少行动方便，成本低。既锻炼了演职员的业务能力，又增加了收入。而且他们直接接触市场，信息反馈迅速，能很快知道观众喜欢什么样的剧目而快速做出反应。既缩短了排戏周期，又极大地丰富了上演剧目，形成了繁荣文化市场的良性循环。

小剧场、小剧团解决了，其他的相关问题也就解决了。剧场的租金下降，票价将随之下降。剧场增多了，演员的演出机会就会增多，相应的观众也会逐步增多。

文化市场要去开发，要去培养。如果有关部门能为剧团提供这样的市场，哪怕是实验性的，或者是有计划、有步骤地在北京各区县去组建这个广阔的市场，我想那时不光是北京的剧团，甚至全国各地的国营、集体、私营剧团将蜂拥而至，这一壮丽景观一定会实现的。因为这是戏曲艺术的基础市场。没有这个基础市场，我们民族的戏曲艺术就很难得到发展。所以必须要建设它、培养它、发展它。到时不光是各剧团之间得到交流，人才也会得到交流。中国戏曲艺术将飞速发展，京剧艺术将再现辉煌。

以上所言如能成为焦点，引起社会的关注与讨论，我将万分欣慰。谢谢！

张其祥

1998 年 12 月 17 日

另：如果能在我们北京城乡交接处，有选择地建设几个像过去天桥那样多层次、多元化的文化市场，有很多好处。

1. 能为本市京、评、梆、曲等各剧院团提供长期的演出基地。

2. 遇到全国性的文艺会演，可为全国各兄弟艺术剧院团提供多处艺术交流场所。

3. 既丰富了市民文化生活，又活跃了市场。

4. 扩大了再就业机会。

5. 可增加几个独具特色的文化旅游景点。

占用您很多宝贵时间，深表歉意。如果您认为有必要联系，共同探讨一些问题，请打电话。如果您认为不需要联系，此信权作对您的敬意，再次感谢！

祝

健康如意

张其祥

下篇　张其祥的创腔（乐谱）

《祥林嫂》

1950年，原首都实验评剧团副团长李凤阳，根据上海袁雪芬主演的越剧《祥林嫂》演出本加工整理成评剧《祥林嫂》。剧中祥林嫂由新凤霞扮演，我为她创作唱腔并以口传心授的方法，把创作好的唱腔亲自教授给新凤霞。

此剧在1950年12月11日至1951年1月相继在吉祥剧场、长安大戏院等街北大剧场的成功演出，使我团由街南走到了街北。

过去剧团演出都没有曲谱，哪怕是新排剧目也同样没有曲谱，曲谱都在演员乐队自己记忆之中，再有的就是由新凤霞演唱，张其祥（琴师）、伊焕明（鼓师）伴奏所录制的唱片。

由于新凤霞的离团，以后她又到了中国评剧院，此剧也因此被带到了中国评剧院，尽管评剧院于1955年重新为新凤霞排演此剧，由于此剧已经是一个比较完整、成熟又颇具影响并已经成功上演的剧目，因此，此剧的唱腔及相应的过门基本都没有改变。

——张其祥口述

此剧曲谱依据笔者记忆及20世纪50年代唱片和中国评剧院曲谱整理，是笔者根据张其祥多年的伴奏习惯而记录，仅供参考。[1]

唱段“我一见魏癞子”中“婆母娘若知道岂可容饶”一句应该从头眼唱，而评剧院记谱是从头板唱（谱例1），听着很难受，笔者在记谱时已纠正。

谱例1 评剧院“我一见魏癞子”片段的记谱

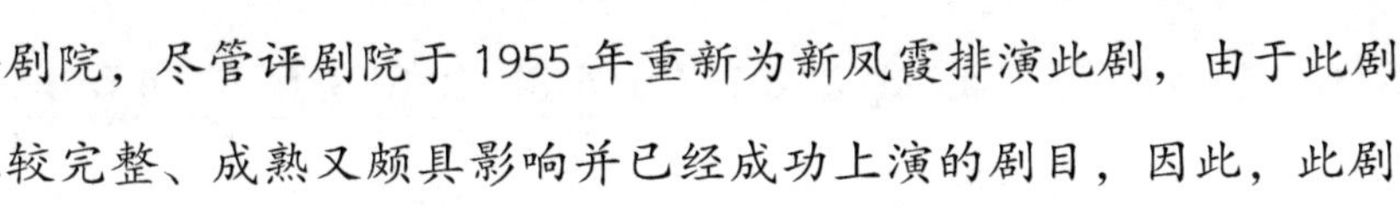

6765 676 (23 1 2432) | 0 2722 27 (65) |

婆　母娘　若　知道

1 伴奏谱供参考，弓法、指法无法标注，请琴师按自己的伴奏习惯伴奏，余谱同。

我一见魏癞子

《祥林嫂》选段（一）

1＝♭A
（5 2弦）

祥林嫂 唱

唱

弦

（渐慢）

我一见魏癞子他去了

不由得一阵阵心似油

浇怕的是此一去他把婆婆

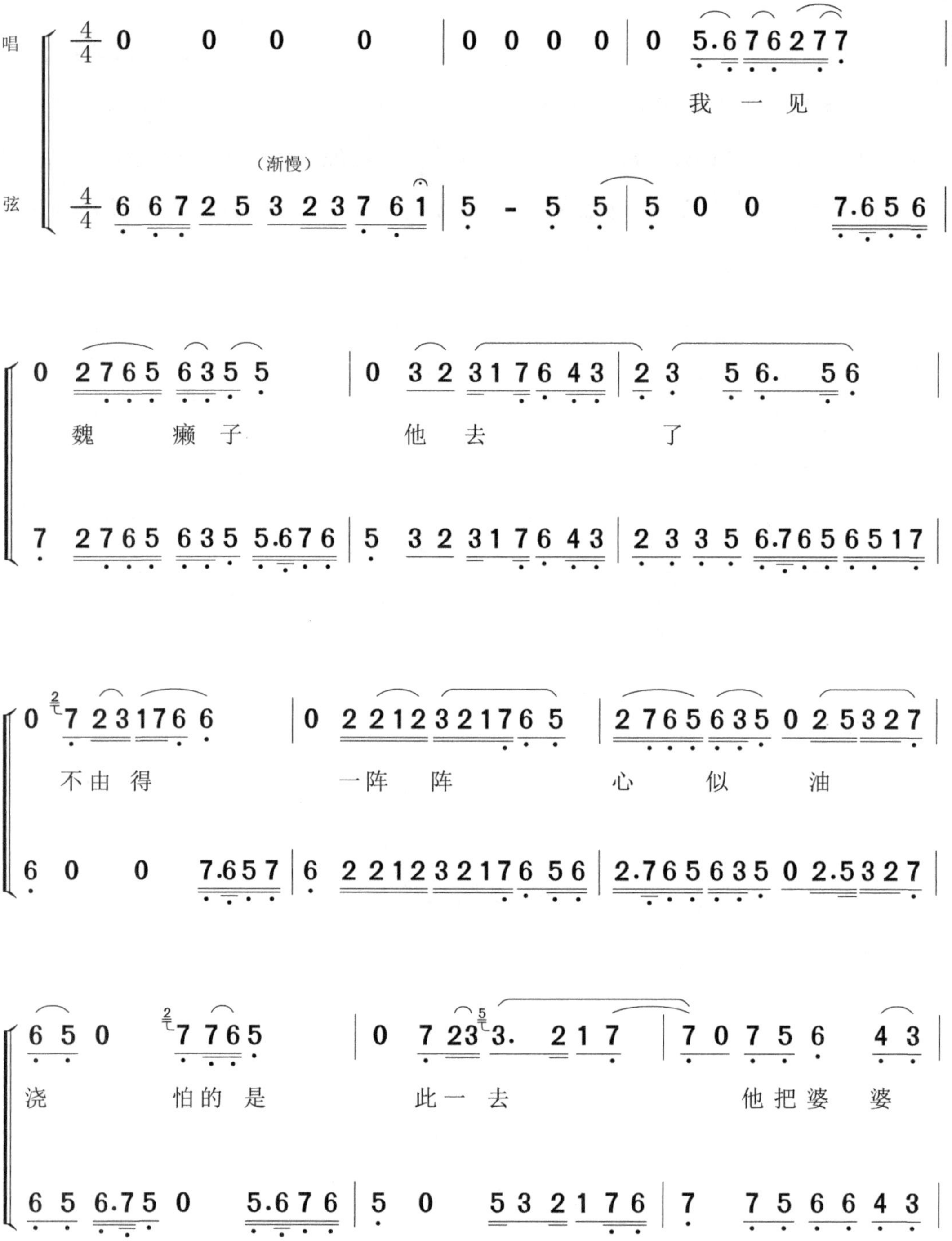

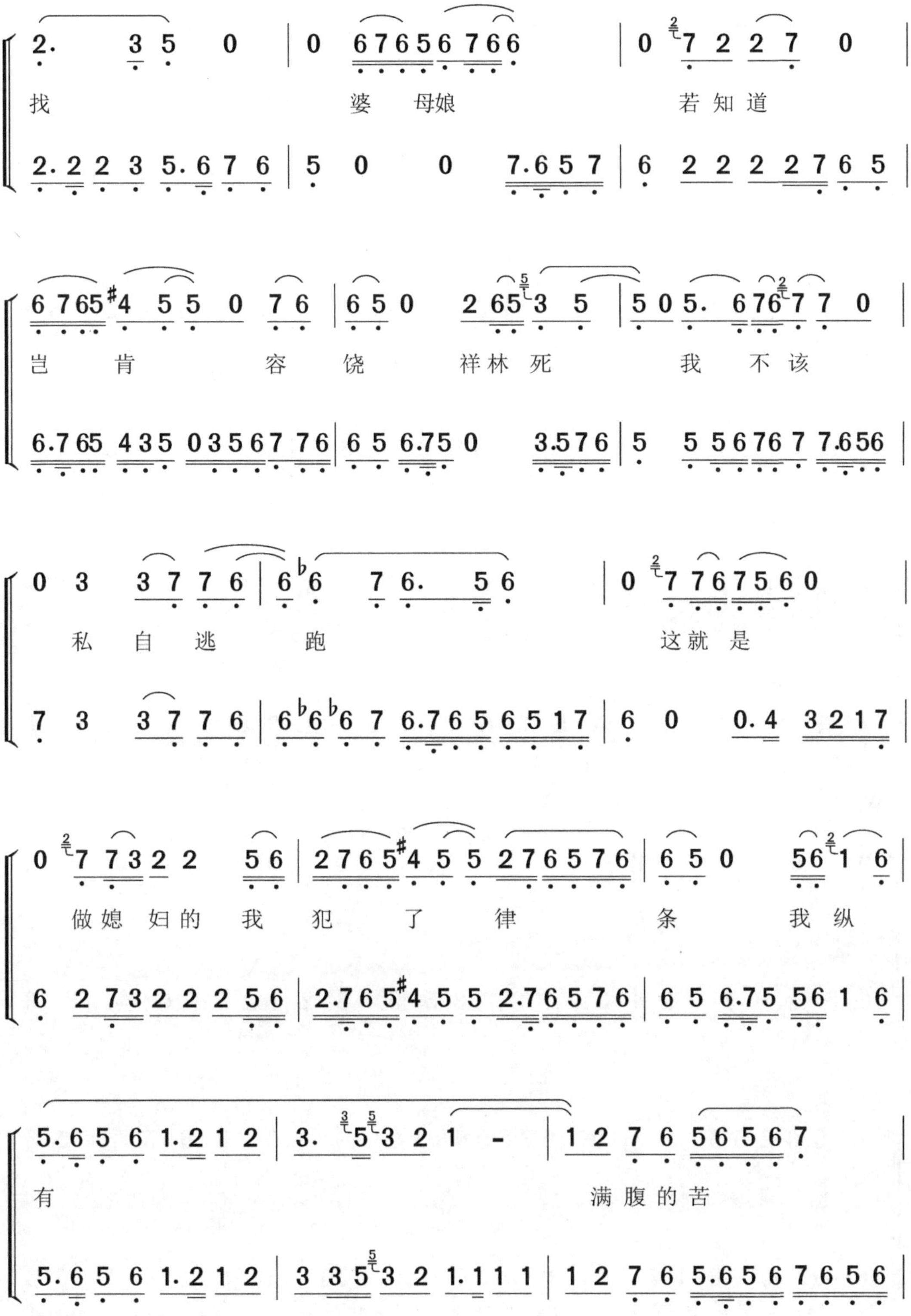

找 婆 母娘 若知道

岂 肯 容 饶 祥林死 我 不该

私 自 逃 跑 这就 是

做媳 妇的 我 犯 了 律 条 我 纵

有 满腹的苦

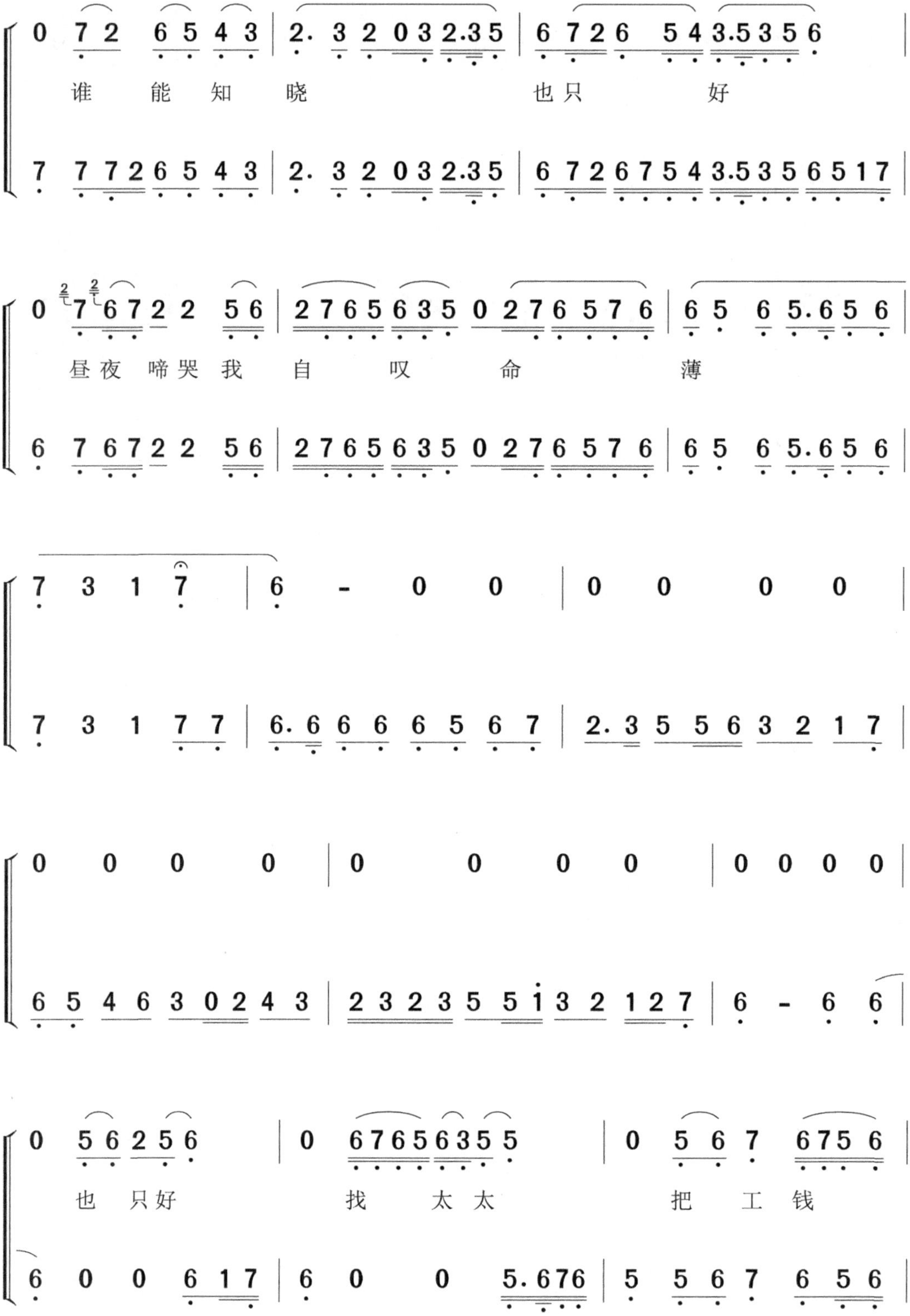

0 7 2 6 5 4 3 | 2. 3 2 0 3 2.3 5 | 6 7 2 6 5 4 3.5 3 5 6 |

谁 能 知 晓 也只 好

7 7 7 2 6 5 4 3 | 2. 3 2 0 3 2.3 5 | 6 7 2 6 7 5 4 3.5 3 5 6 5 1 7 |

0 7 6 7 2 2 5 6 | 2 7 6 5 6 3 5 0 2 7 6 5 7 6 | 6 5 6 5.6 5 6 |

昼 夜 啼 哭 我 自 叹 命 薄

6 7 6 7 2 2 5 6 | 2 7 6 5 6 3 5 0 2 7 6 5 7 6 | 6 5 6 5.6 5 6 |

7 3 1 7 | 6 - 0 0 | 0 0 0 0 |

7 3 1 7 7 | 6. 6 6 6 6 5 6 7 | 2. 3 5 5 6 3 2 1 7 |

0 0 0 0 | 0 0 0 0 | 0 0 0 0 |

6 5 4 6 3 0 2 4 3 | 2 3 2 3 5 5 i 3 2 1 2 7 | 6 - 6 6 |

0 5 6 2 5 6 | 0 6 7 6 5 6 3 5 5 | 0 5 6 7 6 7 5 6 |

也 只 好 找 太 太 把 工 钱

6 0 0 6 1 7 | 6 0 0 5.6 7 6 | 5 5 6 7 6 5 6 |

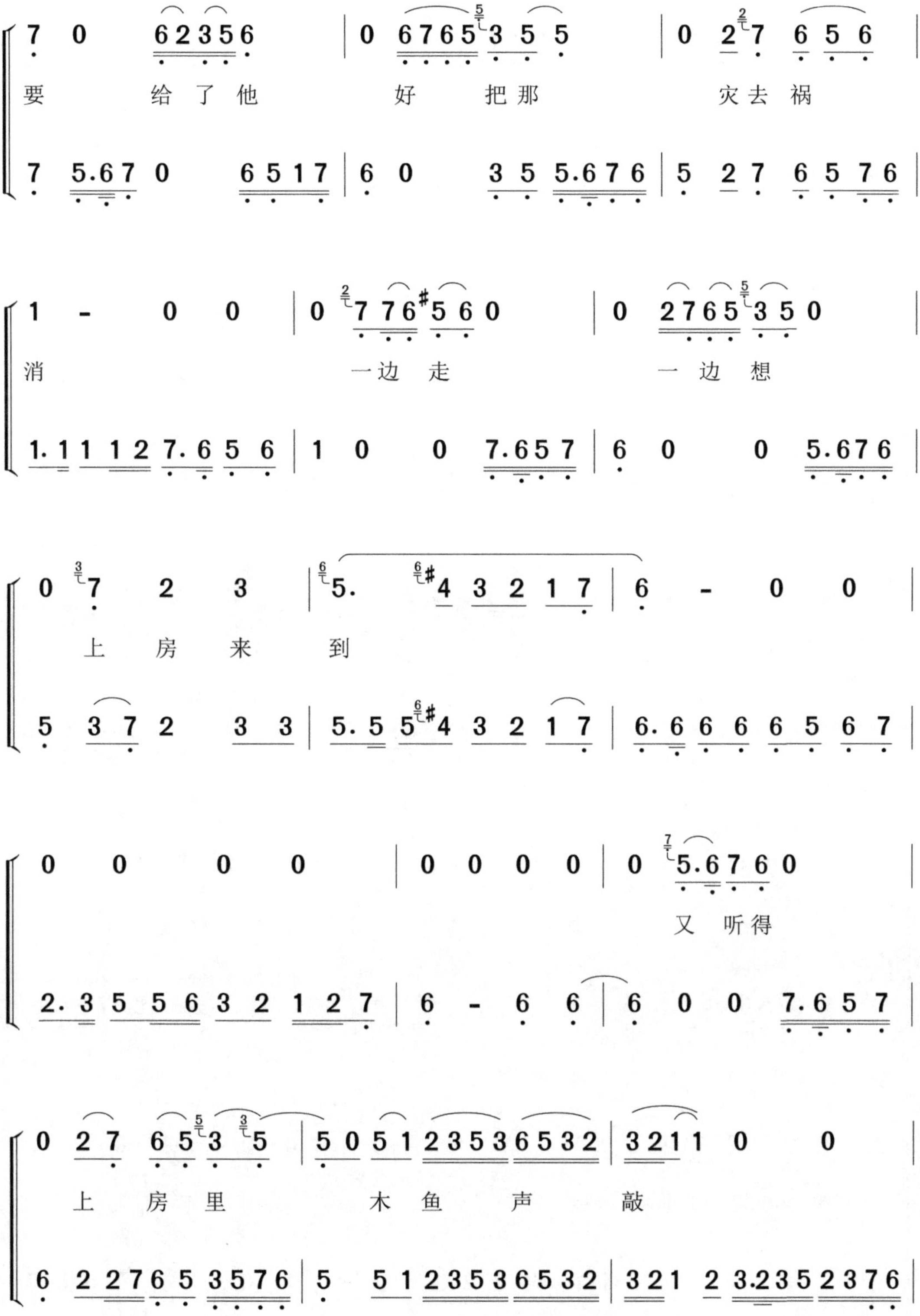

7 0 62356 | 0 6765 3 5 5 | 0 2 7 6 5 6 |
要 给了他 好 把那 灾去祸

7 5.67 0 6517 | 6 0 3 5 5.676 | 5 2 7 6 5 76 |

1 - 0 0 | 0 7 76 56 0 | 0 2765 35 0 |
消 一边 走 一 边 想

1. 1 1 12 7. 6 5 6 | 1 0 0 7.657 | 6 0 0 5.676 |

0 7 2 3 | 5. #4 3 2 1 7 | 6 - 0 0 |
上 房 来 到

5 3 7 2 3 3 | 5. 5 5 #4 3 2 1 7 | 6. 6 6 6 6 5 6 7 |

0 0 0 0 | 0 0 0 0 | 0 5.676 0 |
又 听得

2. 3 5 56 3 2 127 | 6 - 6 6 | 6 0 0 7.657 |

0 2 7 6 5 3 5 | 5 0 5 1 2353 6532 | 3211 0 0 |
上 房 里 木 鱼 声 敲

6 22 7 6 5 3576 | 5 5 1 2353 6532 | 321 2 3.235 2376 |

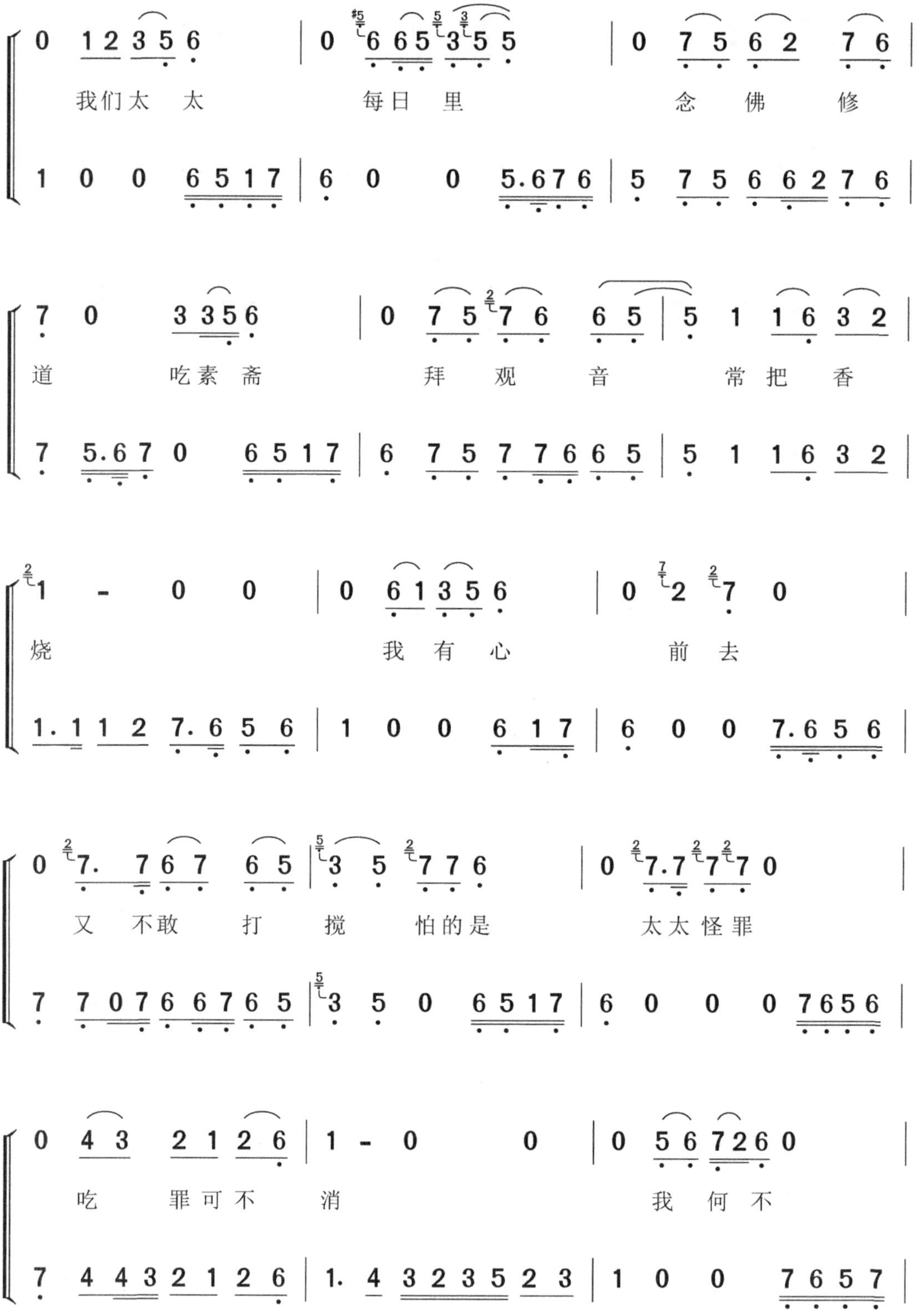

我们太太 每日里 念佛修

道 吃素斋 拜观音 常把香

烧 我有心 前去

又不敢打搅 怕的是 太太怪罪

吃 罪可不 消 我何不

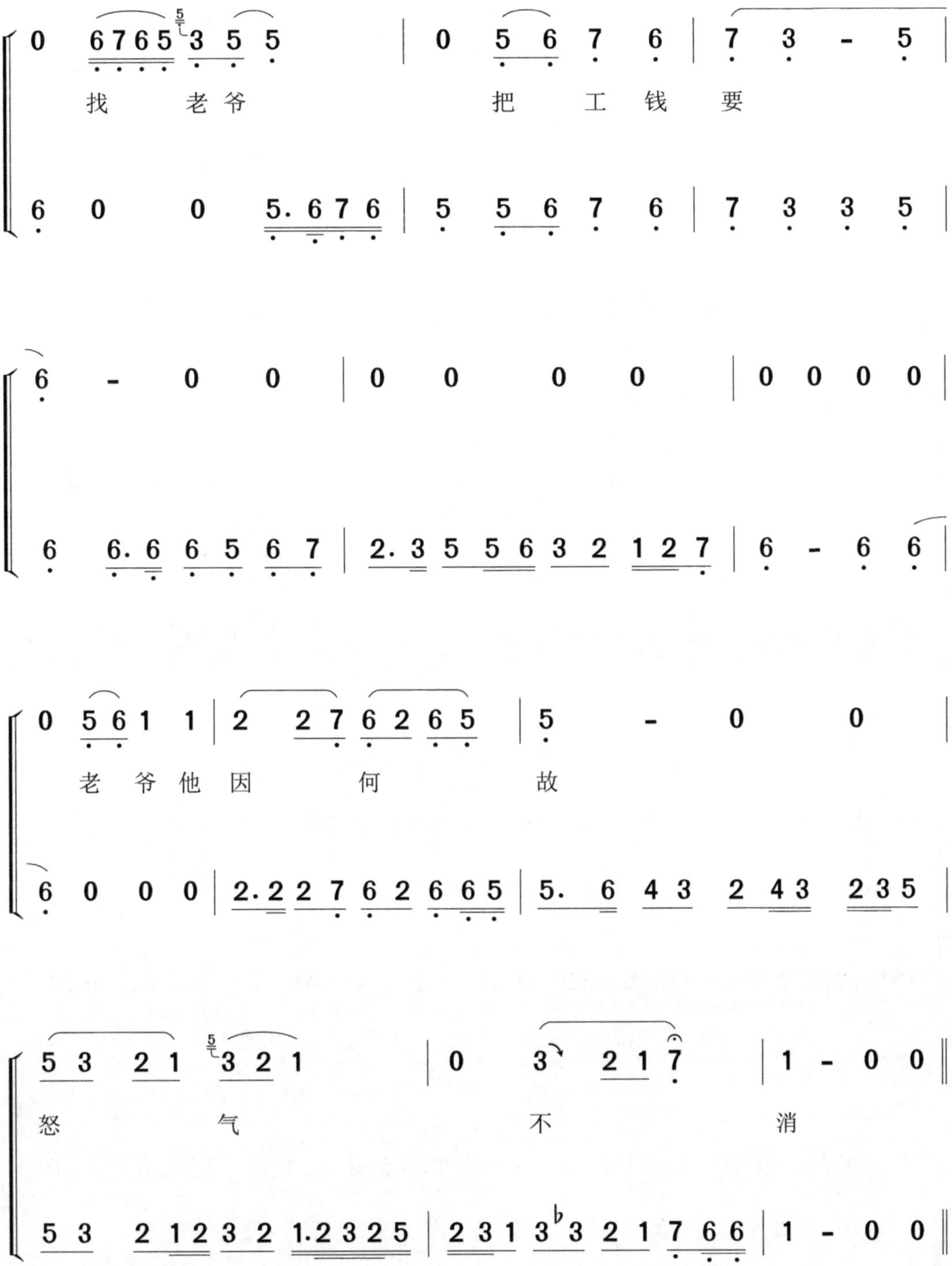

0 6765 3 5 5 | 0 5 6 7 6 | 7 3 - 5 |

找 老爷 把 工 钱 要

6 0 0 5.676 | 5 5 6 7 6 | 7 3 3 5 |

6 - 0 0 | 0 0 0 0 | 0 0 0 0 |

6 6.6 6 5 6 7 | 2.3 5 5 6 3 2 1 2 7 | 6 - 6 6 |

0 5 6 1 1 | 2 2 7 6 2 6 5 | 5 - 0 0 |

老 爷他因 何 故

6 0 0 0 | 2.2 2 7 6 2 6 65 | 5. 6 4 3 2 43 235 |

5 3 2 1 3 2 1 | 0 3 2 1 7 | 1 - 0 0 ‖

怒 气 不 消

5 3 2 12 3 2 1.2325 | 2 3 1 3 ♭3 2 1 7 66 | 1 - 0 0 ‖

听那人讲一遍心酸难忍

《祥林嫂》选段（二）

1 = $^{\flat}$A

祥林嫂 唱

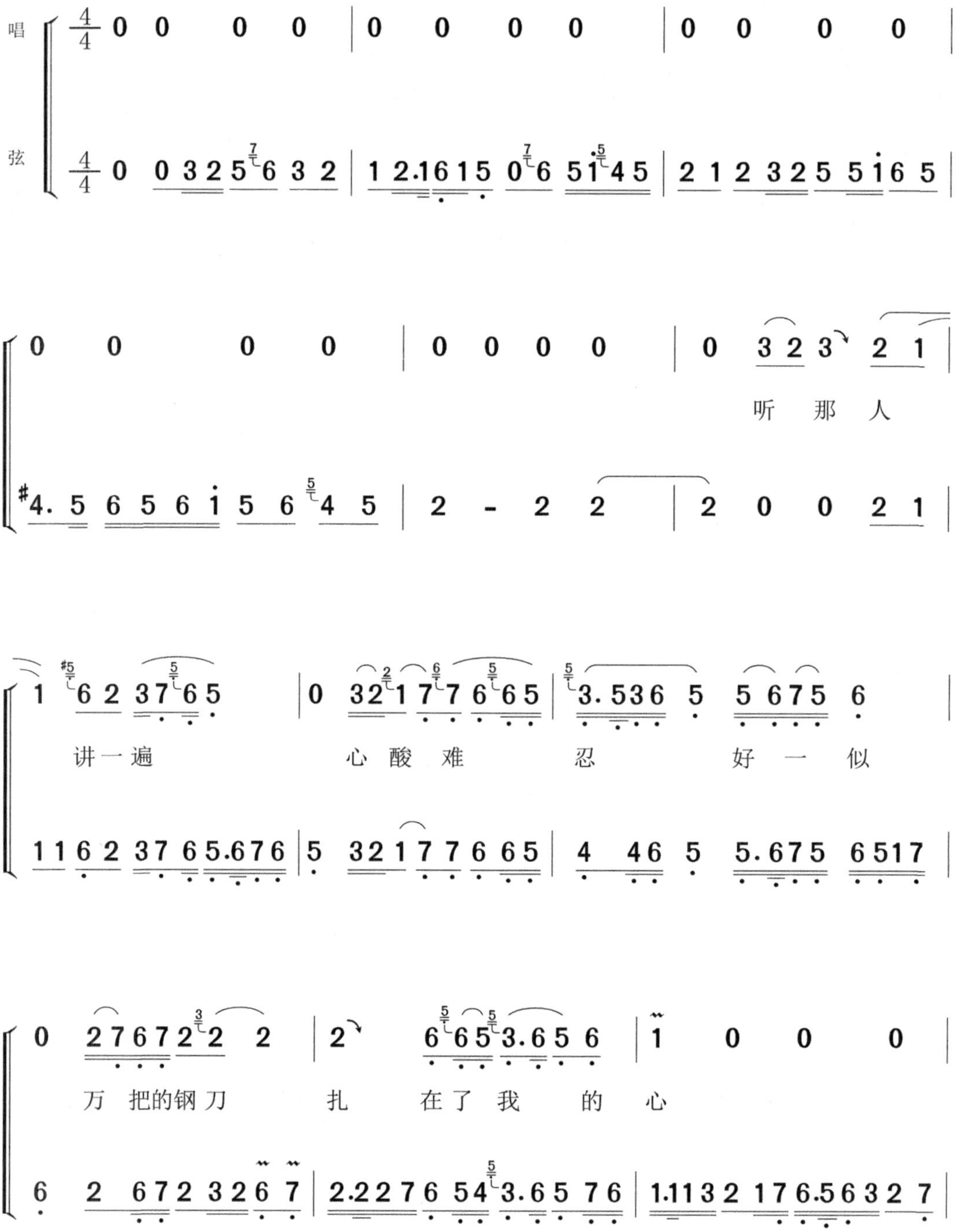

唱

弦

听 那 人

讲一遍 心 酸 难 忍 好 一 似

万 把的钢 刀 扎 在了 我 的 心

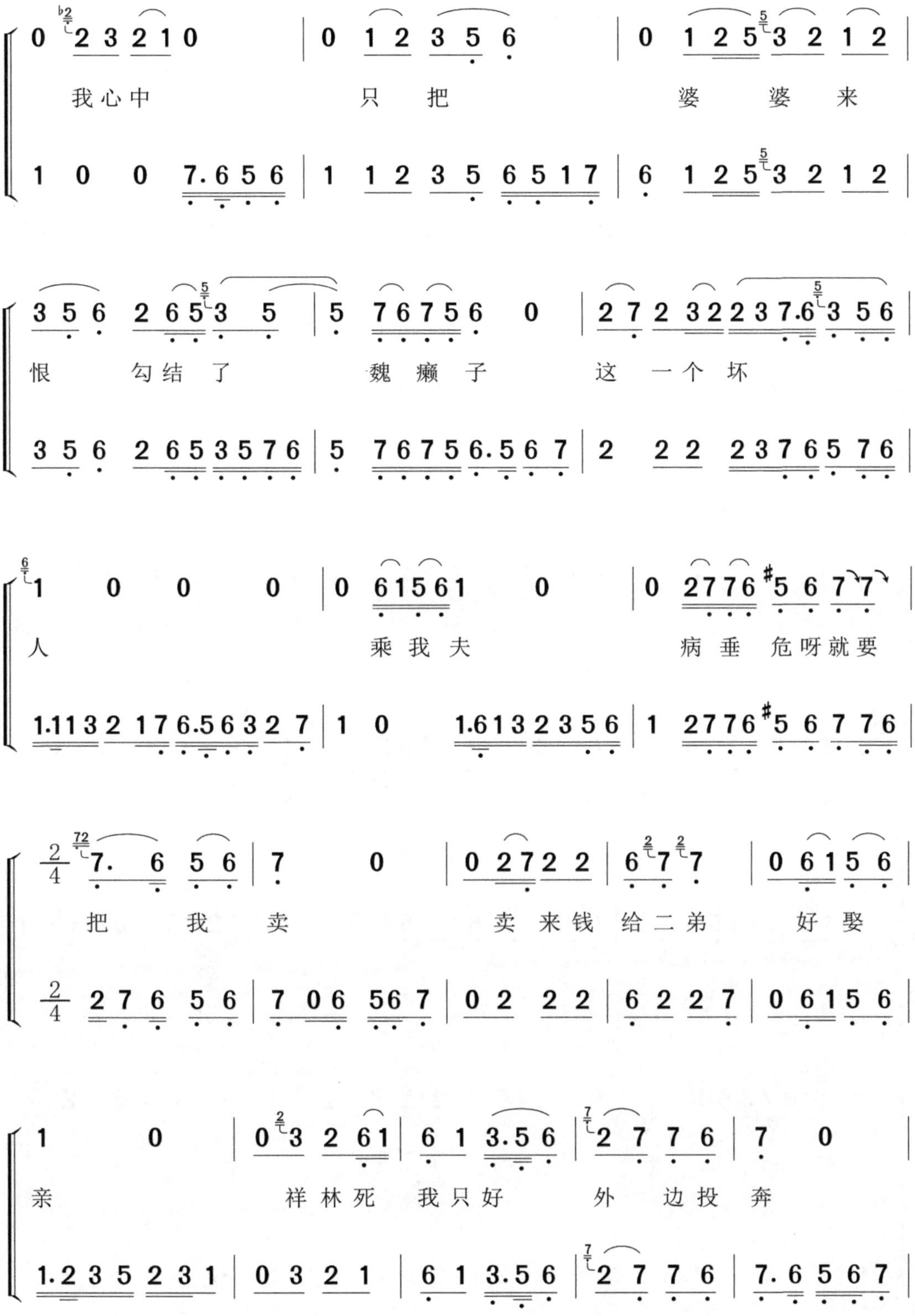

0 2 3 2 1 0 | 0 1 2 3 5 6 | 0 1 2 5 3 2 1 2 |

我心中 只 把 婆 婆 来

1 0 0 7.6 5 6 | 1 1 2 3 5 6 5 1 7 | 6 1 2 5 3 2 1 2 |

3 5 6 2 6 5 3 5 | 5 7 6 7 5 6 0 | 2 7 2 3 2 2 3 7.6 3 5 6 |

恨 勾结 了 魏 癞 子 这 一个 坏

3 5 6 2 6 5 3 5 7 6 | 5 7 6 7 5 6.5 6 7 | 2 2 2 2 3 7 6 5 7 6 |

1 0 0 0 | 0 6 1 5 6 1 0 | 0 2 7 7 6 #5 6 7 7 |

人 乘我夫 病 垂 危呀就要

1.1 1 3 2 1 7 6.5 6 3 2 7 | 1 0 1.6 1 3 2 3 5 6 | 1 2 7 7 6 #5 6 7 7 6 |

2/4 7. 6 5 6 | 7 0 | 0 2 7 2 2 | 6 7 7 | 0 6 1 5 6 |

把 我 卖 卖 来 钱 给 二 弟 好 娶

2/4 2 7 6 5 6 | 7 0 6 5 6 7 | 0 2 2 2 | 6 2 2 7 | 0 6 1 5 6 |

1 0 | 0 3 2 6 1 | 6 1 3.5 6 | 2 7 7 6 | 7 0 |

亲 祥林死 我只好 外 边投 奔

1.2 3 5 2 3 1 | 0 3 2 1 | 6 1 3.5 6 | 2 7 7 6 | 7.6 5 6 7 |

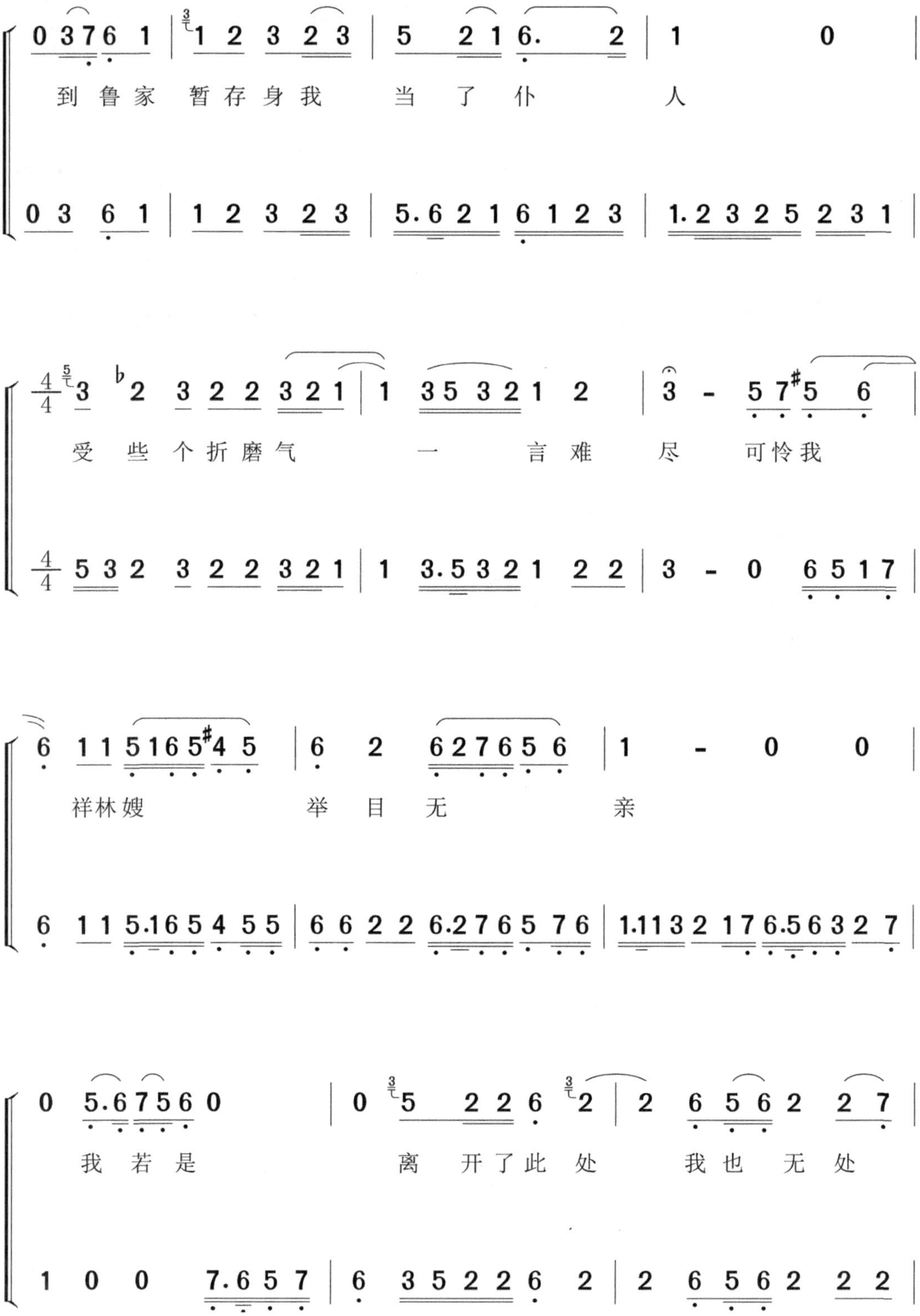

0 3 7 6 1 | 1 2 3 2 3 | 5 2 1 6. 2 | 1 0 |

到鲁家 暂存身我 当 了 仆 人

0 3 6 1 | 1 2 3 2 3 | 5.6 2 1 6 1 2 3 | 1.2 3 2 5 2 3 1 |

4/4 3 ♭2 3 2 2 3 2 1 | 1 3 5 3 2 1 2 | 3 - 5 7 ♯5 6 |

受 些 个折磨气 一 言 难 尽 可怜我

4/4 5 3 2 3 2 2 3 2 1 | 1 3.5 3 2 1 2 2 | 3 - 0 6 5 1 7 |

6 1 1 5 1 6 5 ♯4 5 | 6 2 6 2 7 6 5 6 | 1 - 0 0 |

祥林嫂 举 目 无 亲

6 1 1 5.1 6 5 4 5 5 | 6 6 2 2 6.2 7 6 5 7 6 | 1.1 1 3 2 1 7 6.5 6 3 2 7 |

0 5.6 7 5 6 0 | 0 5 2 2 6 2 | 2 6 5 6 2 2 7 |

我 若 是 离 开了此 处 我也 无 处

1 0 0 7.6 5 7 | 6 3 5 2 2 6 2 | 2 6 5 6 2 2 2 |

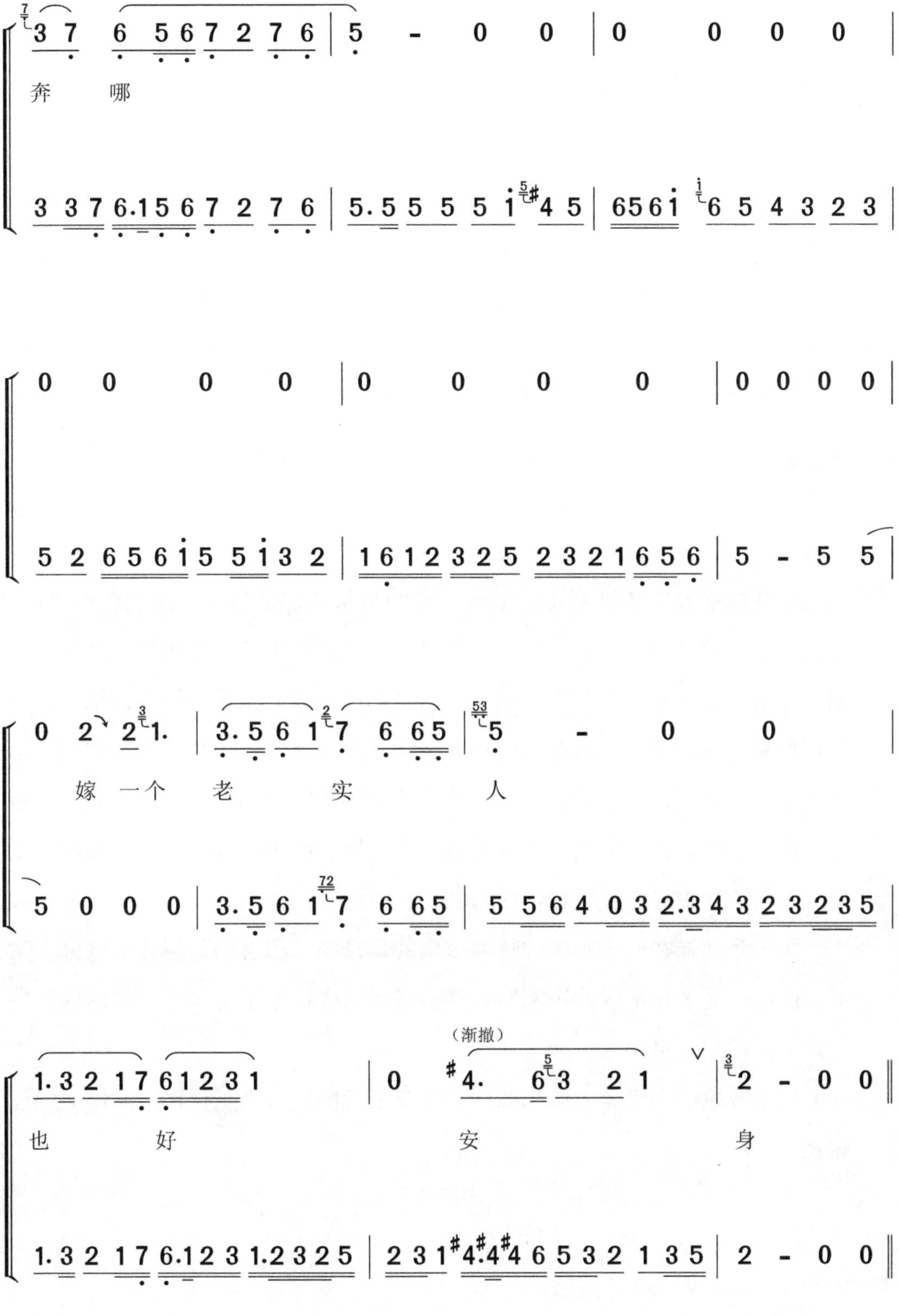

3 7 6 5 6 7 2 7 6 | 5 - 0 0 | 0 0 0 0 |
奔 哪

3 3 7 6.1 5 6 7 2 7 6 | 5. 5 5 5 5 i #4 5 | 6 5 6 i 6 5 4 3 2 3 |

0 0 0 0 | 0 0 0 0 | 0 0 0 0 |

5 2 6 5 6 i 5 5 i 3 2 | 1 6 1 2 3 2 5 2 3 2 1 6 5 6 | 5 - 5 5 |

0 2 2 1. | 3. 5 6 1 7 6 6 5 | 5 - 0 0 |
嫁 一个 老 实 人

5 0 0 0 | 3. 5 6 1 7 6 6 5 | 5 5 6 4 0 3 2.3 4 3 2 3 2 3 5 |

（渐撤）

1. 3 2 1 7 6 1 2 3 1 | 0 #4. 6 3 2 1 | 2 - 0 0 ‖
也 好 安 身

1. 3 2 1 7 6.1 2 3 1.2 3 2 5 | 2 3 1 #4.#4#4 6 5 3 2 1 3 5 | 2 - 0 0 ‖

《艺海深仇》

1951 年，我团为配合国家的镇反运动，以天津一个恶霸为原型创作剧本。由王雁执笔，大家集思广益，编织情节、构思、台词、唱词，很快剧本就写成了。剧中主要角色陈凤英由新凤霞扮演，由我为她创作唱腔，此剧于 1951 年 5 月 2 日首演，此剧一上演就取得了轰动效应，取得了意想不到的共鸣，连满一百多场。此剧的中心唱段很快被录成唱片，成为新凤霞成名的三大剧目中的重要唱段之一，此剧也只有这一唱段被流传下来。

——张其祥口述

在此段唱段的伴奏当中，值得一提的是张其祥进行了一次大胆的尝试，他没用传统的高音板胡伴奏反调，而是尝试用民乐中的中音板胡（当时称椰胡）伴奏反调的感觉和效果，结果从录制唱片的效果来看，没有传统高音板胡那种领弦儿的效果，看起来他这一次尝试没有成功，但是他的这种创新精神并没有停止，这在他以后的评剧伴奏艺术创腔艺术当中的成功，充分的给予了体现，也因此他的艺术创作引领了 20 世纪 50 年代评剧艺术的创新与发展，开创了戏曲艺术发展的新时代。

由于张其祥在此段唱腔的伴奏时用的是椰胡，固有的板胡伴奏效果不明显。因此，笔者在记录此段唱腔的伴奏谱时同样还原了他多年一贯的伴奏技巧方法。特此说明。

以下唱段依据笔者对此唱段的记忆及笔者师兄石文玉提供的曲谱而整理记录。

夜深沉灯光淡

《艺海深仇》选段

1 = ♭E

陈凤英 唱

（1 5）弦（反调）

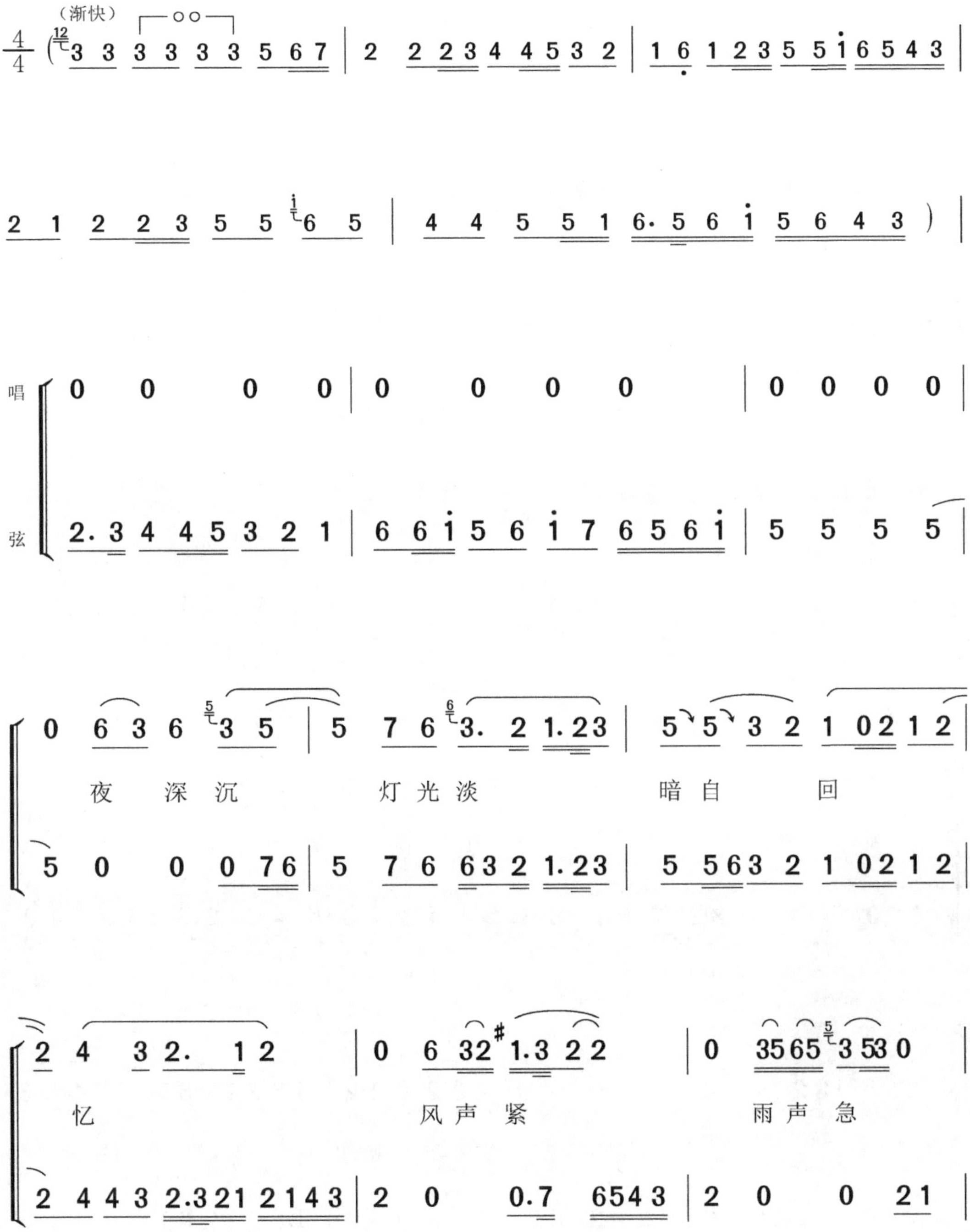

（渐快）

4/4（3 3 3 3 3 3 5 6 7 | 2 2 2 3 4 4 5 3 2 | 1 6 1 2 3 5 5 i 6 5 4 3 |

2 1 2 2 3 5 5 6 5 | 4 4 5 5 1 6· 5 6 i 5 6 4 3 ）|

唱 0 0 0 0 | 0 0 0 0 | 0 0 0 0 |

弦 2. 3 4 4 5 3 2 1 | 6 6 i 5 6 i 7 6 5 6 i | 5 5 5 5 |

0 6 3 6 3 5 | 5 7 6 3. 2 1.2 3 | 5 5 3 2 1 0 2 1 2 |

夜 深 沉 灯 光 淡 暗 自 回

5 0 0 0 7 6 | 5 7 6 6 3 2 1. 2 3 | 5 5 6 3 2 1 0 2 1 2 |

2 4 3 2. 1 2 | 0 6 3 2 #1.3 2 2 | 0 3 5 6 5 3 5 3 0 |

忆 风 声 紧 雨 声 急

2 4 4 3 2.3 2 1 2 1 4 3 | 2 0 0.7 6 5 4 3 | 2 0 0 2 1 |

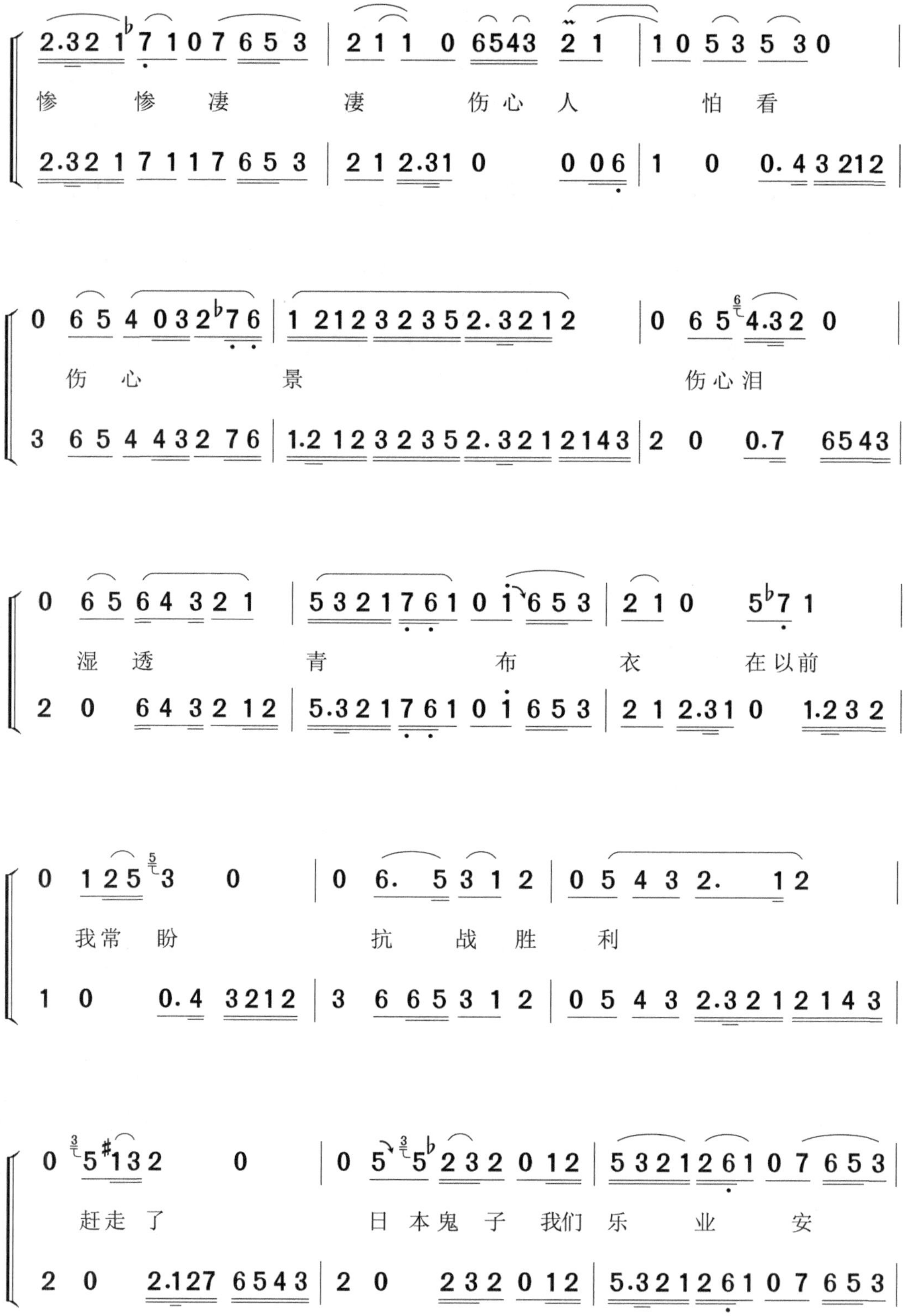

2.32 1 ♭7 1 0 7 6 5 3 | 2 1 1 0 6543 2 1 | 1 0 5 3 5 3 0 |

惨 惨 凄 凄 伤 心 人 怕 看

2.32 1 7 1 1 7 6 5 3 | 2 1 2.31 0 0 0 6 | 1 0 0. 4 3212 |

0 6 5 4 0 3 2 ♭7 6 | 1 2123235 2. 3212 | 0 6 5 4.32 0 |

伤 心 景 伤心泪

3 6 5 4 4 3 2 7 6 | 1.2 1 2 3 2 3 5 2. 3 2 1 2 1 4 3 | 2 0 0.7 6543 |

0 6 5 6 4 3 2 1 | 5 3 2 1 7 6 1 0 1 6 5 3 | 2 1 0 5 ♭7 1 |

湿 透 青 布 衣 在以前

2 0 6 4 3 2 1 2 | 5.3 2 1 7 6 1 0 1 6 5 3 | 2 1 2.3 1 0 1.2 3 2 |

0 1 2 5 3 0 | 0 6. 5 3 1 2 | 0 5 4 3 2. 1 2 |

我常 盼 抗 战 胜 利

1 0 0. 4 3212 | 3 6 6 5 3 1 2 | 0 5 4 3 2.3 2 1 2 1 4 3 |

0 5 ♯1 3 2 0 | 0 5 5 ♭2 3 2 0 1 2 | 5 3 2 1 2 6 1 0 7 6 5 3 |

赶走 了 日 本鬼 子 我们 乐 业 安

2 0 2.127 6 5 4 3 | 2 0 2 3 2 0 1 2 | 5.3 2 1 2 6 1 0 7 6 5 3 |

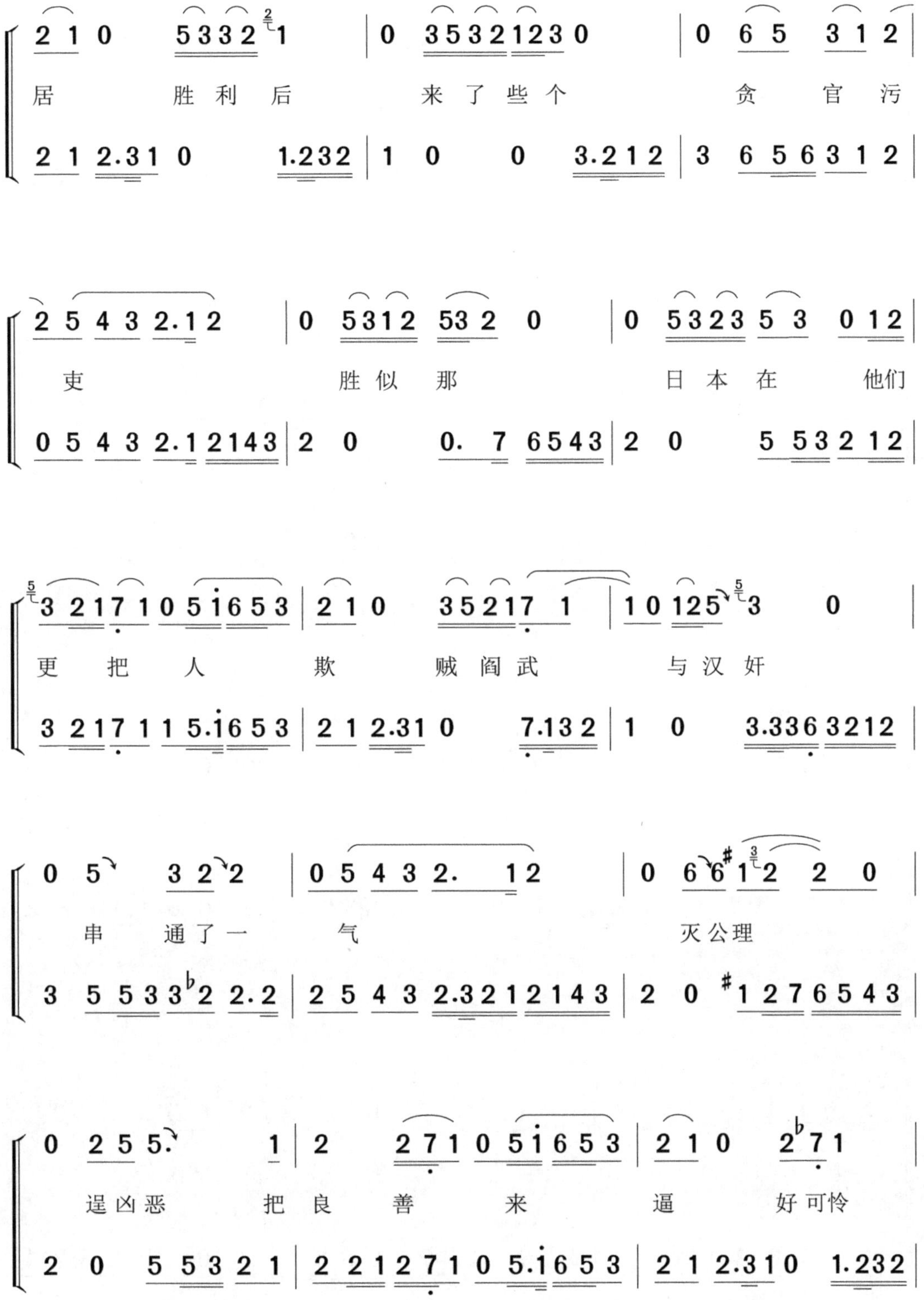

居　胜利后　来了些个　贪官污

吏　胜似那　日本在　他们

更把人欺　贼阎武　与汉奸

串通了一气　灭公理

逞凶恶　把良善来逼　好可怜

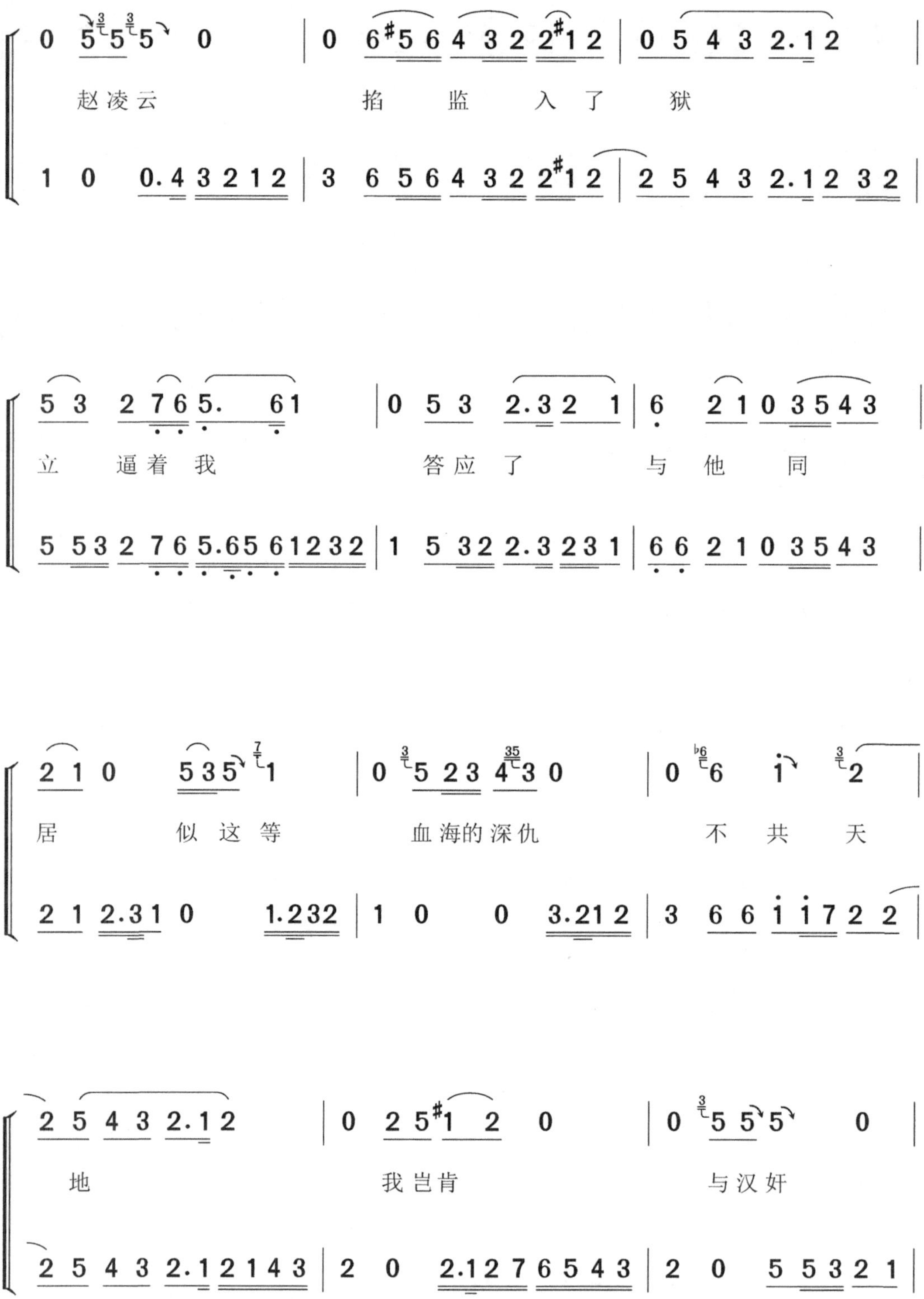

赵凌云 掐 监 入 了 狱

立 逼着 我 答应 了 与 他 同

居 似 这 等 血 海的 深仇 不 共 天

地 我 岂肯 与 汉奸

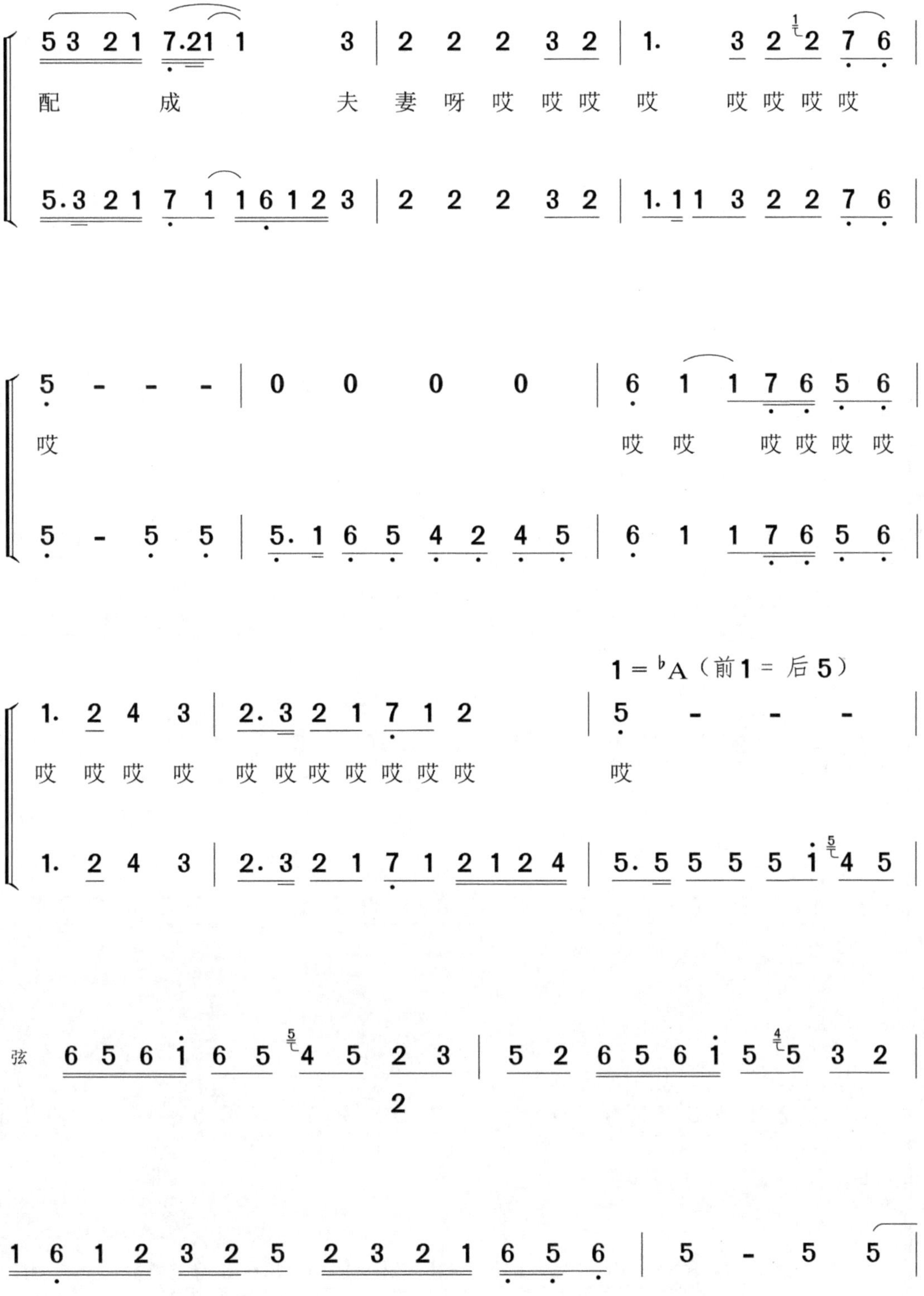

5 3 2 1 7.21 1 3 | 2 2 2 3 2 | 1. 3 2 2 7 6 |
配 成 夫 妻 呀 哎 哎 哎 哎 哎 哎 哎 哎

5.3 2 1 7 1 1 6 1 2 3 | 2 2 2 3 2 | 1. 1 1 3 2 2 7 6 |

5 - - - | 0 0 0 0 | 6 1 1 7 6 5 6 |
哎 哎 哎 哎 哎 哎 哎

5 - 5 5 | 5. 1 6 5 4 2 4 5 | 6 1 1 7 6 5 6 |

1 = ♭A（前 1 = 后 5）

1. 2 4 3 | 2. 3 2 1 7 1 2 | 5 - - - |
哎 哎 哎 哎 哎 哎 哎 哎 哎 哎 哎 哎

1. 2 4 3 | 2. 3 2 1 7 1 2 1 2 4 | 5. 5 5 5 5 1 4 5 |

弦 6 5 6 1 6 5 4 5 2 3 | 5 2 6 5 6 1 5 5 3 2 |
2

1 6 1 2 3 2 5 2 3 2 1 6 5 6 | 5 - 5 5 |

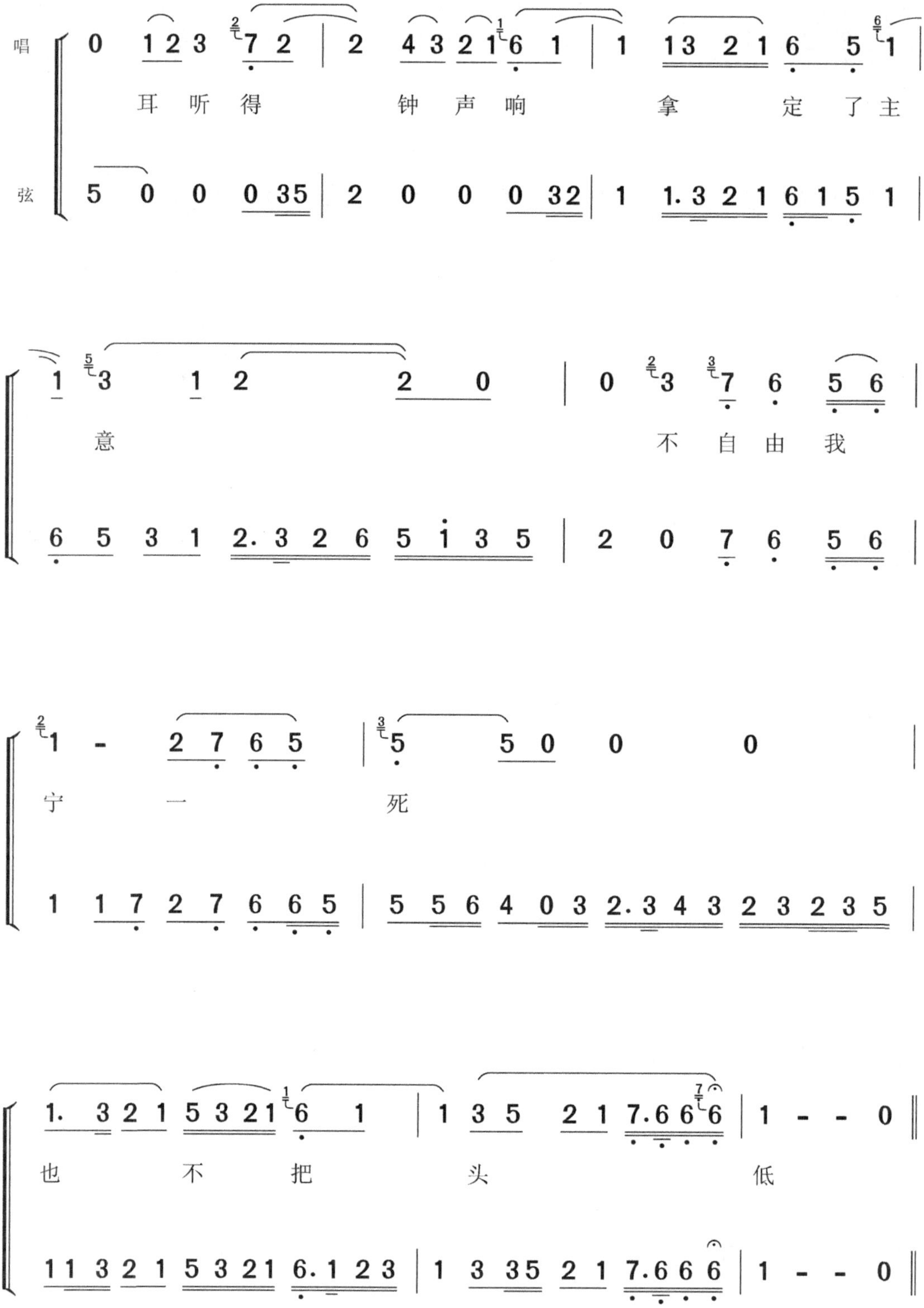

唱 耳听得 钟声响 拿 定了主 意 不自由我 宁 一 死 也 不 把 头 低

弦

《刘巧儿》

原首都实验评剧团著名丑角演员杨志诚（艺名杨星星），于 1950 年根据袁静的《刘巧儿告状》改编成同名评剧《刘巧儿告状》。由新凤霞主演刘巧儿，我为她创作唱腔并教授于她。因剧本改编得比较简单，因此没有演出多少场。

为了进一步宣传婚姻法，1951 年 9、10 月份由北京市文化局派到我团工作的编导王雁，根据袁静的《刘巧儿告状》及韩启祥的说书这两个版本进行改编，定名为《刘巧儿》。还由新凤霞主演，北京人民艺术剧院的夏淳导演，我和杨嘉麟负责音乐唱腔创作，具体分工是：我负责刘巧儿这一角色的所有唱腔及与刘巧儿唱段相连接的相关唱段，杨嘉麟负责刘彦贵、王寿昌及“变工队”合唱。

“小桥送线”是改编后新加的唱段，我根据评剧《老妈开谤》中〔喇叭牌子〕的原型，创作了流传至今的唱段。

“桑园”一场是改编的重点场，重点唱段多，在“我的爹图钱财包办婚姻”这段唱腔中，我把京剧《玉堂春》“大堂”一场中苏三下场时唱的〔二六〕中的一句拖腔（谱例 1）融在了“说柱儿是傻瓜不懂人情”这句唱的拖腔中（谱例 2）。

此剧于同年 11 月 19 日在民主剧场首演。当时在北京影响很大，可以说是家喻户晓，妇孺皆知。随着新凤霞的离团，此剧目也随她一起带到了中国评剧院，并于 1956 年由长春电影制片厂拍成戏曲片流传全国，由于拍电影的需要，由中国评剧院的音乐工作者依据我创作的唱腔、过门的基调谱写了前奏曲及幕间曲等。此剧的主要唱段在 1952 年由唱片公司灌制了唱片。

——张其祥口述

谱例 1 京剧《玉堂春》中苏三唱〔西皮二六〕

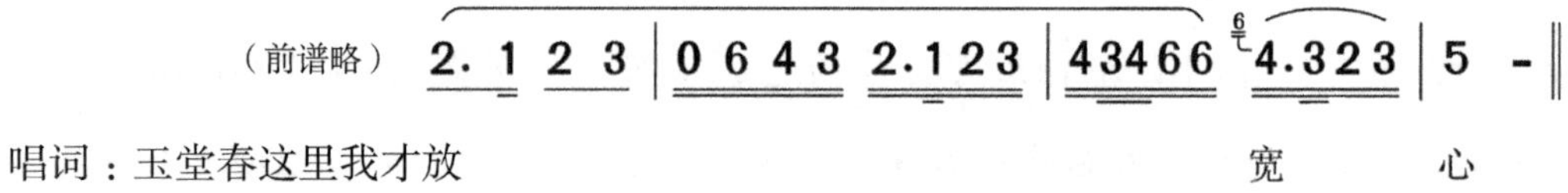

（前谱略） 2. 1 2 3 | 0 6 4 3 2.1 2 3 | 4 3 4 6 6 4.3 2 3 | 5 - ‖

唱词：玉堂春这里我才放 宽 心

谱例 2 评剧《刘巧儿》中巧儿唱〔三眼〕

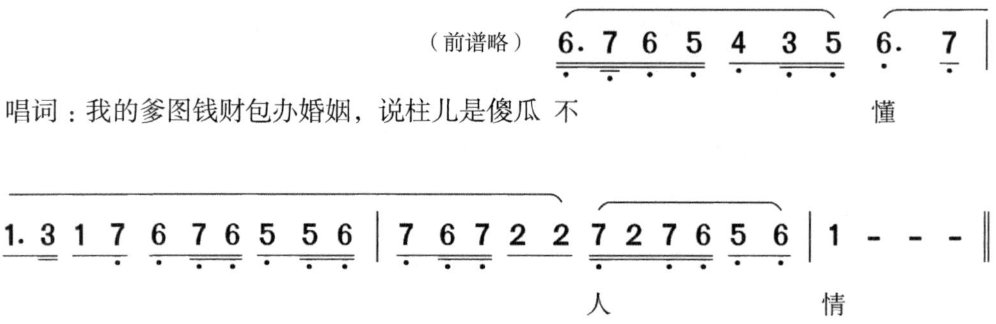

（前谱略） 6. 7 6 5 4 3 5 6. 7 |

唱词：我的爹图钱财包办婚姻，说柱儿是傻瓜 不 懂

1. 3 1 7 6 7 6 5 5 6 | 7 6 7 2 2 7 2 7 6 5 6 | 1 - - - ‖

人 情

刘巧儿小桥送线

《刘巧儿》选段

1 = ♭A

（5 2弦）

刘巧儿 唱

2/4（本 大 大 大 | 3·2 3 5 | 6 i 6 5 | 3 5 6 i 6 5 3 | 2 6 7 1 | 2）6 2 6 |

巧 儿 我

1 6 1 3 5 | 0 6 1 6 3 1 | 2（6 7 1 | 2）6 7 7 7 | 6 6 3 5 |

自 幼 儿 许 配 赵 家 我 和 柱 儿 不 认 识

6 1 5 3 | 3. 2 1 2 6 | 6（2 5 3 2 7 6 | 5·6 5 3 5 | 0 3 2 3 5 |

怎 能 嫁 他 呀

6 i 6 5 | 3 5 6 i 6 5 3 | 2 6 7 1 | 2）6 7 | 5. 6 5 |

我 叫 我 的 爹

1 1 6 1 | 5 3 3 2 |（3·2 3 5 | 6 i 6 5 | 3 5 6 i 6 5 3 |

跟 他 把 亲 退 呀

2 6 7 1 | 2）2 7 2 7 2 | 6 1 3 5 | 5 3 3 5 6 5 | 3. 2 1 2 6 |

这 一 回 我 可 要 自 己 找 婆 家 呀

6（2 5 3 2 7 6 | 5·6 5 3 5 | 0 3 2 3 5 | 6 i 6 5 | 3·5 6 i 6 5 3 |

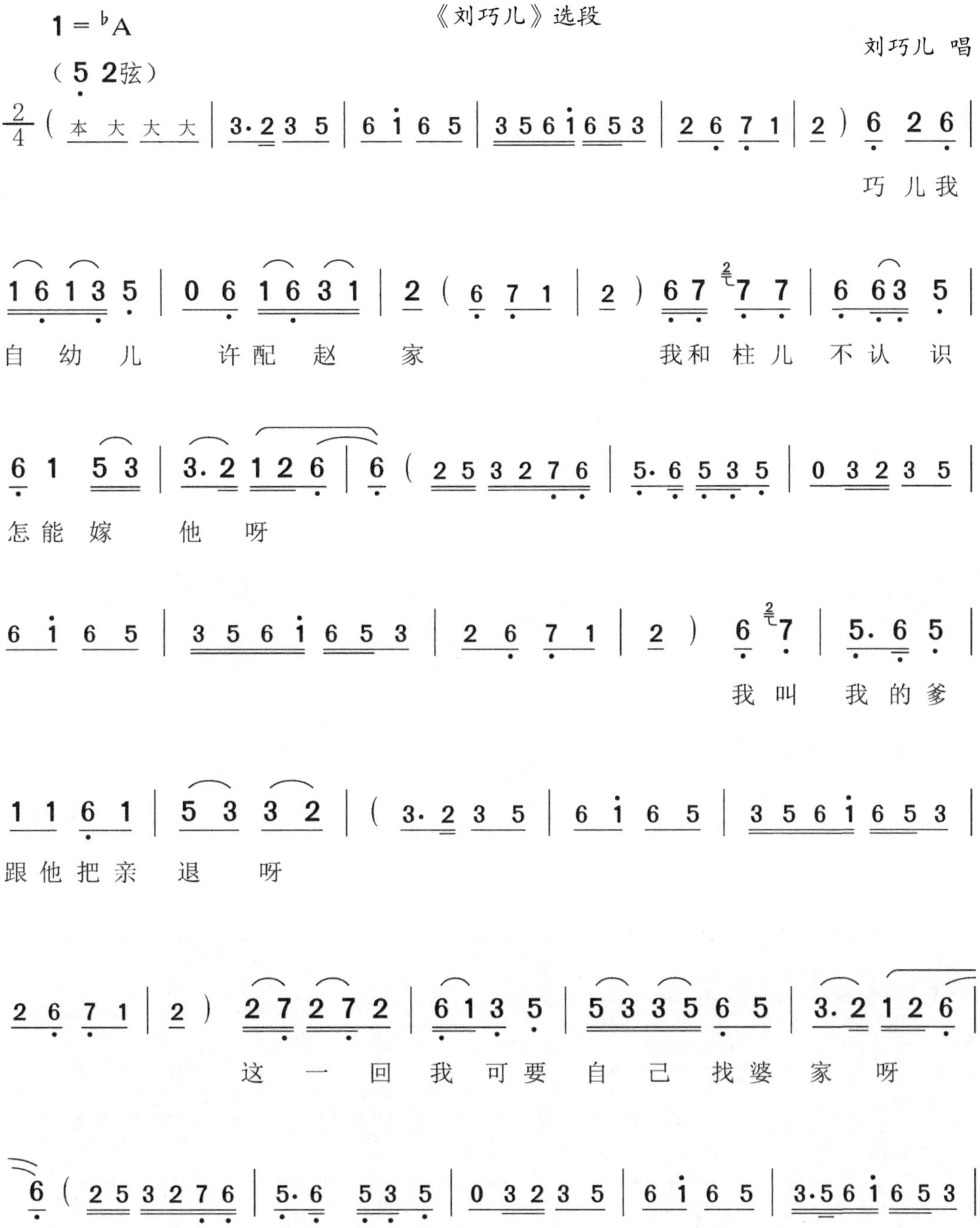

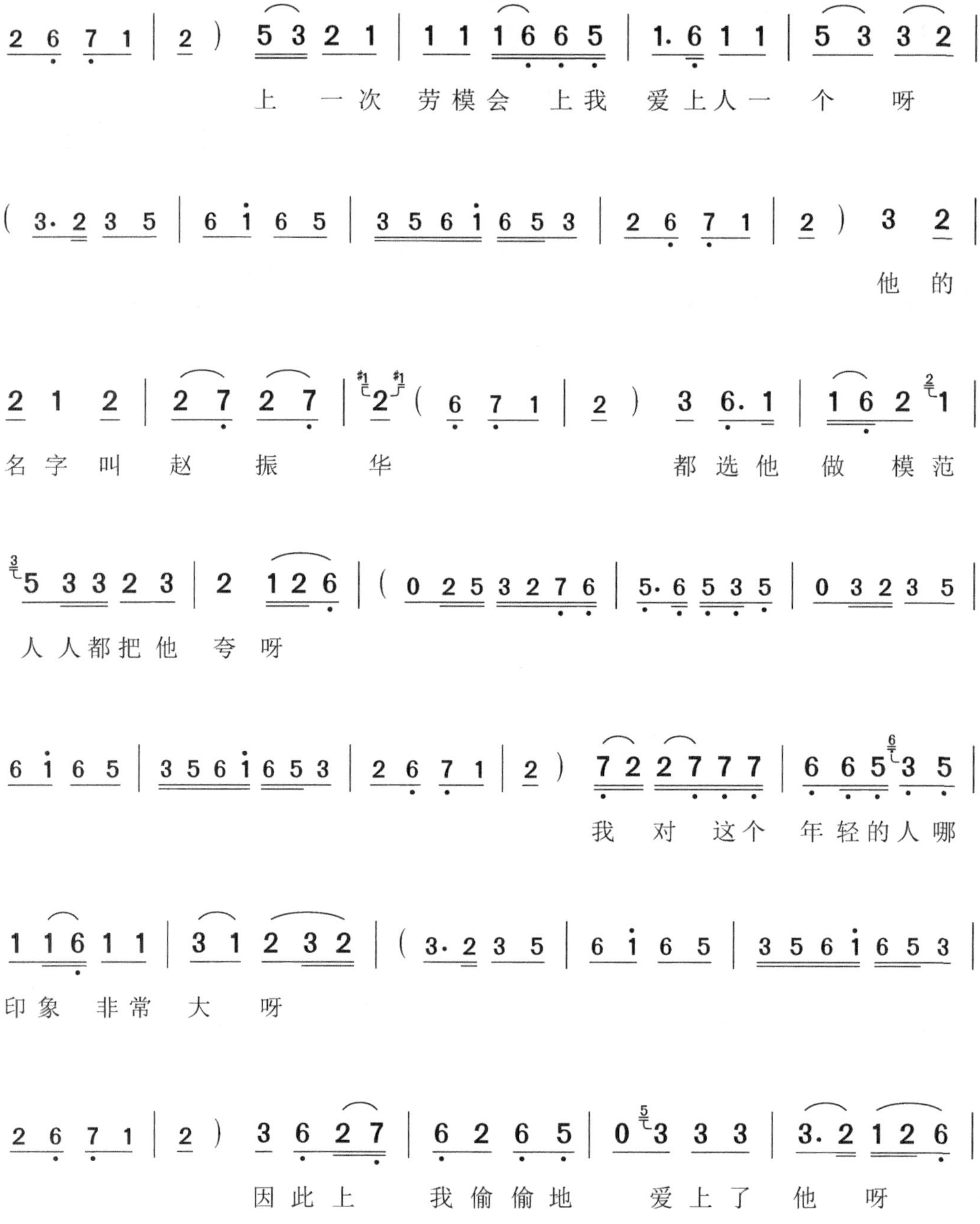

2 6 7 1 | 2) 5 3 2 1 | 1 1 1 6 6 5 | 1. 6 1 1 | 5 3 3 2 |

上 一次 劳模会 上我 爱上人一 个 呀

(3· 2 3 5 | 6 1̇ 6 5 | 3 5 6 1̇ 6 5 3 | 2 6 7 1 | 2) 3 2 |

他 的

2 1 2 | 2 7 2 7 | 2 (6 7 1 | 2) 3 6. 1 | 1 6 2 1 |

名字叫 赵 振 华 都选他 做 模范

5 3 3 2 3 | 2 1 2 6 | (0 2 5 3 2 7 6 | 5· 6 5 3 5 | 0 3 2 3 5 |

人人都把他 夸 呀

6 1̇ 6 5 | 3 5 6 1̇ 6 5 3 | 2 6 7 1 | 2) 7 2 2 7 7 7 | 6 6 5 3 5 |

我 对 这个 年轻的人哪

1 1 6 1 1 | 3 1 2 3 2 | (3· 2 3 5 | 6 1̇ 6 5 | 3 5 6 1̇ 6 5 3 |

印象 非常 大 呀

2 6 7 1 | 2) 3 6 2 7 | 6 2 6 5 | 0 3 3 3 | 3. 2 1 2 6 |

因此上 我偷偷地 爱上了 他 呀

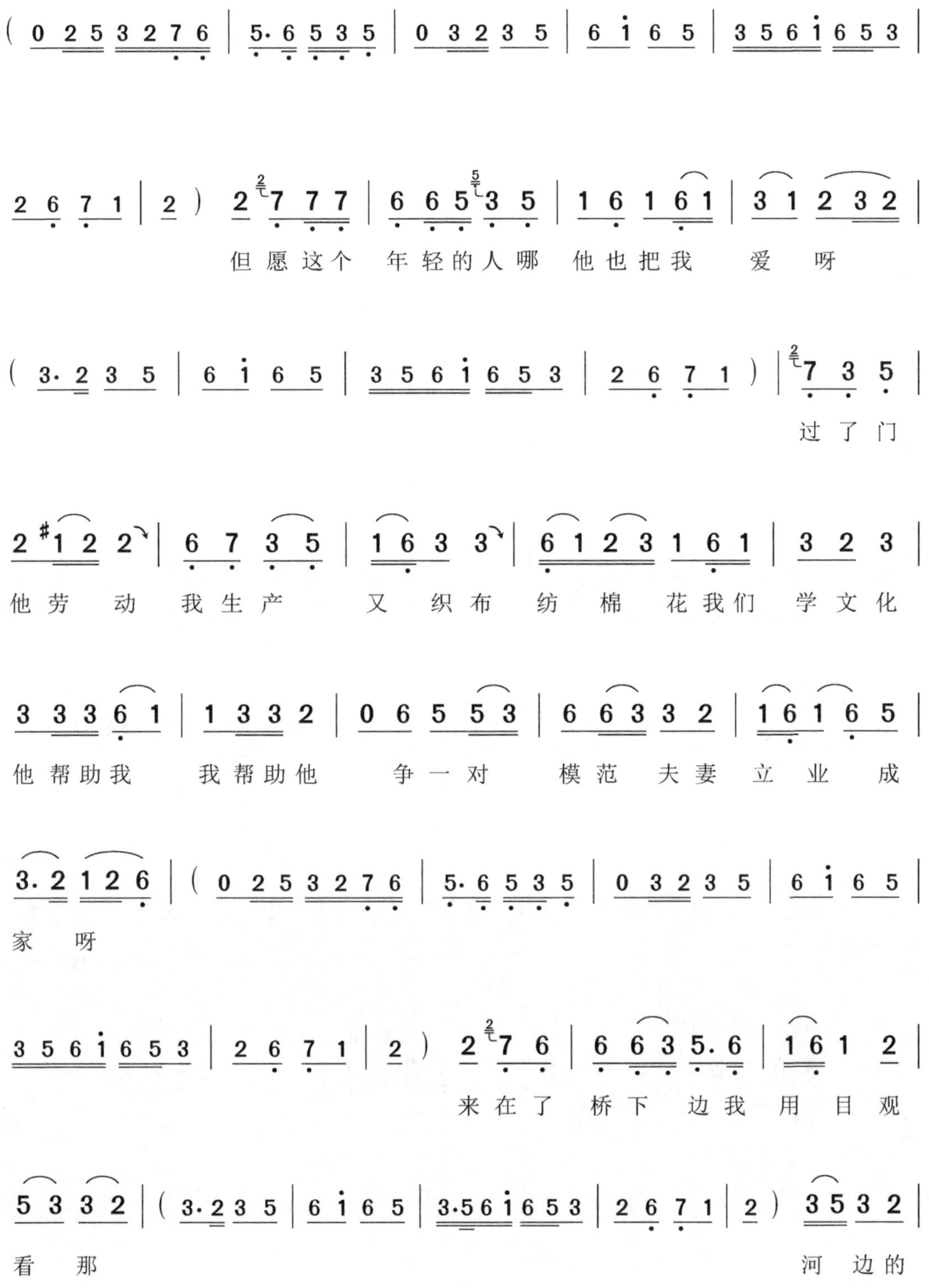

(0 2 5 3 2 7 6 | 5· 6 5 3 5 | 0 3 2 3 5 | 6 i 6 5 | 3 5 6 i 6 5 3 |

2 6 7 1 | 2) 2 7 7 7 | 6 6 5 3 5 | 1 6 1 6 1 | 3 1 2 3 2 |

但愿这个 年轻的人哪 他也把我 爱 呀

(3· 2 3 5 | 6 i 6 5 | 3 5 6 i 6 5 3 | 2 6 7 1) | 7 3 5 |

过了门

2 #1 2 2 | 6 7 3 5 | 1 6 3 3 | 6 1 2 3 1 6 1 | 3 2 3 |

他劳 动 我生产 又 织布 纺 棉 花我们 学文化

3 3 3 6 1 | 1 3 3 2 | 0 6 5 5 3 | 6 6 3 3 2 | 1 6 1 6 5 |

他帮助我 我帮助他 争一对 模范 夫妻 立 业 成

3. 2 1 2 6 | (0 2 5 3 2 7 6 | 5· 6 5 3 5 | 0 3 2 3 5 | 6 i 6 5 |

家 呀

3 5 6 i 6 5 3 | 2 6 7 1 | 2) 2 7 6 | 6 6 3 5. 6 | 1 6 1 2 |

来在了 桥下 边我 用 目 观

5 3 3 2 | (3· 2 3 5 | 6 i 6 5 | 3·5 6 i 6 5 3 | 2 6 7 1 | 2) 3 5 3 2 |

看 那 河 边的

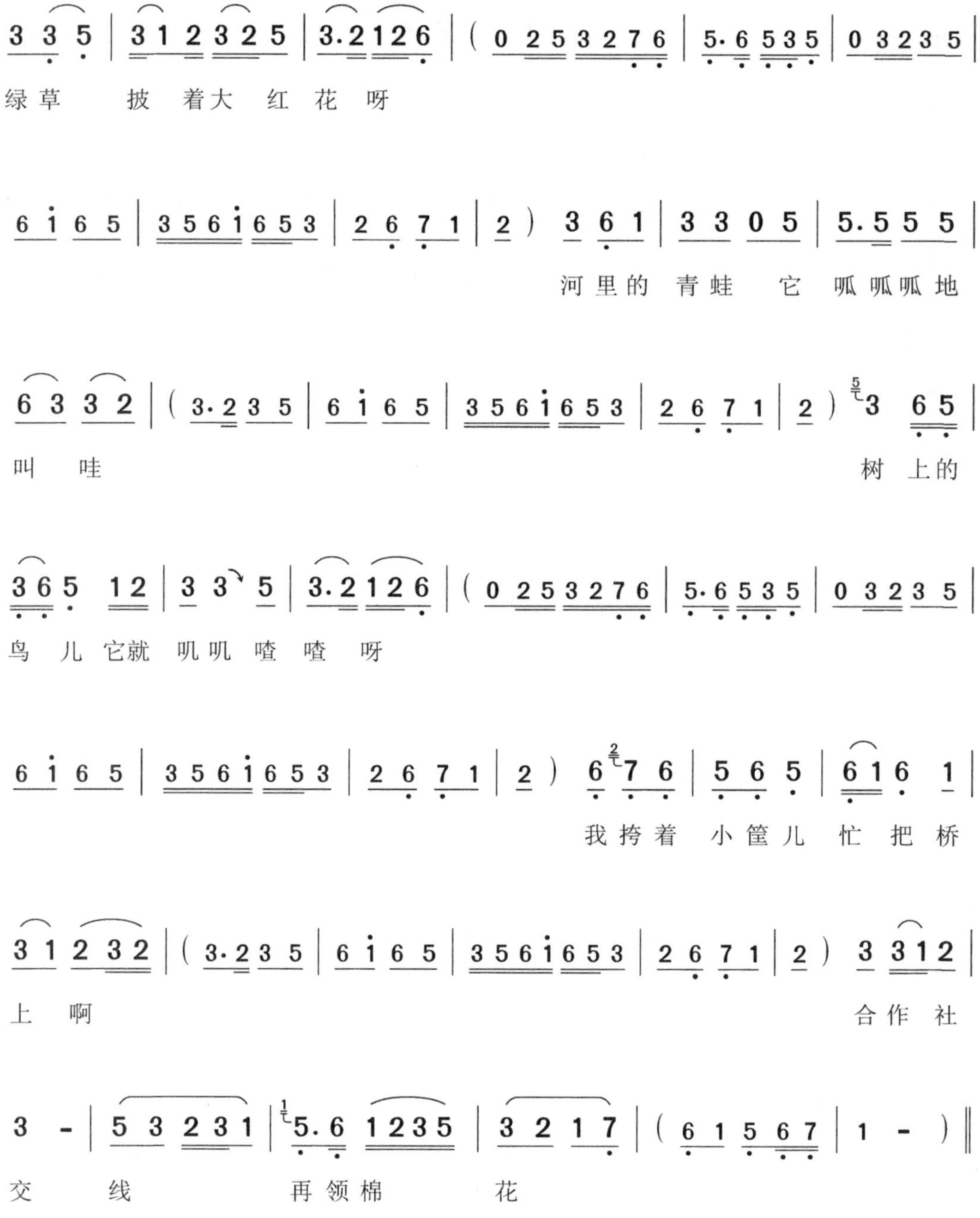

3 3 5 | 3 1 2 3 2 5 | 3.2 1 2 6 | (0 2 5 3 2 7 6 | 5·6 5 3 5 | 0 3 2 3 5 |

绿草 披 着大 红 花 呀

6 i 6 5 | 3 5 6 i 6 5 3 | 2 6 7 1 | 2) 3 6 1 | 3 3 0 5 | 5.5 5 5 |

河里的 青蛙 它 呱呱呱地

6 3 3 2 | (3·2 3 5 | 6 i 6 5 | 3 5 6 i 6 5 3 | 2 6 7 1 | 2) 3 6 5 |

叫 哇 树 上的

3 6 5 1 2 | 3 3 5 | 3.2 1 2 6 | (0 2 5 3 2 7 6 | 5·6 5 3 5 | 0 3 2 3 5 |

鸟 儿 它就 叽叽 喳 喳 呀

6 i 6 5 | 3 5 6 i 6 5 3 | 2 6 7 1 | 2) 6 7 6 | 5 6 5 | 6 1 6 1 |

我挎着 小筐儿 忙 把 桥

3 1 2 3 2 | (3·2 3 5 | 6 i 6 5 | 3 5 6 i 6 5 3 | 2 6 7 1 | 2) 3 3 1 2 |

上 啊 合作社

3 - | 5 3 2 3 1 | 5. 6 1 2 3 5 | 3 2 1 7 | (6 1 5 6 7 | 1 -) ‖

交 线 再领棉 花

巧儿我采桑叶

《刘巧儿·桑园》选段（一）

1 = ♭A

刘巧儿 唱

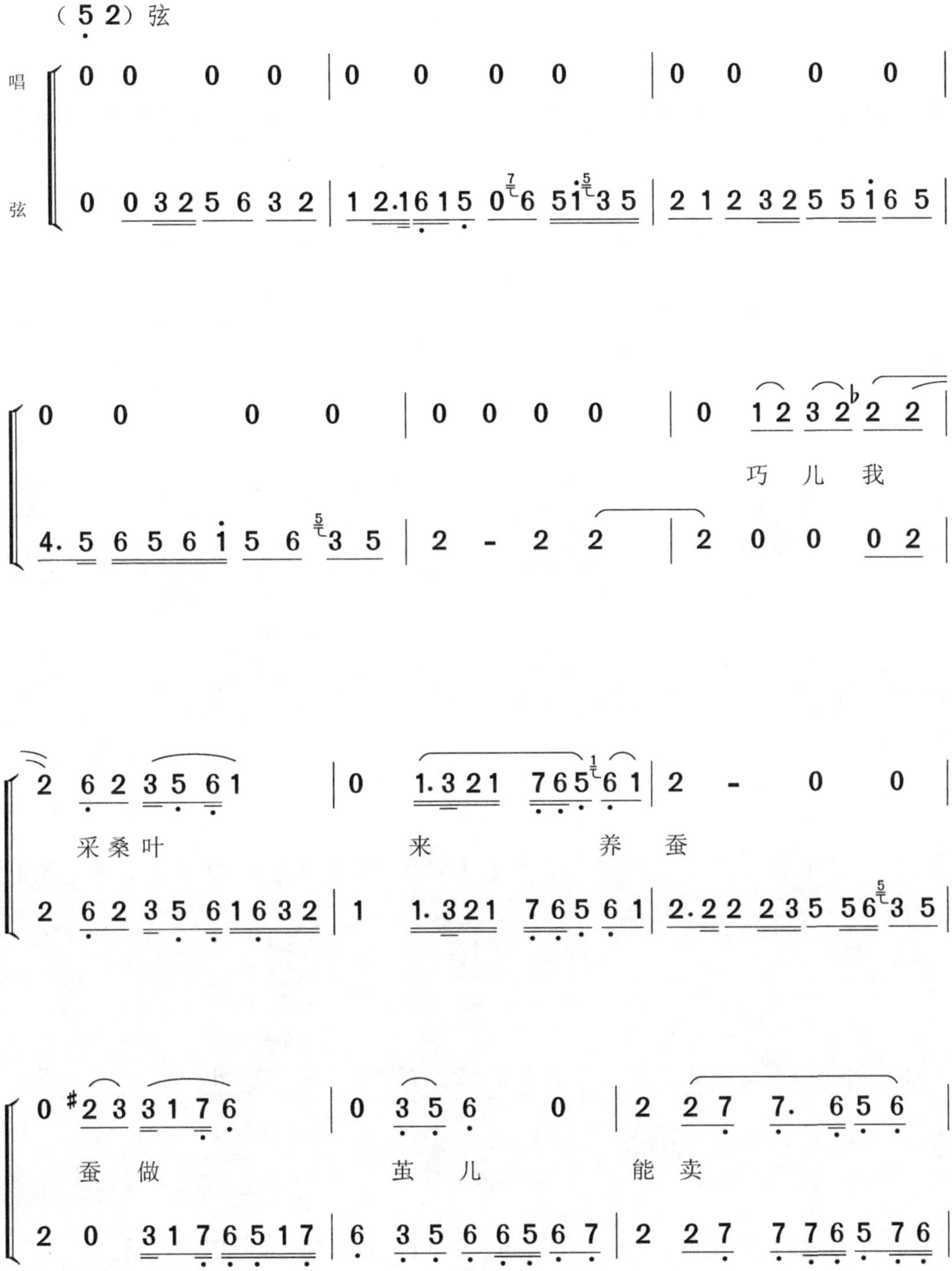

（5 2）弦

唱

弦

巧 儿 我

采桑叶 来 养 蚕

蚕 做 茧 儿 能 卖

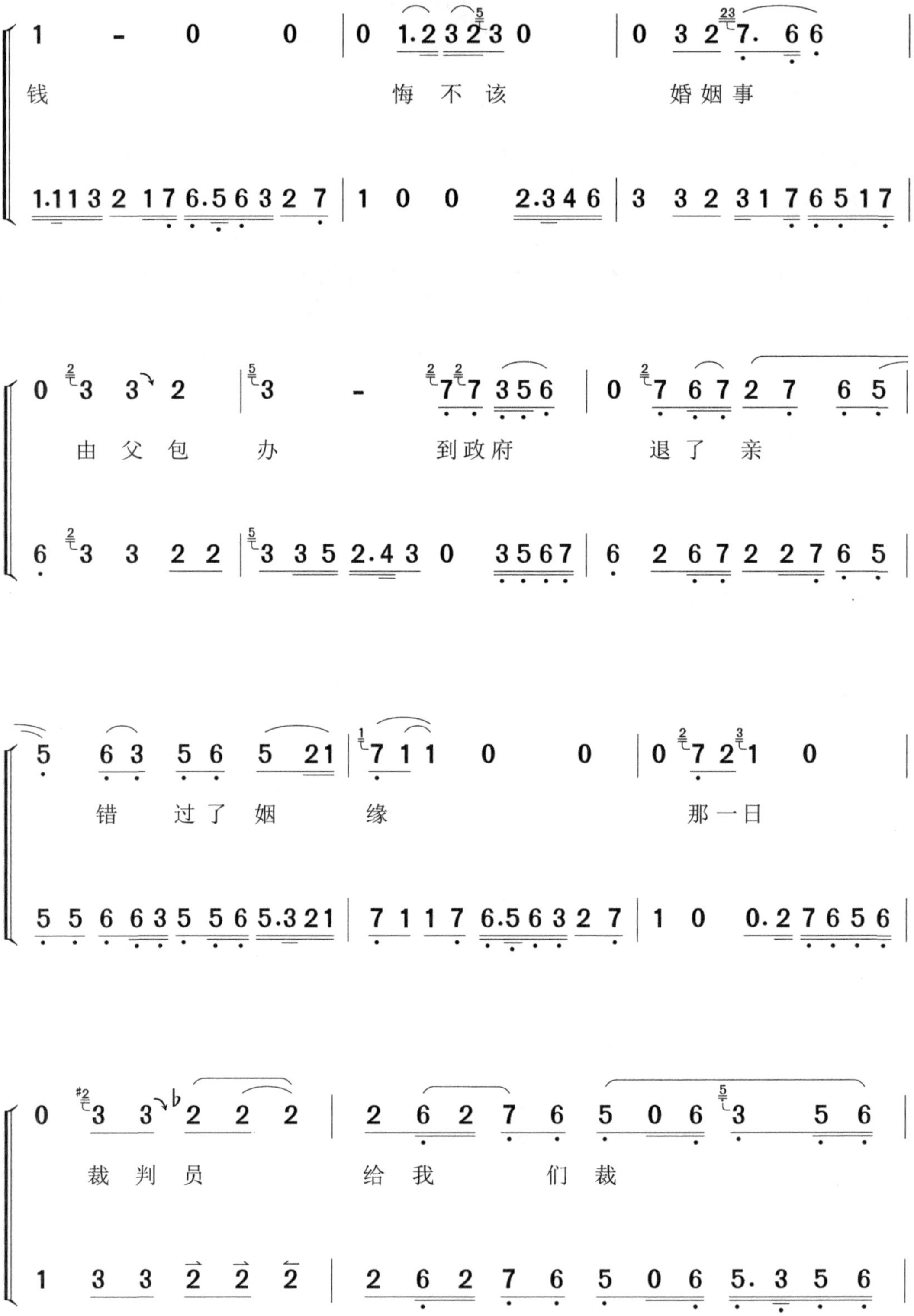

1 - 0 0 | 0 1.2 3 2 3 0 | 0 3 2 7. 6 6 |

钱 悔不该 婚姻事

1.1 1 3 2 1 7 6.5 6 3 2 7 | 1 0 0 2.3 4 6 | 3 3 2 3 1 7 6 5 1 7 |

0 3 3 2 | 3 - 7 7 3 5 6 | 0 7 6 7 2 7 6 5 |

由父包 办 到政府 退了亲

6 3 3 2 2 | 3 3 5 2.4 3 0 3 5 6 7 | 6 2 6 7 2 2 7 6 5 |

5 6 3 5 6 5 21 | 7 1 1 0 0 | 0 7 2 1 0 |

错 过了姻 缘 那一日

5 5 6 6 3 5 5 6 5.3 21 | 7 1 1 7 6.5 6 3 2 7 | 1 0 0.2 7 6 5 6 |

0 3 3 2 2 2 | 2 6 2 7 6 5 0 6 3 5 6 |

裁判员 给我 们裁

1 3 3 2 2 2 | 2 6 2 7 6 5 0 6 5. 3 5 6 |

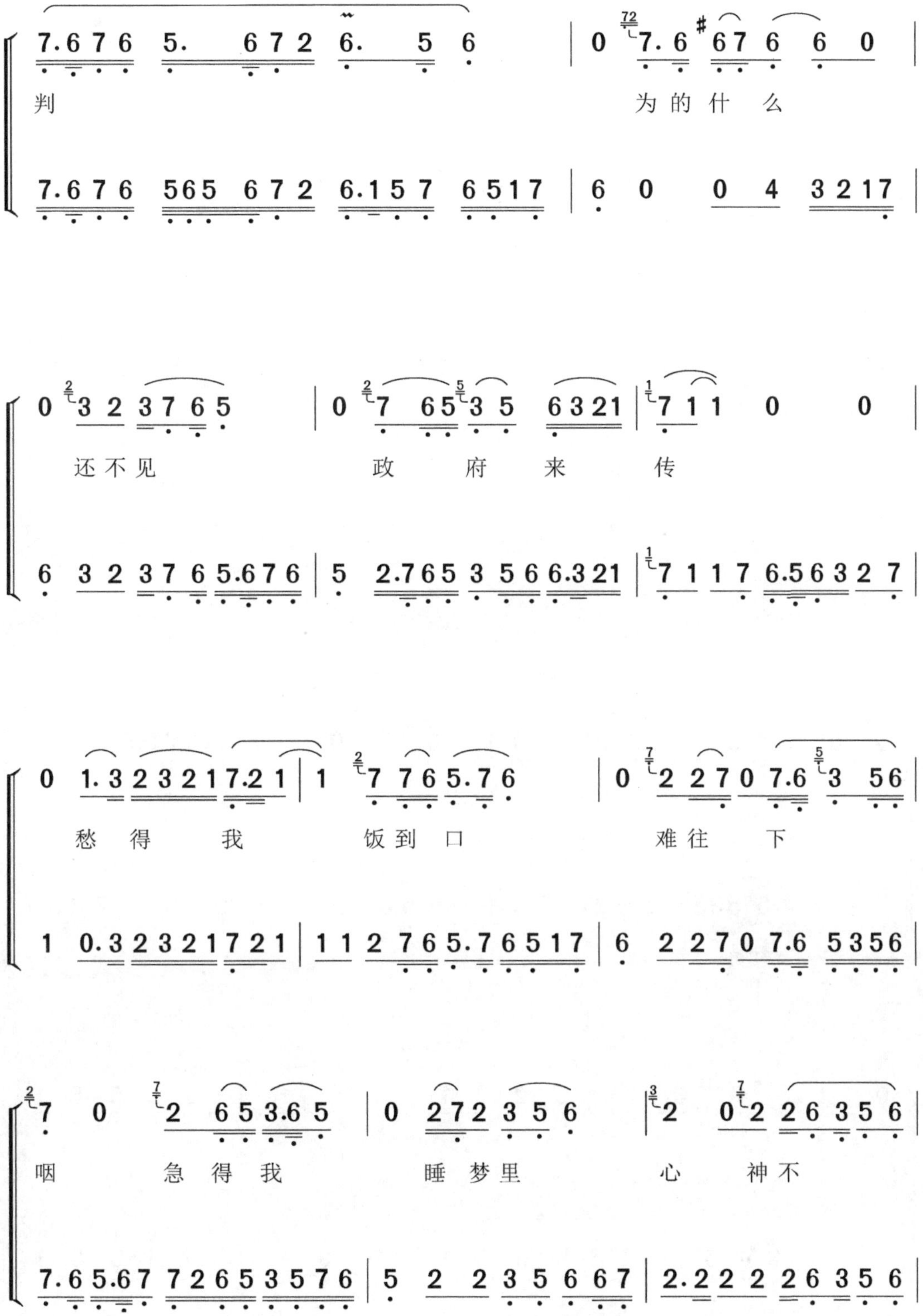

7·676 5· 672 6· 5 6 | 0 7· 6 676 6 6 0 |
判 为的什么
7·676 565 672 6·157 6517 | 6 0 0 4 3217 |

0 3 2 37 6 5 | 0 7 65 3 5 6321 | 7 1 1 0 0 |
还不见 政 府 来 传
6 3 2 37 6 5.676 | 5 2.765 3 56 6.321 | 7 1 1 7 6.563 2 7 |

0 1· 3 23217.21 | 1 7 76 5·76 | 0 2 27 0 7·6 3 56 |
愁 得 我 饭到 口 难往 下
1 0·3 23217 21 | 1 1 2 76 5·76517 | 6 2 27 0 7·6 5356 |

7 0 2 65 3·65 | 0 272 3 5 6 | 2 0 2 26356 |
咽 急得我 睡梦里 心 神不
7·6 5·67 7265 3576 | 5 2 2 3 5 6 67 | 2·2 2 2 2 6 3 5 6 |

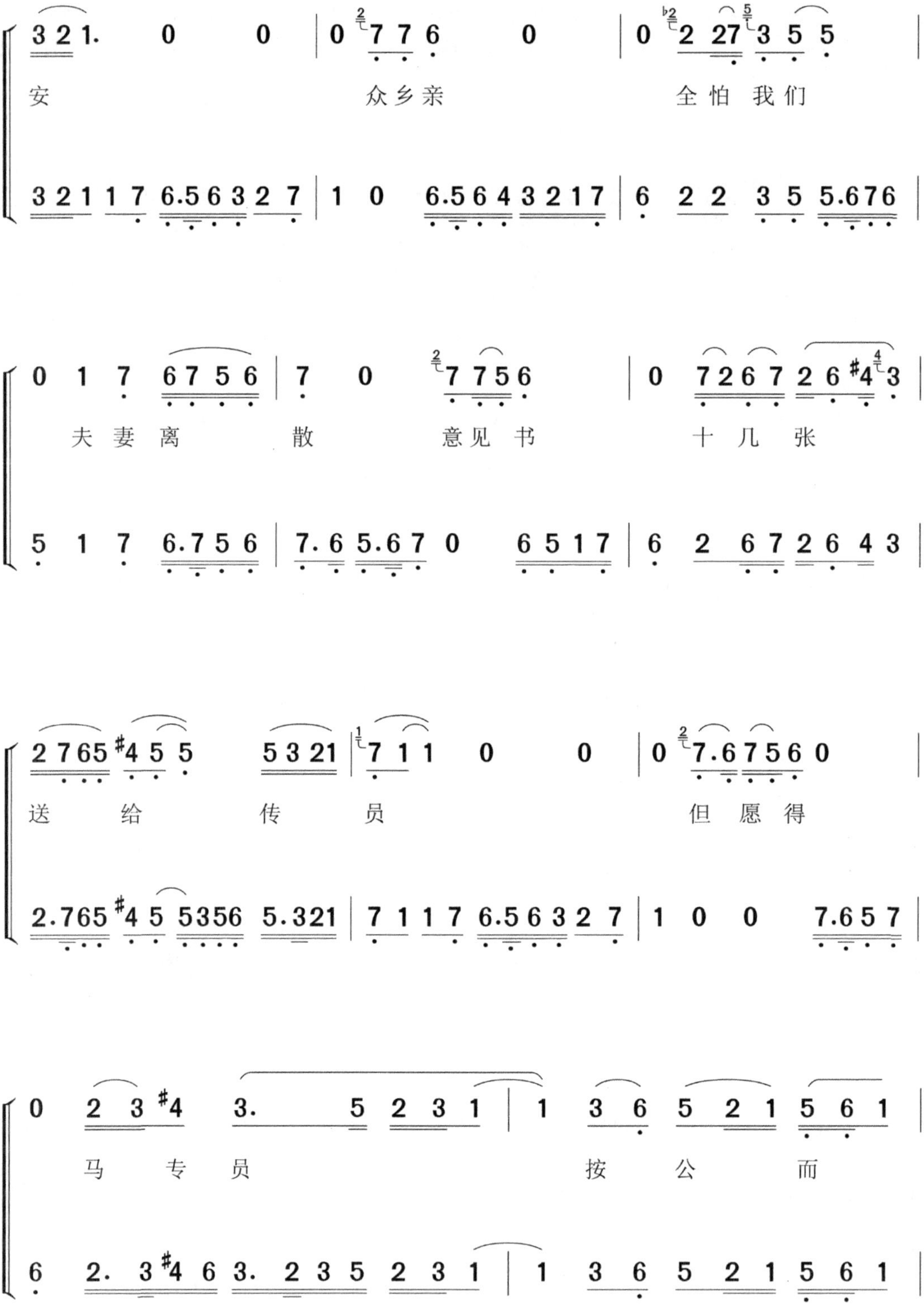

3 2 1. 0 0 | 0 7 7 6 0 | 0 2 27 3 5 5 |
安 众乡亲 全怕 我们

3 2 1 1 7 6.5 6 3 2 7 | 1 0 6.5 6 4 3 2 1 7 | 6 2 2 3 5 5.6 7 6 |

0 1 7 6 7 5 6 | 7 0 7 7 5 6 | 0 7 2 6 7 2 6 #4 3 |
夫妻离 散 意见书 十几张

5 1 7 6.7 5 6 | 7. 6 5.6 7 0 6 5 1 7 | 6 2 6 7 2 6 4 3 |

2 7 6 5 #4 5 5 5 3 2 1 | 7 1 1 0 0 | 0 7.6 7 5 6 0 |
送 给 传 员 但愿得

2.7 6 5 #4 5 5 3 5 6 5.3 2 1 | 7 1 1 7 6.5 6 3 2 7 | 1 0 0 7.6 5 7 |

0 2 3 #4 3. 5 2 3 1 | 1 3 6 5 2 1 5 6 1 |
马 专 员 按 公 而

6 2. 3 #4 6 3. 2 3 5 2 3 1 | 1 3 6 5 2 1 5 6 1 |

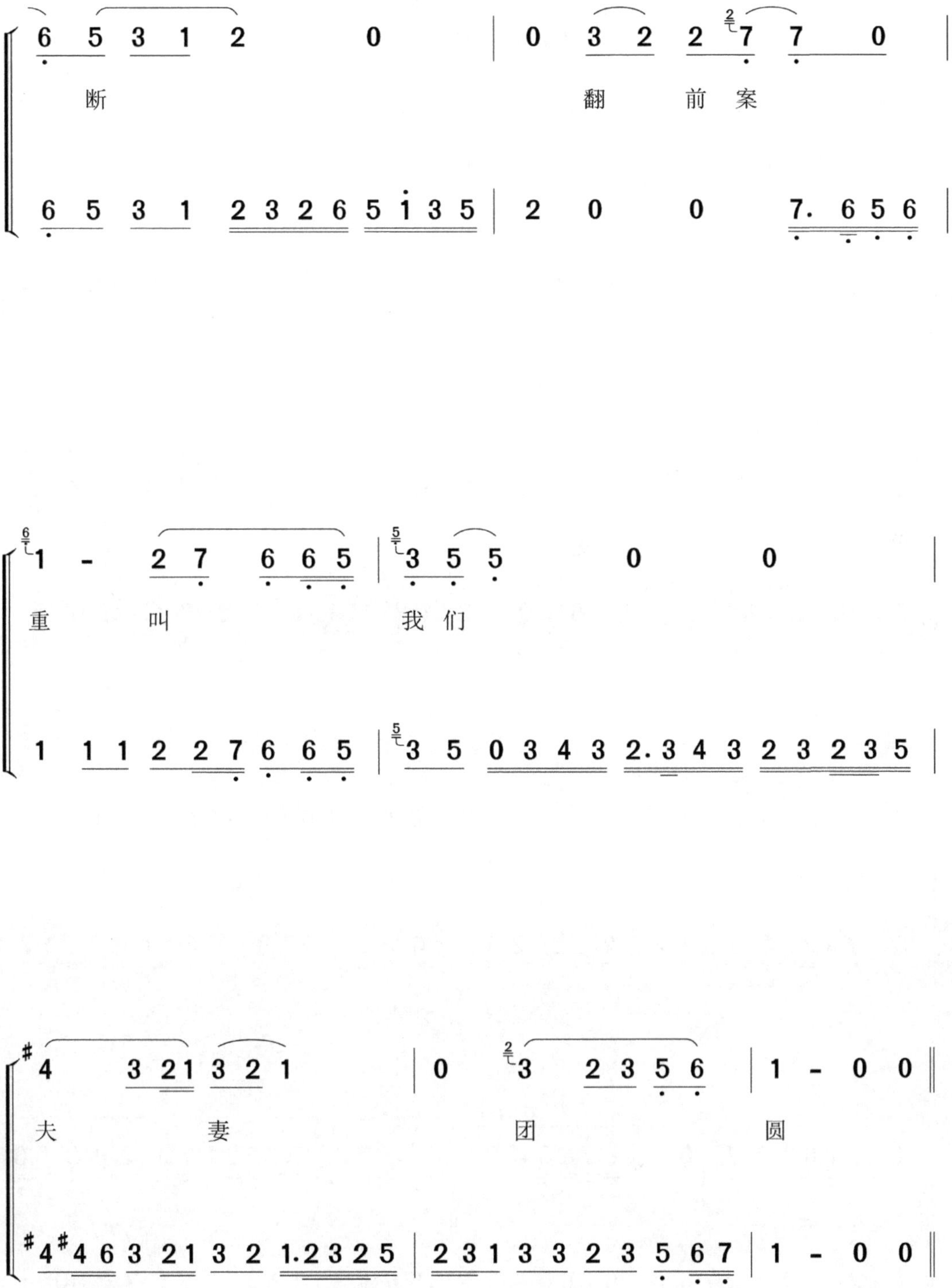

6 5 3 1 2 0 | 0 3 2 2 7 7 0 |

断 翻 前 案

6 5 3 1 2 3 2 6 5 1 3 5 | 2 0 0 7. 6 5 6 |

1 - 2 7 6 6 5 | 3 5 5 0 0 |

重 叫 我 们

1 1 1 2 2 7 6 6 5 | 3 5 0 3 4 3 2.3 4 3 2 3 2 3 5 |

#4 3 21 3 2 1 | 0 3 2 3 5 6 | 1 - 0 0 ‖

夫 妻 团 圆

#4 #4 6 3 21 3 2 1.2 3 2 5 | 2 3 1 3 3 2 3 5 6 7 | 1 - 0 0 ‖

28

我的爹图钱财

1 = ♭A

《刘巧儿·桑园》选段（二）

刘巧儿 唱

（5 2）弦

唱 0 0 0 0 | 0 0 0 0 | 0 0 0 0 |

弦 0 6 5 1 3 5 | 2 1 2 3 2 5 5 1 6 5 | #4. 5 6 5 6 1 5 6 3 5 |

0 0 0 0 | 0 6 1 3 2 2 1 | 1 5 2 7 2 6 5 |

我的爹图钱财

2 2 2 2 | 2 0 0 2 1 | 1 1 3 5 2 7 7 2 6 5 |

5 3 21 6 6 4 3 | 2 - 0 0 | 0 3 5 7 6 0 |

包办婚姻 说柱儿

5 5.3 21 6 5 6 4 3 | 2.2 2 2 3 5 56 3 5 | 2 0 6.5 6 4 3 2 1 7 |

0 2 7 6 7 2 7 0 | 6.7 6 5 4 3 5 6. 7 | 1. #2 3 1 7 6 7.6 3 5.6 |

是傻瓜不懂

6 2 6 7 2 2 7 6 5 | 6.7 6 5 4 3 5 6.6 6 6 7 | 1 1 3 1 7 6 7.6 5 0 5.6 |

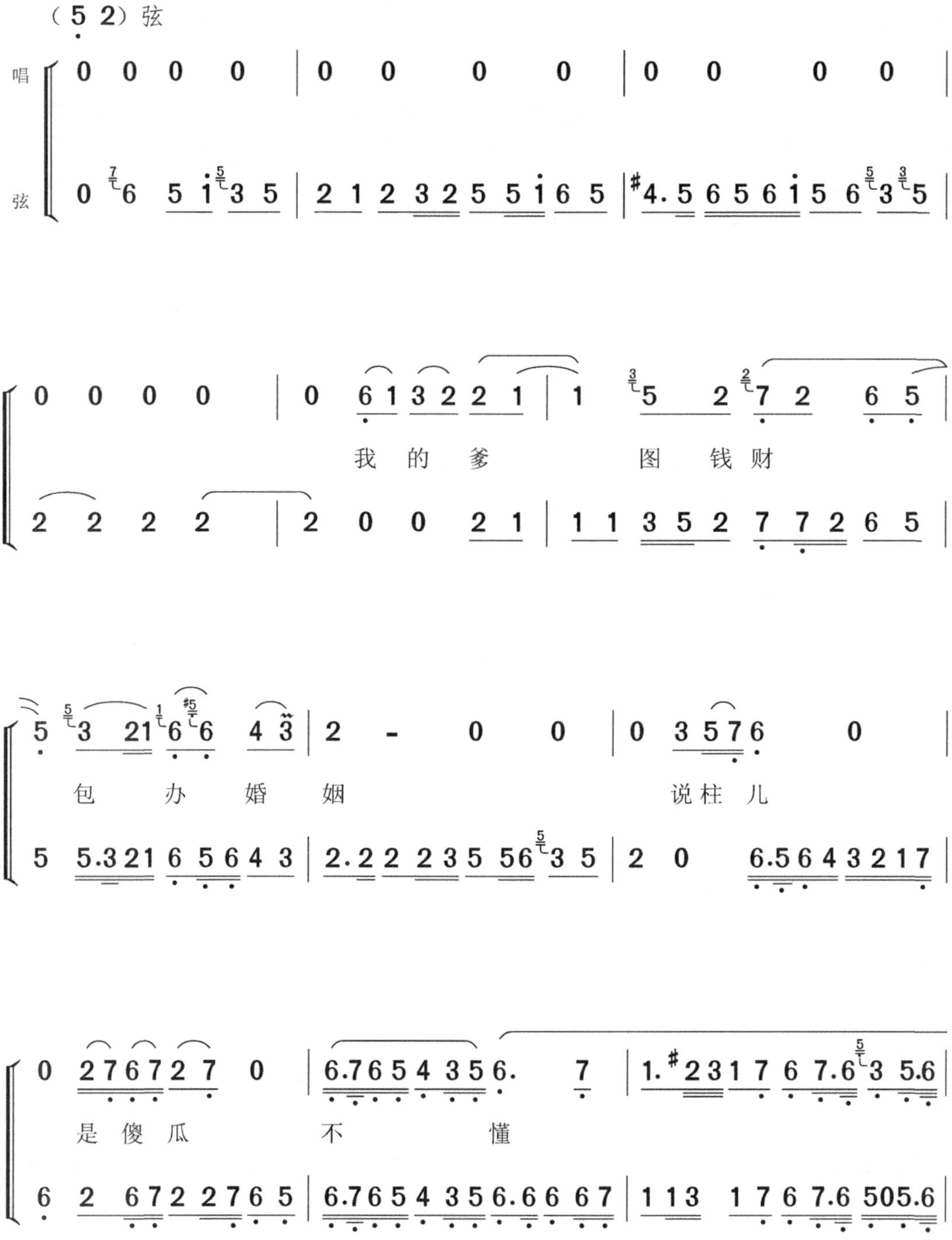

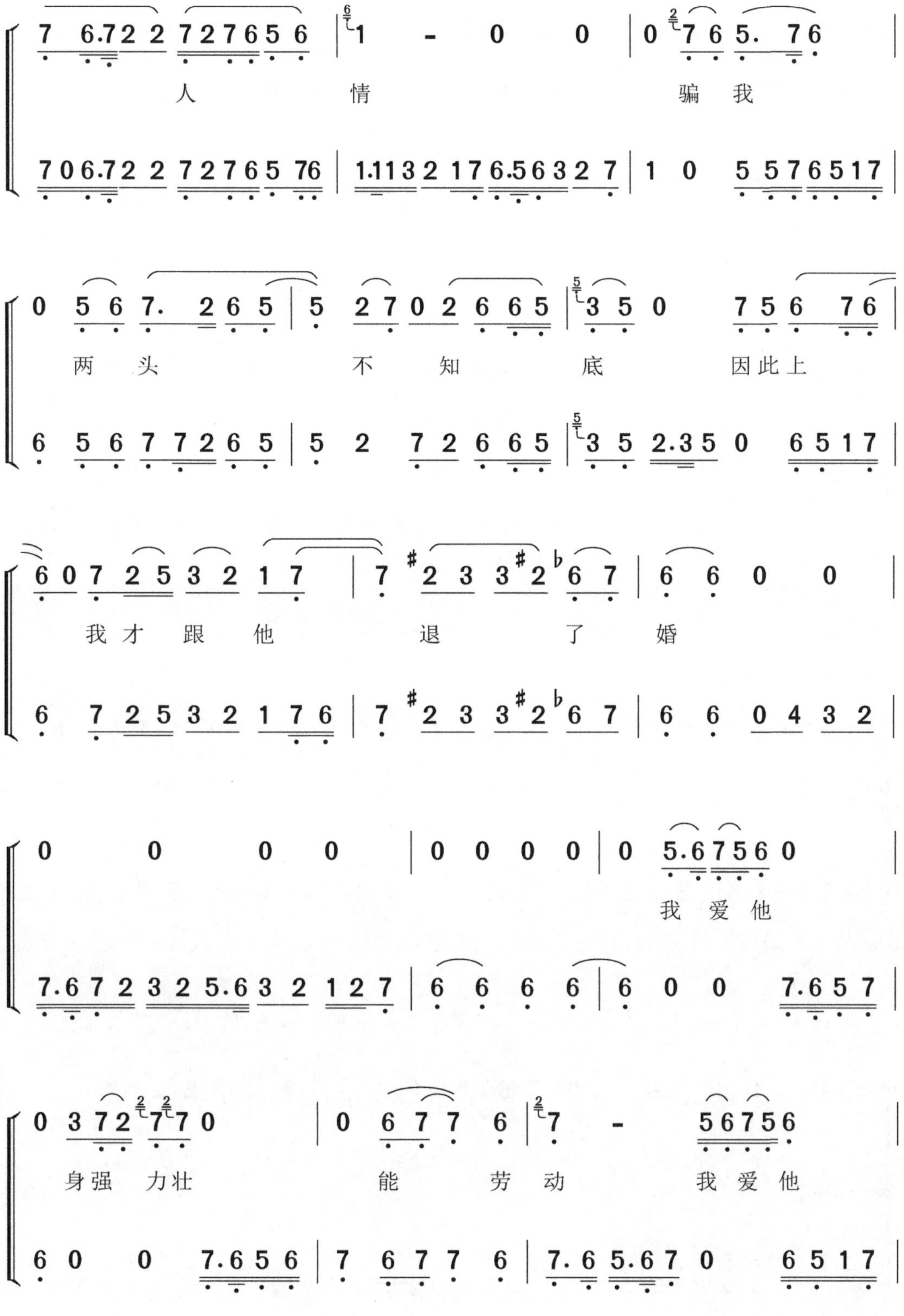

7 6.72 2 2 7276 5 6 | 1 - 0 0 | 0 7 6 5. 7 6 |

人 情 骗 我

7 0 6.72 2 2 7 2 7 6 5 76 | 1.1 1 3 2 1 7 6.5 6 3 2 7 | 1 0 5 5 7 6 5 1 7 |

0 5 6 7. 2 6 5 | 5 2 7 0 2 6 6 5 | 3 5 0 7 5 6 7 6 |

两 头 不 知 底 因此上

6 5 6 7 7 2 6 5 | 5 2 7 2 6 6 5 | 3 5 2.3 5 0 6 5 1 7 |

6 0 7 2 5 3 2 1 7 | 7 ♯2 3 3 ♯2 ♭6 7 | 6 6 0 0 |

我才 跟 他 退 了 婚

6 7 2 5 3 2 1 7 6 | 7 ♯2 3 3 ♯2 ♭6 7 | 6 6 0 4 3 2 |

0 0 0 0 | 0 0 0 0 | 0 5.6 7 5 6 0 |

我 爱 他

7.6 7 2 3 2 5.6 3 2 1 2 7 | 6 6 6 6 | 6 0 0 7.6 5 7 |

0 3 7 2 7 7 0 | 0 6 7 7 6 | 7 - 5 6 7 5 6 |

身强 力壮 能 劳 动 我爱他

6 0 0 7.6 5 6 | 7 6 7 7 6 | 7.6 5.6 7 0 6 5 1 7 |

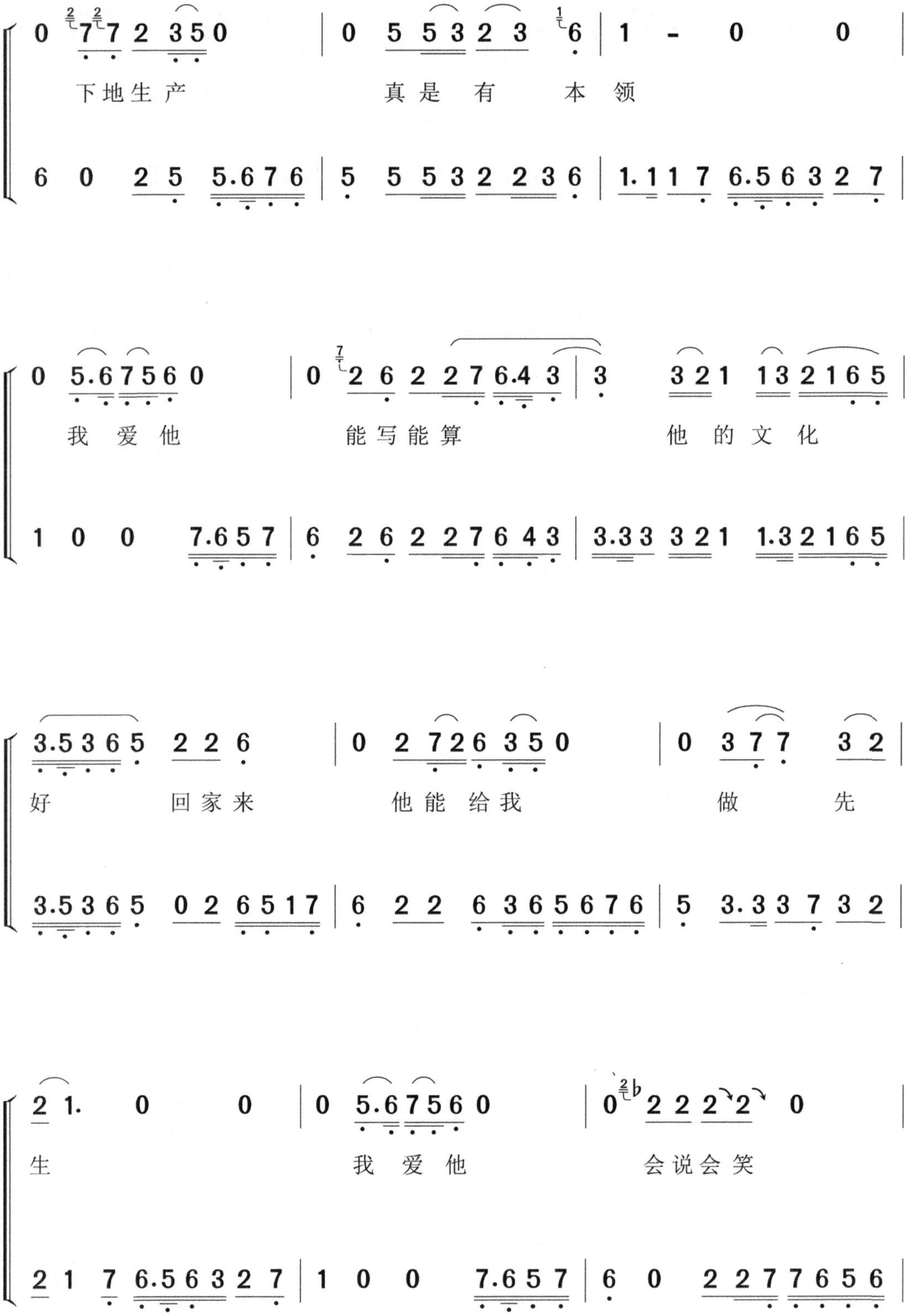

0 7 7 2 3 5 0 | 0 5 5 3 2 3 6 | 1 - 0 0 |

下地生产 真是有本领

6 0 2 5 5.6 7 6 | 5 5 5 3 2 2 3 6 | 1.1 1 7 6.5 6 3 2 7 |

0 5.6 7 5 6 0 | 0 2 6 2 2 7 6.4 3 | 3 3 2 1 1 3 2 1 6 5 |

我爱他 能写能算 他的文化

1 0 0 7.6 5 7 | 6 2 6 2 2 7 6 4 3 | 3.3 3 3 2 1 1.3 2 1 6 5 |

3.5 3 6 5 2 2 6 | 0 2 7 2 6 3 5 0 | 0 3 7 7 3 2 |

好 回家来 他能给我 做先

3.5 3 6 5 0 2 6 5 1 7 | 6 2 2 6 3 6 5 6 7 6 | 5 3.3 3 7 3 2 |

2 1. 0 0 | 0 5.6 7 5 6 0 | 0 2 2 2 2 0 |

生 我爱他 会说会笑

2 1 7 6.5 6 3 2 7 | 1 0 0 7.6 5 7 | 6 0 2 2 7 7 6 5 6 |

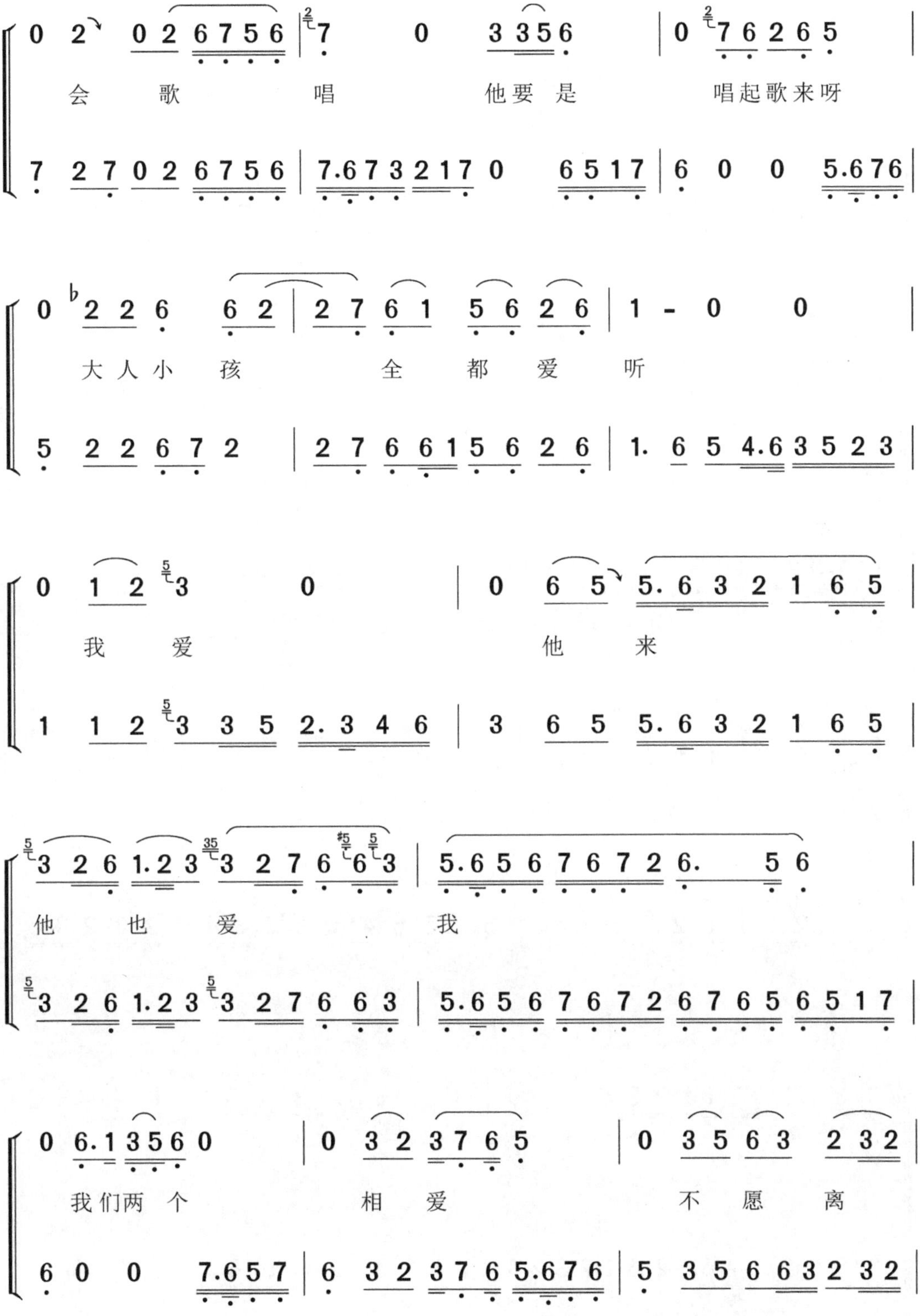

0 2 0 2 6 7 5 6 | 7 0 3 3 5 6 | 0 7 6 2 6 5 |
会 歌 唱 他要是 唱起歌来呀
7 2 7 0 2 6 7 5 6 | 7.6 7 3 2 1 7 0 6 5 1 7 | 6 0 0 5.6 7 6 |

0 ♭2 2 6 6 2 | 2 7 6 1 5 6 2 6 | 1 - 0 0 |
大人小孩 全 都 爱 听
5 2 2 6 7 2 | 2 7 6 6 1 5 6 2 6 | 1. 6 5 4.6 3 5 2 3 |

0 1 2 3 0 | 0 6 5 5. 6 3 2 1 6 5 |
我 爱 他 来
1 1 2 3 3 5 2. 3 4 6 | 3 6 5 5. 6 3 2 1 6 5 |

3 2 6 1.2 3 3 2 7 6 6 3 | 5.6 5 6 7 6 7 2 6. 5 6 |
他 也 爱 我
3 2 6 1.2 3 3 2 7 6 6 3 | 5.6 5 6 7 6 7 2 6 7 6 5 6 5 1 7 |

0 6.1 3 5 6 0 | 0 3 2 3 7 6 5 | 0 3 5 6 3 2 3 2 |
我们两个 相 爱 不 愿 离
6 0 0 7.6 5 7 | 6 3 2 3 7 6 5.6 7 6 | 5 3 5 6 6 3 2 3 2 |

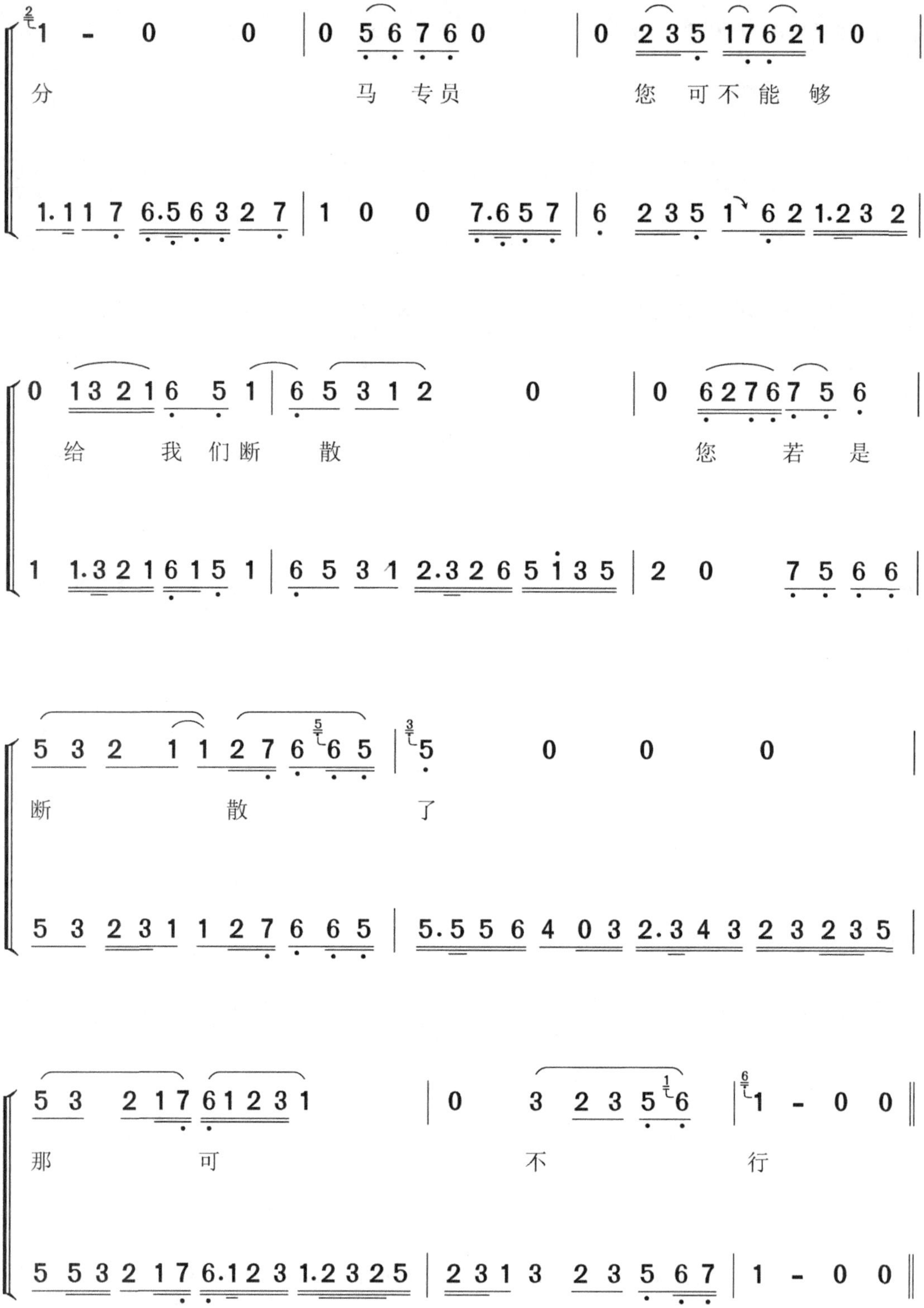

分 马专员 您可不能够

给我们断散 您若是

断散了

那可不行

都说是马专员

《刘巧儿·桑园》选段（三）

1 = ♭A

刘巧儿 唱

（5 2）弦

唱

弦

都 说是 马 专 员

是 一个青 天 为 什 么 三番 四 次 地

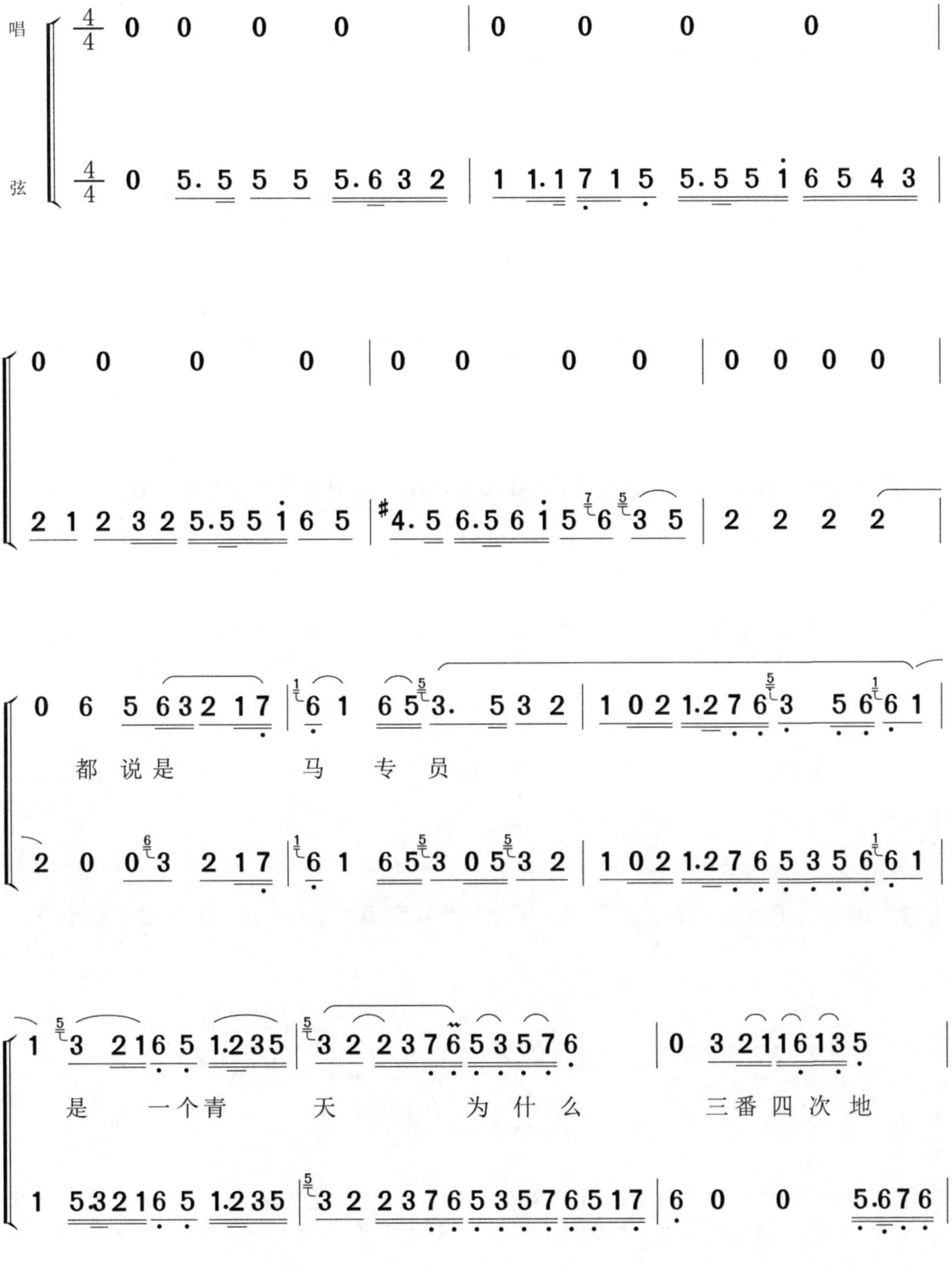

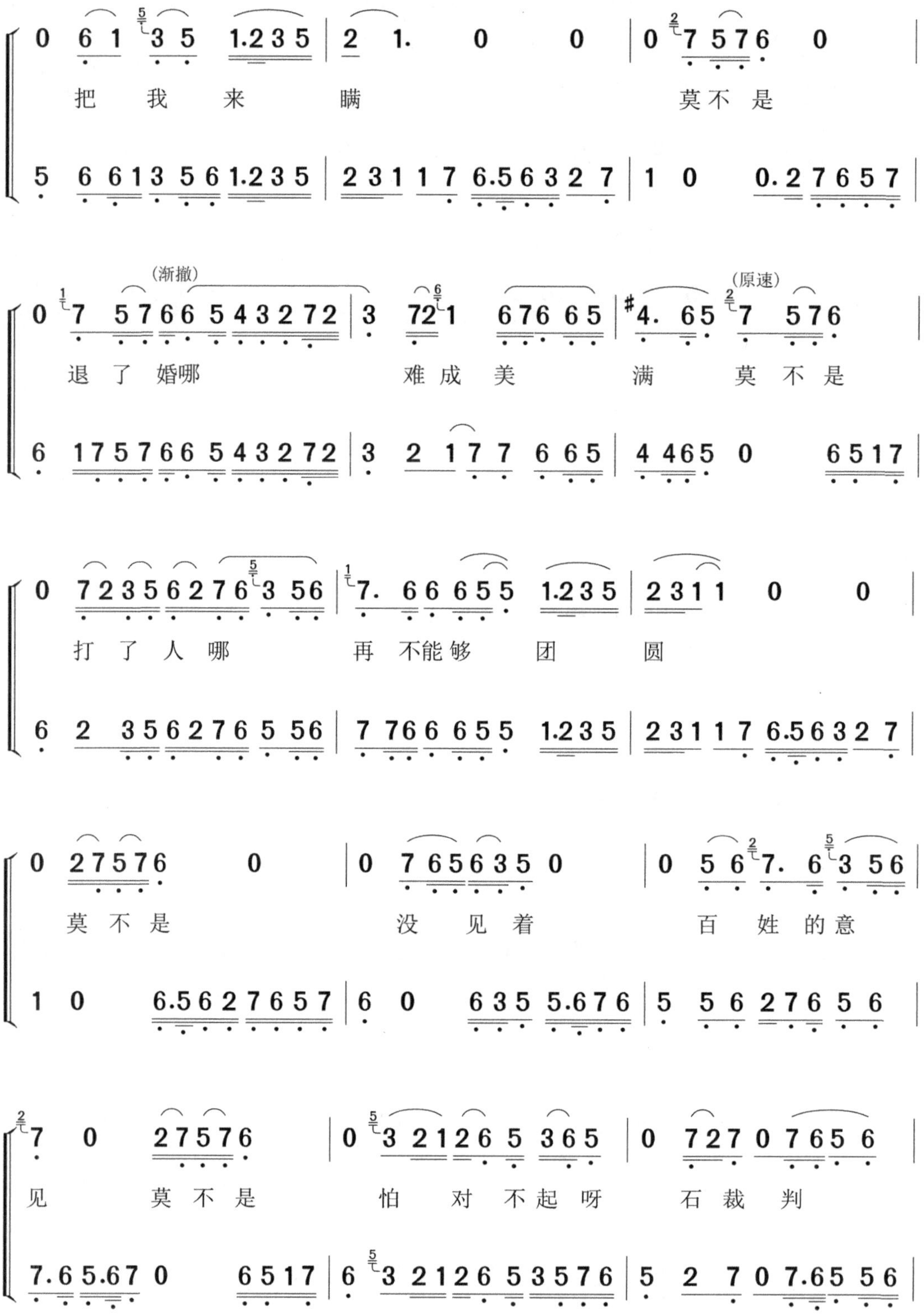

0 6 1 3 5 1.2 3 5 | 2 1. 0 0 | 0 7 5 7 6 0 |

把 我 来 瞒 莫不 是

5 6 6 1 3 5 6 1.2 3 5 | 2 3 1 1 7 6.5 6 3 2 7 | 1 0 0.2 7 6 5 7 |

（渐撤） （原速）

0 7 5 7 6 6 5 4 3 2 7 2 | 3 7 2 1 6 7 6 6 5 | #4. 6 5 7 5 7 6 |

退 了 婚哪 难 成 美 满 莫 不 是

6 1 7 5 7 6 6 5 4 3 2 7 2 | 3 2 1 7 7 6 6 5 | 4 4 6 5 0 6 5 1 7 |

0 7 2 3 5 6 2 7 6 3 5 6 | 7. 6 6 6 5 5 1.2 3 5 | 2 3 1 1 0 0 |

打 了 人 哪 再 不能 够 团 圆

6 2 3 5 6 2 7 6 5 5 6 | 7 7 6 6 6 5 5 1.2 3 5 | 2 3 1 1 7 6.5 6 3 2 7 |

0 2 7 5 7 6 0 | 0 7 6 5 6 3 5 0 | 0 5 6 7. 6 3 5 6 |

莫 不 是 没 见 着 百 姓 的 意

1 0 6.5 6 2 7 6 5 7 | 6 0 6 3 5 5.6 7 6 | 5 5 6 2 7 6 5 6 |

7 0 2 7 5 7 6 | 0 3 2 1 2 6 5 3 6 5 | 0 7 2 7 0 7 6 5 6 |

见 莫 不 是 怕 对 不 起 呀 石 裁 判

7.6 5.6 7 0 6 5 1 7 | 6 3 2 1 2 6 5 3 5 7 6 | 5 2 7 0 7.6 5 5 6 |

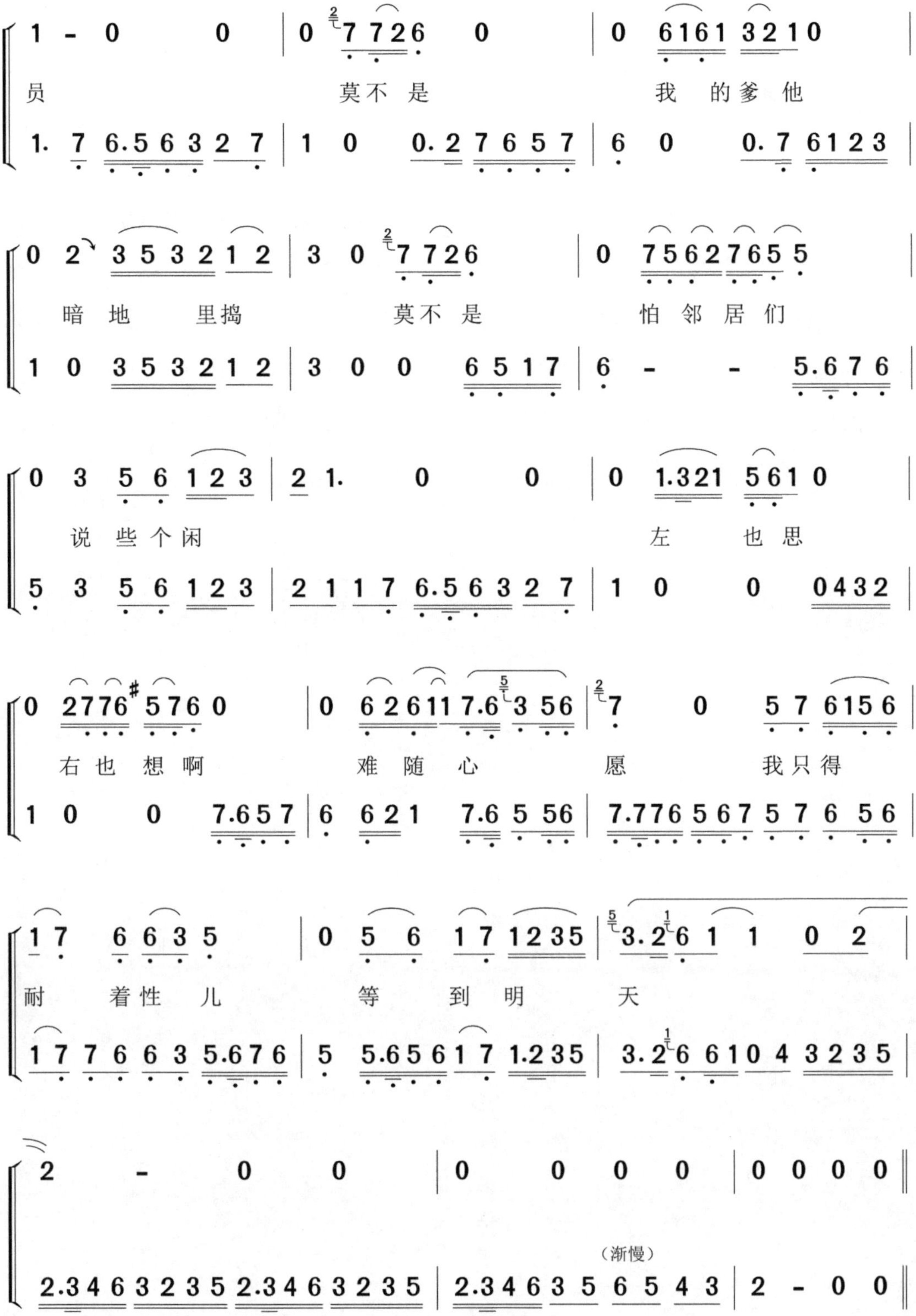

1 - 0 0 | 0 7 7 2 6 0 | 0 6161 3210 |
员 莫不是 我的爹他
1. 7 6.56327 | 1 0 0.27657 | 6 0 0.76123 |

0 2 353212 | 3 0 7726 | 0 75627655 |
暗地里捣 莫不是 怕邻居们
1 0 353212 | 3 0 0 6517 | 6 - - 5.676 |

0 3 56123 | 2 1. 0 0 | 0 1.321 5610 |
说些个闲 左也思
5 3 56123 | 2117 6.56327 | 1 0 0 0432 |

0 2776 #5760 | 0 6261 17.6 3 56 | 7 0 57 6156 |
右也想啊 难随心 愿 我只得
1 0 0 7.657 | 6 621 7.6 5 56 | 7.776 567 57 6 56 |

17 6635 | 0 5 6 17 1235 | 3.2 61 1 0 2 |
耐着性儿 等到明 天
17 76 63 5.676 | 5 5.656 17 1.235 | 3.2 6 610 4 3235 |

2 - 0 0 | 0 0 0 0 | 0 0 0 0 ‖
（渐慢）
2.3463235 2.3463235 | 2.346 3565 43 | 2 - 0 0 ‖

《女教师》

《女教师》一剧是李忆兰由唱京剧改唱评剧的第一出戏，更是她获奖的第一出戏。张其祥与李忆兰在此前没有合作过，对于她的演唱特点更是一无所知，因此在为她设计唱腔时，本着评剧唱腔艺术的基本特点，本着剧中人物的感情需要而设计。现在介绍的这段唱，就是一般的三眼唱腔经过些许加工而成。这样设计一是让李忆兰熟悉评剧，二是对她的嗓音特点及对唱腔表现力的一种了解和掌握。

教育这下一代的小主人

《女教师》选段

1 = ♭A

宋洁芬 唱

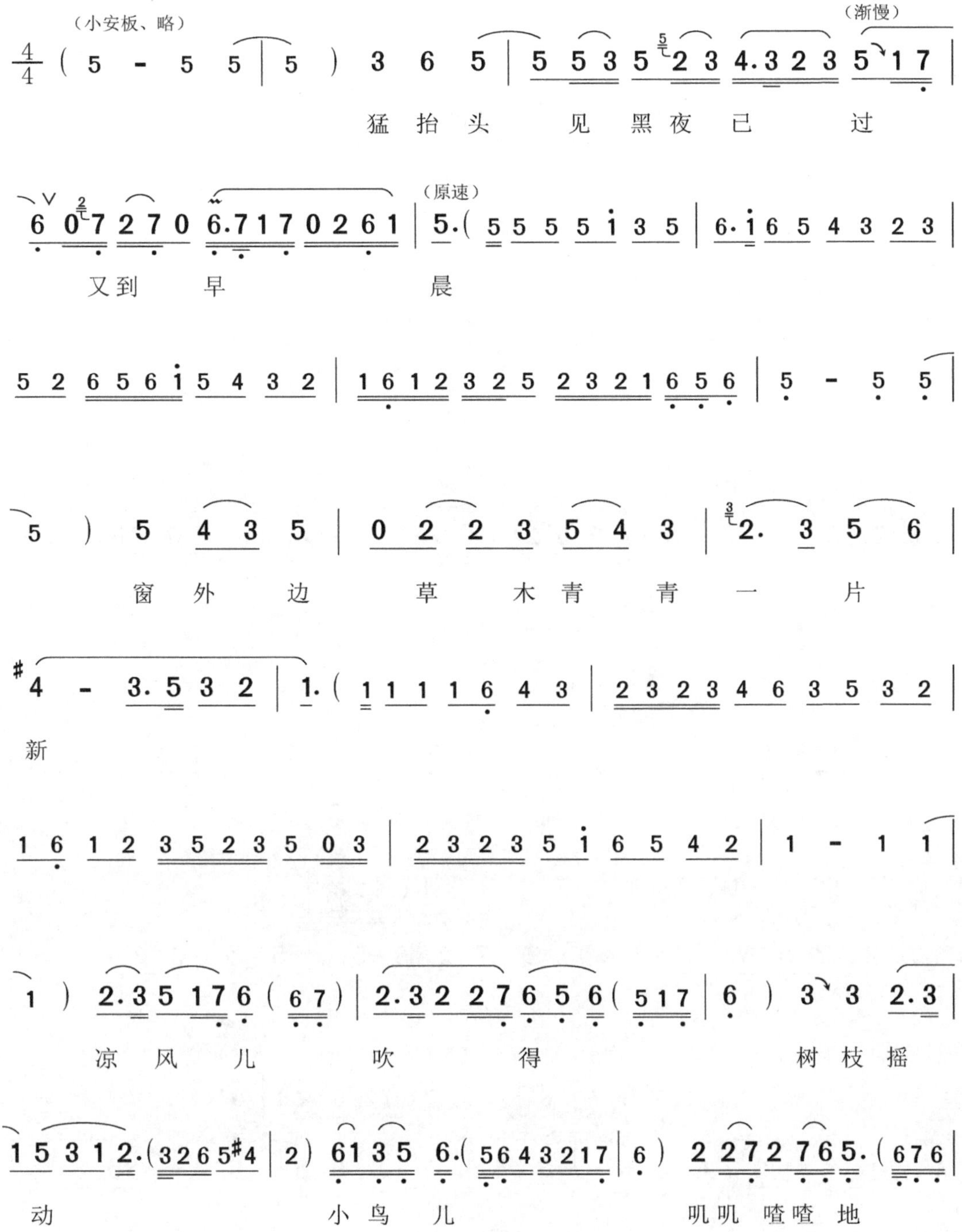

4/4（小安板、略）（渐慢）

猛抬头 见黑夜已 过

（原速）

又到 早 晨

窗外边 草木青 青一 片

新

凉 风 儿 吹 得 树枝摇

动 小鸟 儿 叽叽 喳喳 地

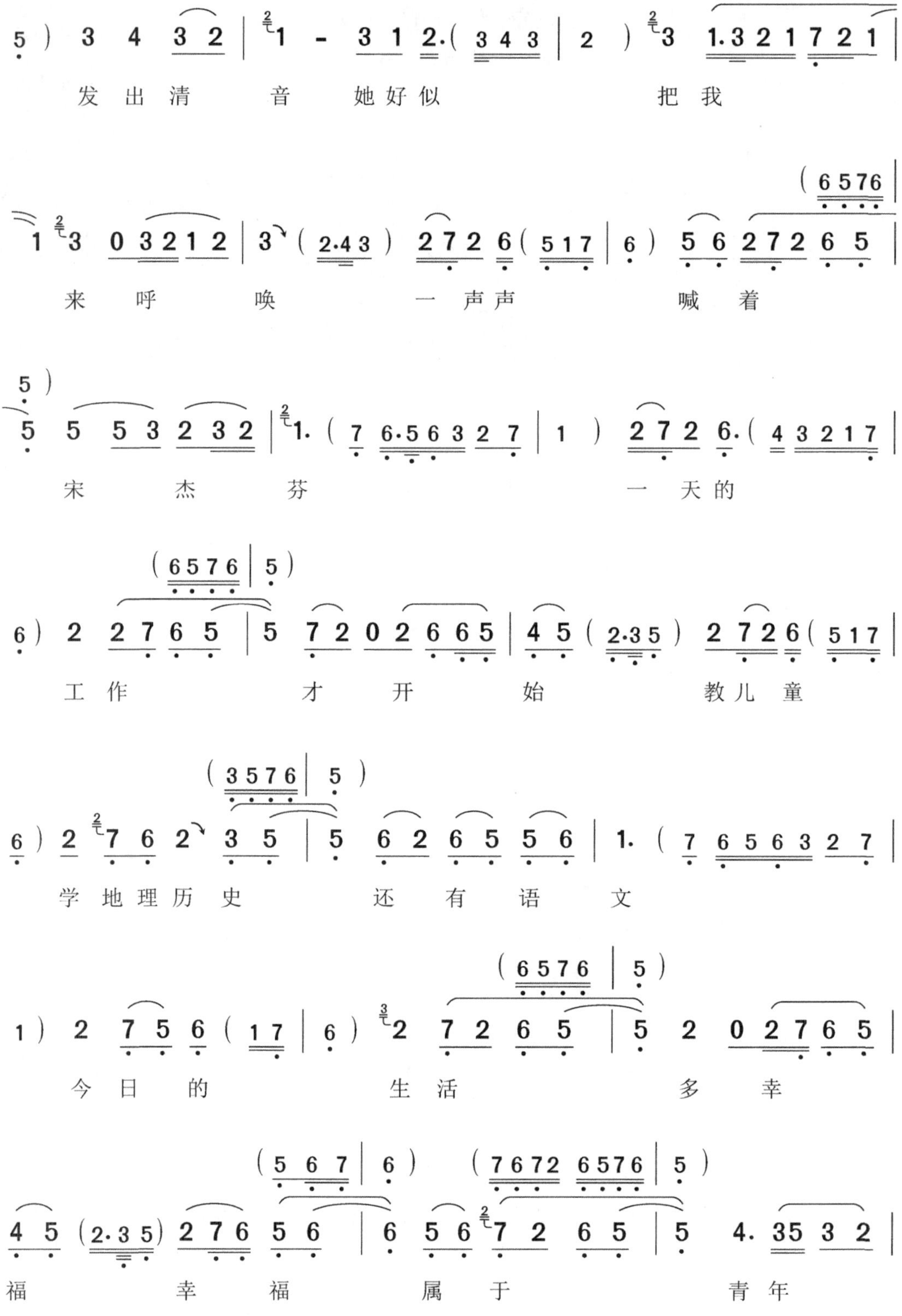

发出清　音　她好似　把我

来呼　唤　一声声　喊　着

宋　杰　芬　一天的

工作　才　开　始　教儿童

学地理历史　还　有　语　文

今日　的　生活　多　幸

福　幸　福　属　于　青年

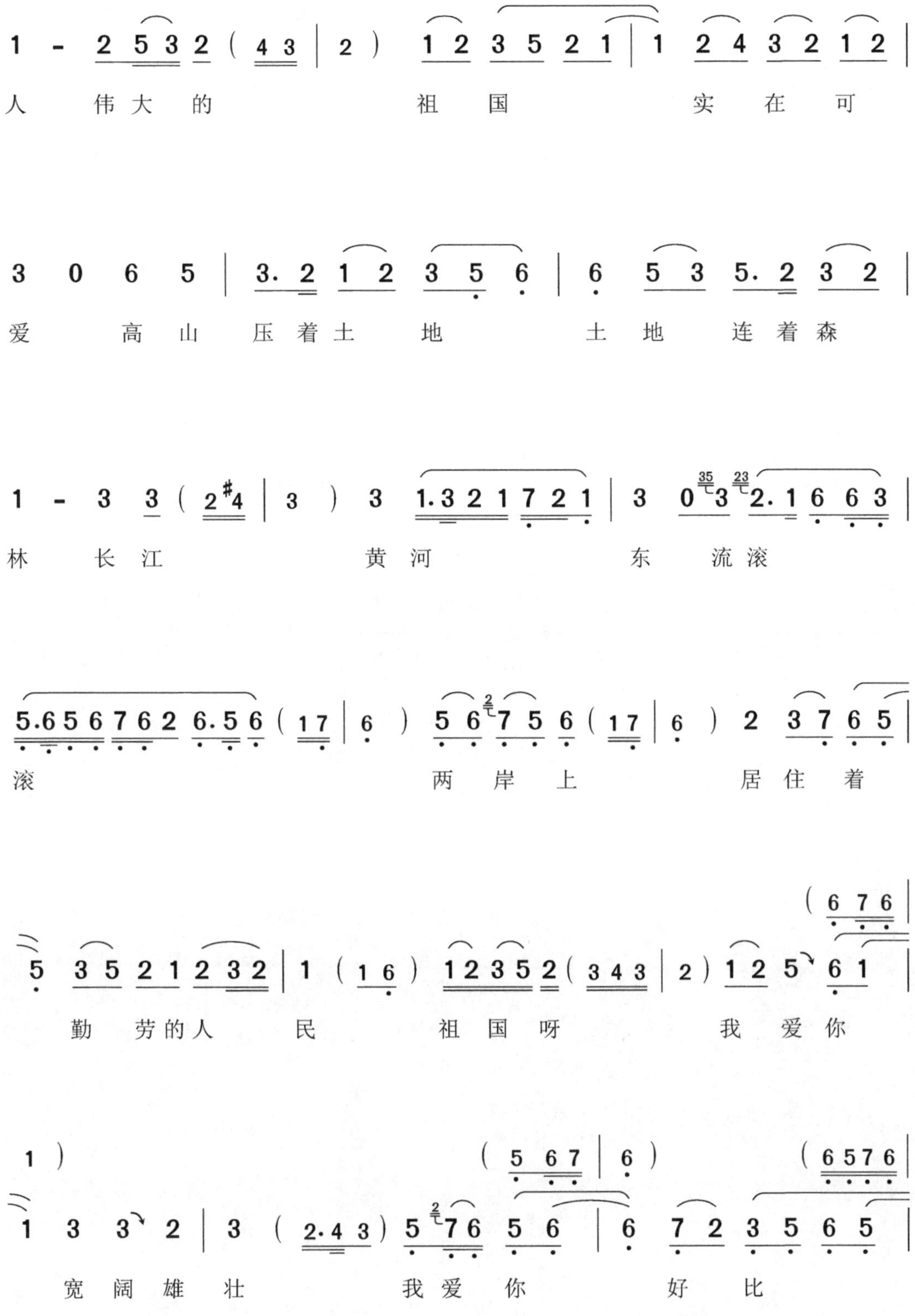

1 - 2 5 3 2 2 (4 3 | 2) 1 2 3 5 2 1 | 1 2 4 3 2 1 2 |

人 伟大 的 祖 国 实 在 可

3 0 6 5 | 3. 2 1 2 3 5 6 | 6 5 3 5. 2 3 2 |

爱 高 山 压 着 土 地 土 地 连 着 森

1 - 3 3 (2 #4 | 3) 3 1.3 2 1 7 2 1 | 3 0 3 2. 1 6 6 3 |

林 长 江 黄 河 东 流 滚

5.6 5 6 7 6 2 6. 5 6 (1 7 | 6) 5 6 7 5 6 (1 7 | 6) 2 3 7 6 5 |

滚 两 岸 上 居 住 着

(6 7 6 |

5 3 5 2 1 2 3 2 | 1 (1 6) 1 2 3 5 2 (3 4 3 | 2) 1 2 5 6 1 |

勤 劳 的 人 民 祖 国 呀 我 爱 你

1) (5 6 7 | 6) (6 5 7 6 |

1 3 3 2 | 3 (2·4 3) 5 7 6 5 6 | 6 7 2 3 5 6 5 |

宽 阔 雄 壮 我 爱 你 好 比

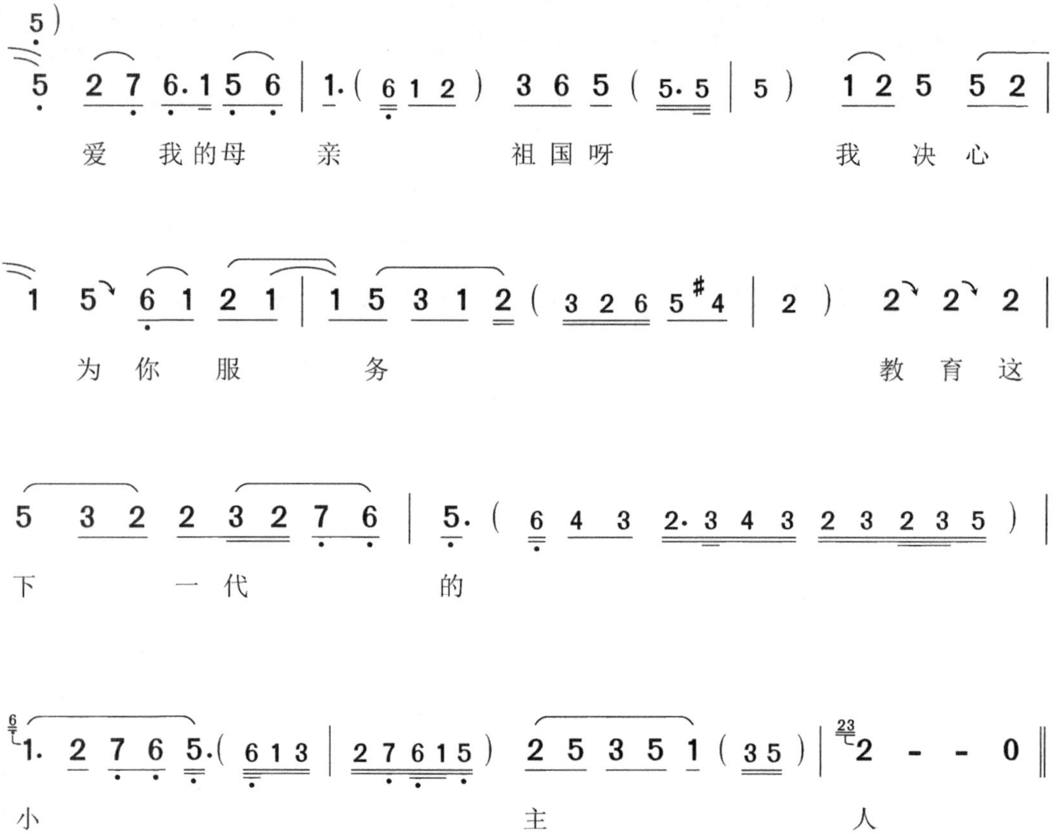

爱 我的母 亲 祖国呀 我 决 心

为你 服 务 教 育 这

下 一 代 的

小 主 人

《张羽煮海》

1953 年，北京市评剧团排演了神话剧《张羽煮海》，由当时北京市文化局局长王亚平编剧、张艾丁导演，李忆兰扮演主要角色琼莲，女小生袁凤霞扮演张羽，作曲家杜宇参加音乐创作。此剧于 1953 年 9 月 20 日首演。

李忆兰原是京剧演员，她的所有唱腔都由我创作并教授，这其中有“订情”一场戏中琼莲、梅香、张羽的所有唱腔，“黑石牢”一场戏中琼莲的所有唱腔，“问海”一场戏中张羽的所有唱腔等都由我创作。此剧在 1954 年的戏曲会演中获得了音乐唱腔创作奖。

评剧原来没有紧打慢唱这种板式，是我在创作《张羽煮海》一剧的唱腔时根据剧情及人物感情的需要，借鉴京剧唱腔艺术中的摇板板式而创。

我自幼学习京剧演唱艺术，尤其喜爱马连良的演唱艺术，在《张羽煮海》一剧“定情”一场戏的唱腔设计过程中，找不出评剧中的任何一种板式可以抒发神宫仙女对人间美景无比眷念的情怀，经过反复试唱比较，我觉得京剧摇板板式非常适合，于是我反复唱京剧《四进士》中宋士杰唱的一段（谱例 1）。根据这种板式，我把《刘巧儿》一剧中“巧儿我采桑叶来养蚕”这段三眼板（谱例 2）用京剧摇板板式的唱法来唱（谱例 3）。

按照摇板板式的这种唱法，我创作了“订情”一场中琼莲、梅香上场以及琼莲在“黑石牢”一场的唱腔中的紧打慢唱板式，以后此板式被全国各评剧院、团广泛应用，成为评剧艺术中的重要板式之一。

——张其祥口述

谱例1 京剧《四进士》中宋士杰唱段

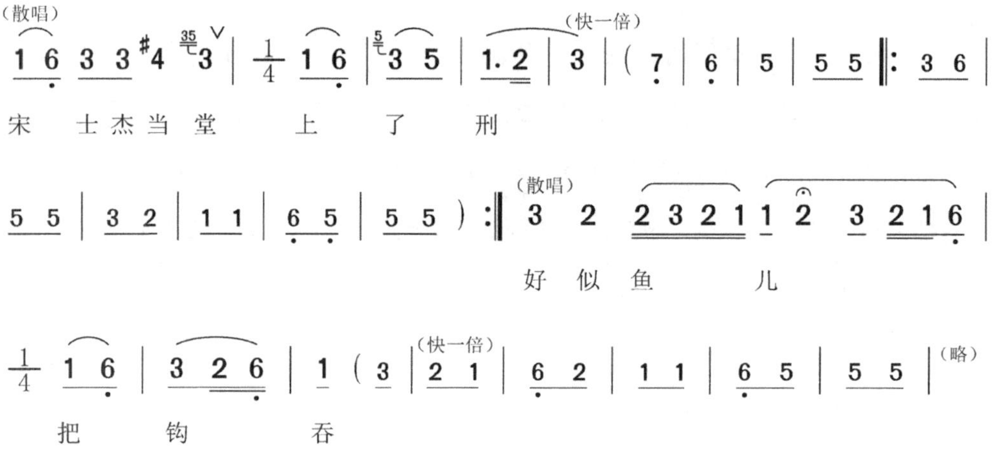

（散唱） （快一倍）

1 6 3 3 #4 3 | 1/4 1 6 | 3 5 | 1. 2 | 3 | (7 | 6 | 5 | 5 5 ‖: 3 6 |

宋 士杰当 堂 上 了 刑

（散唱）

5 5 | 3 2 | 1 1 | 6 5 | 5 5) :‖ 3 2 2 3 2 1 1 2 3 2 1 6 |

好 似 鱼 儿

（快一倍）

1/4 1 6 | 3 2 6 | 1 (3 | 2 1 | 6 2 | 1 1 | 6 5 | 5 5 | （略）

把 钩 吞

谱例2“巧儿我采桑叶来养蚕”原〔三眼〕唱法

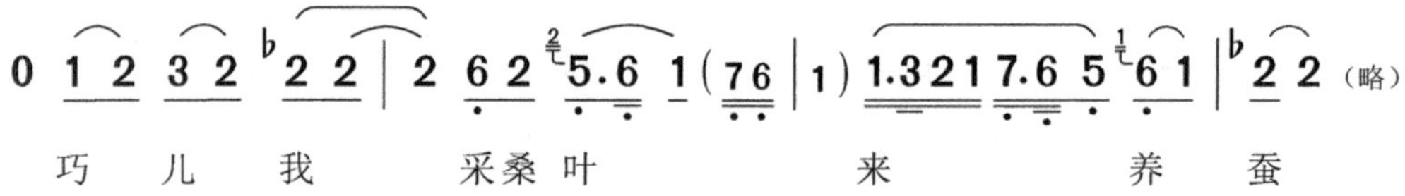

0 1 2 3 2 ♭2 2 | 2 6 2 5.6 1 (76 | 1) 1.3 2 1 7.6 5 6 1 | ♭2 2 （略）

巧 儿 我 采桑 叶 来 养 蚕

谱例3“巧儿我采桑叶来养蚕”用〔摇板〕唱法

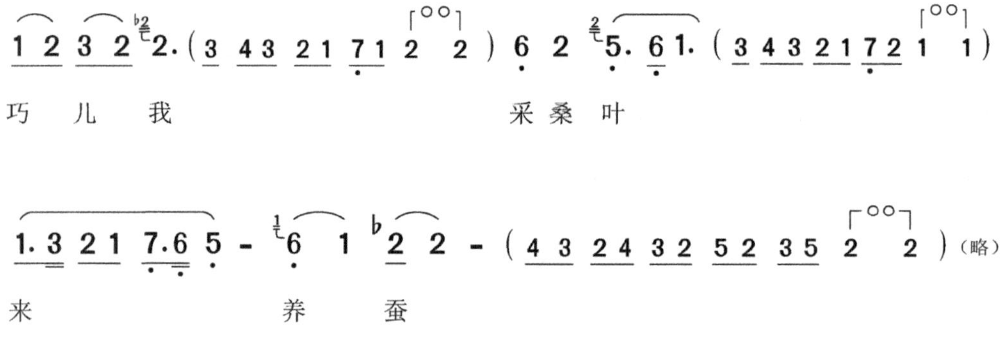

1 2 3 2 2. (3 4 3 2 1 7 1 2 2) 6 2 5. 6 1. (3 4 3 2 1 7 2 1 1)

巧 儿 我 采 桑 叶

1. 3 2 1 7.6 5 - 6 1 ♭2 2 - (4 3 2 4 3 2 5 2 3 5 2 2) （略）

来 养 蚕

以下唱段根据原北京广播电台实况录音记录。

走出龙宫抬头看

《张羽煮海·定情》选段（一）

1 = ♭A

琼莲 梅香 唱

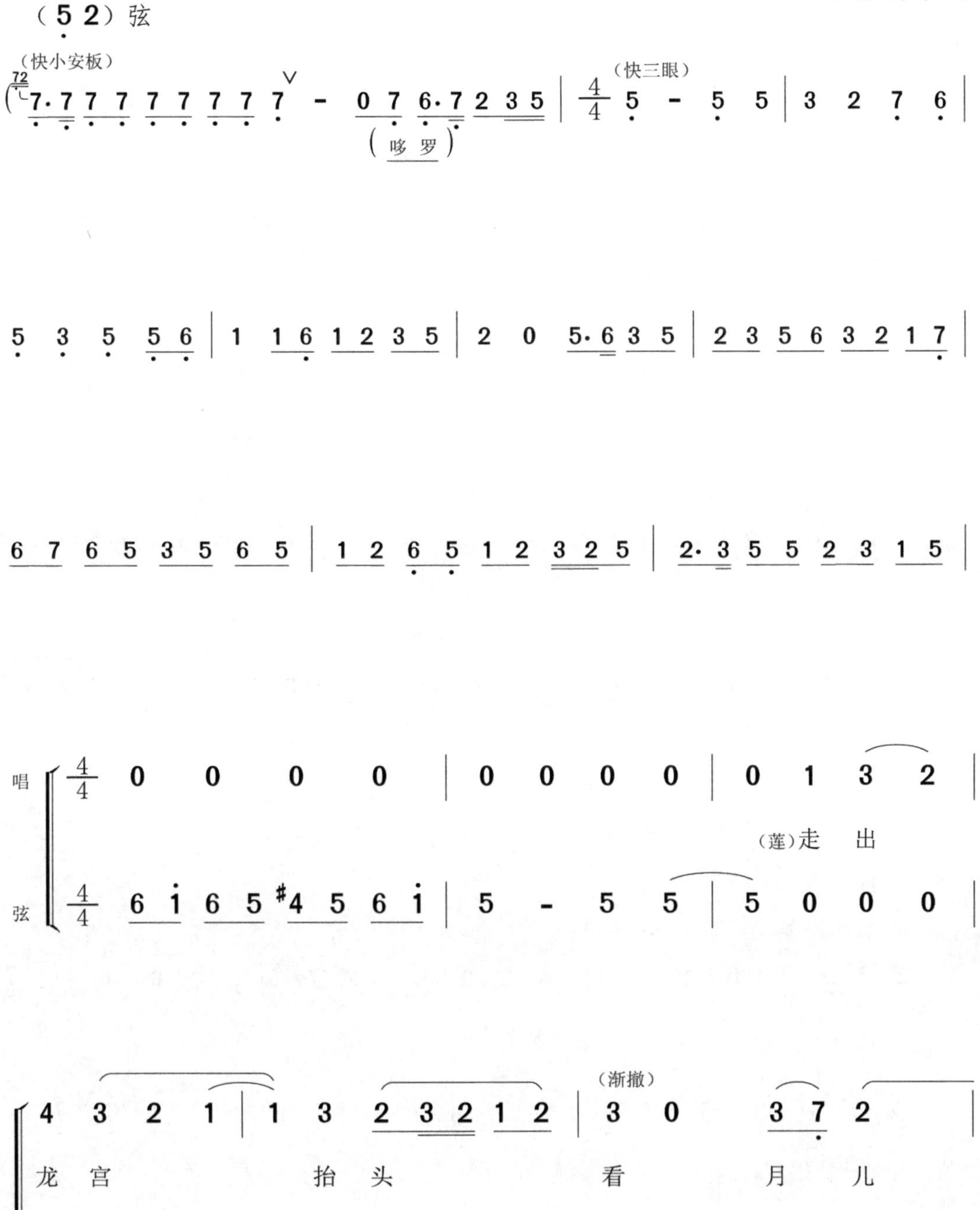

（5 2）弦

（快小安板）

72 7·7 7 7 7 7 7 7 7 - 0 7 6·7 2 3 5 | 4/4（快三眼）5 - 5 5 | 3 2 7 6 |

（哆 罗）

5 3 5 5 6 | 1 1 6 1 2 3 5 | 2 0 5·6 3 5 | 2 3 5 6 3 2 1 7 |

6 7 6 5 3 5 6 5 | 1 2 6 5 1 2 3 2 5 | 2·3 5 5 2 3 1 5 |

唱 4/4 0 0 0 0 | 0 0 0 0 | 0 1 3 2 |

（莲）走 出

弦 4/4 6 i 6 5 #4 5 6 i | 5 - 5 5 | 5 0 0 0 |

4 3 2 1 | 1 3 2 3 2 1 2 |（渐撤）3 0 3 7 2 |

龙 宫 抬 头 看 月 儿

4 3 2 1 | 1 3 2 3 1 2 | 3 2 4 3 0 2 3 5 |

（撤 转紧打慢唱）

2 4 3 2 1 7 | 7 3 5 6 7 | 0 6 6 0 0 0 0（后边伴奏同唱腔）

弯 弯 照 海 边

2 4 3 2 1 7 | 7 3 5.6 7 7 | 0 6 6 7 6 7 6 5 3 5 6 1 5 7 6 6

7 3 2 7 7 2 5 - （7 6 5 6 7 6 5 5） 7 7 5 6

（香）乘 风 破 浪 往 前 赶 一 霎 时

（6 6 7 6 5 6 7 2 6 6） 7 7 6 7 7 - 7. 6 5 -

越 过 海 岸 到

#4. 6 3 2 1 1 （1 1 2 7 6 5 6 1 1）

高 山

（撤）

2 7 2 5 6 7 2 7 6 7 （7 7 4 3 2 5 3 2 7 6 5 6 7 0）

（莲）一 边 走 来 留 神 看

（散唱） （原速）

2 3 2 - 6.7 6 5 4.6 5 （5 5 4 3 2 3 4 3 5 5） 7.6 5 6

良 宵 美 景 在

1. 2 1 2 7 6 （6 6 4 3 2 5 3 2 7 6 5 7 6 6） 7

人 间 （香）绿

2 2 7 2 3 5 - （7 6 5 6 7 6 5 5） 7 5 6 7 -

茵 茵 的 野 草 漫 山 径

（4 3 2 5 3 2 7 6 5 6 7 7） 2 1 7 6 （6 7 6 5 6 7 2 6 6）

弯 曲 曲 的

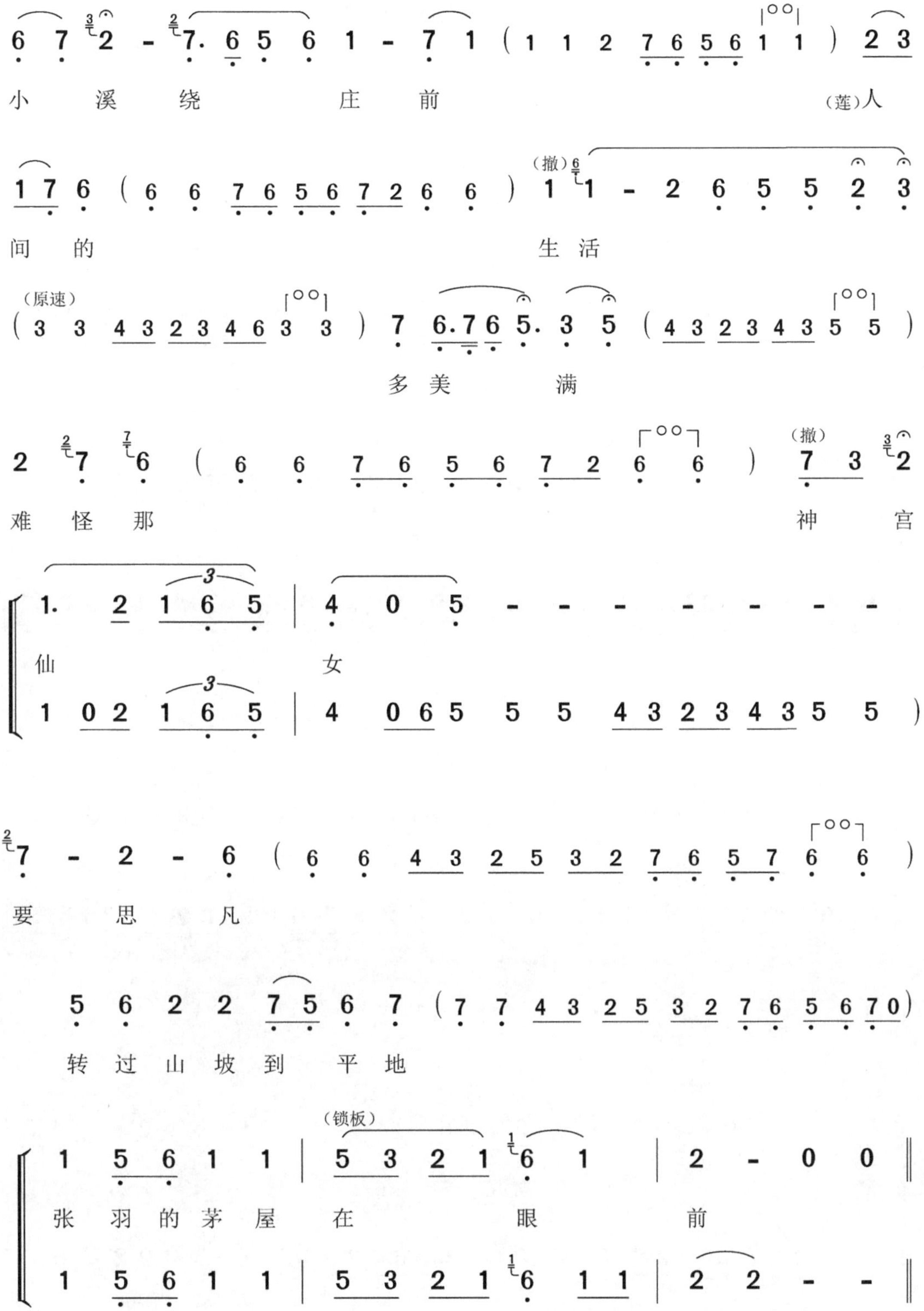

6 7 2 - 7. 6 5 6 1 - 7 1 (1 1 2 7 6 5 6 1 1) 2 3

小 溪 绕 庄 前 (莲)人

1 7 6 (6 6 7 6 5 6 7 2 6 6) (撤) 1 1 - 2 6 5 5 2 3

间 的 生 活

(原速)

(3 3 4 3 2 3 4 6 3 3) 7 6.7 6 5. 3 5 (4 3 2 3 4 3 5 5)

多 美 满

2 7 6 (6 6 7 6 5 6 7 2 6 6) (撤) 7 3 2

难 怪 那 神 宫

1. 2 1 6 5 | 4 0 5 - - - - - - -

仙 女

1 0 2 1 6 5 | 4 0 6 5 5 5 4 3 2 3 4 3 5 5)

7 - 2 - 6 (6 6 4 3 2 5 3 2 7 6 5 7 6 6)

要 思 凡

5 6 2 2 7 5 6 7 (7 7 4 3 2 5 3 2 7 6 5 6 7 0)

转 过 山 坡 到 平 地

(锁板)

1 5 6 1 1 | 5 3 2 1 6 1 | 2 - 0 0 ‖

张 羽 的 茅 屋 在 眼 前

1 5 6 1 1 | 5 3 2 1 6 1 1 | 2 2 - - ‖

且听那玉笛声声吹得好

《张羽煮海·定情》选段（二）

1 = ♭A

（5 2）弦

琼莲 唱

（三眼）

唱 台

弦

且 听 那

玉 笛 声声 吹 得 好

这 笛 声 啊 好 比 清风 泻 清

泉 听笛 声 我 不 怕

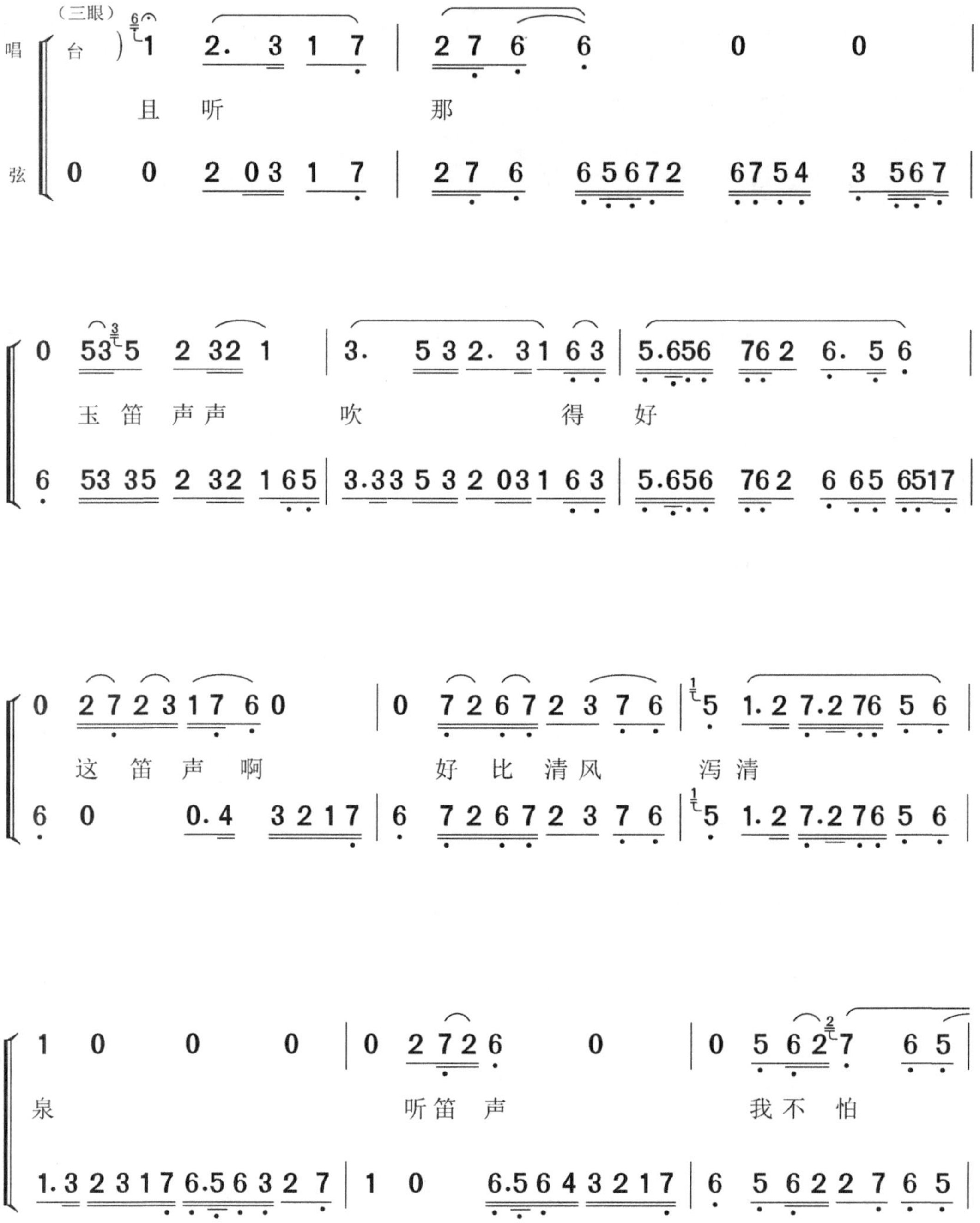

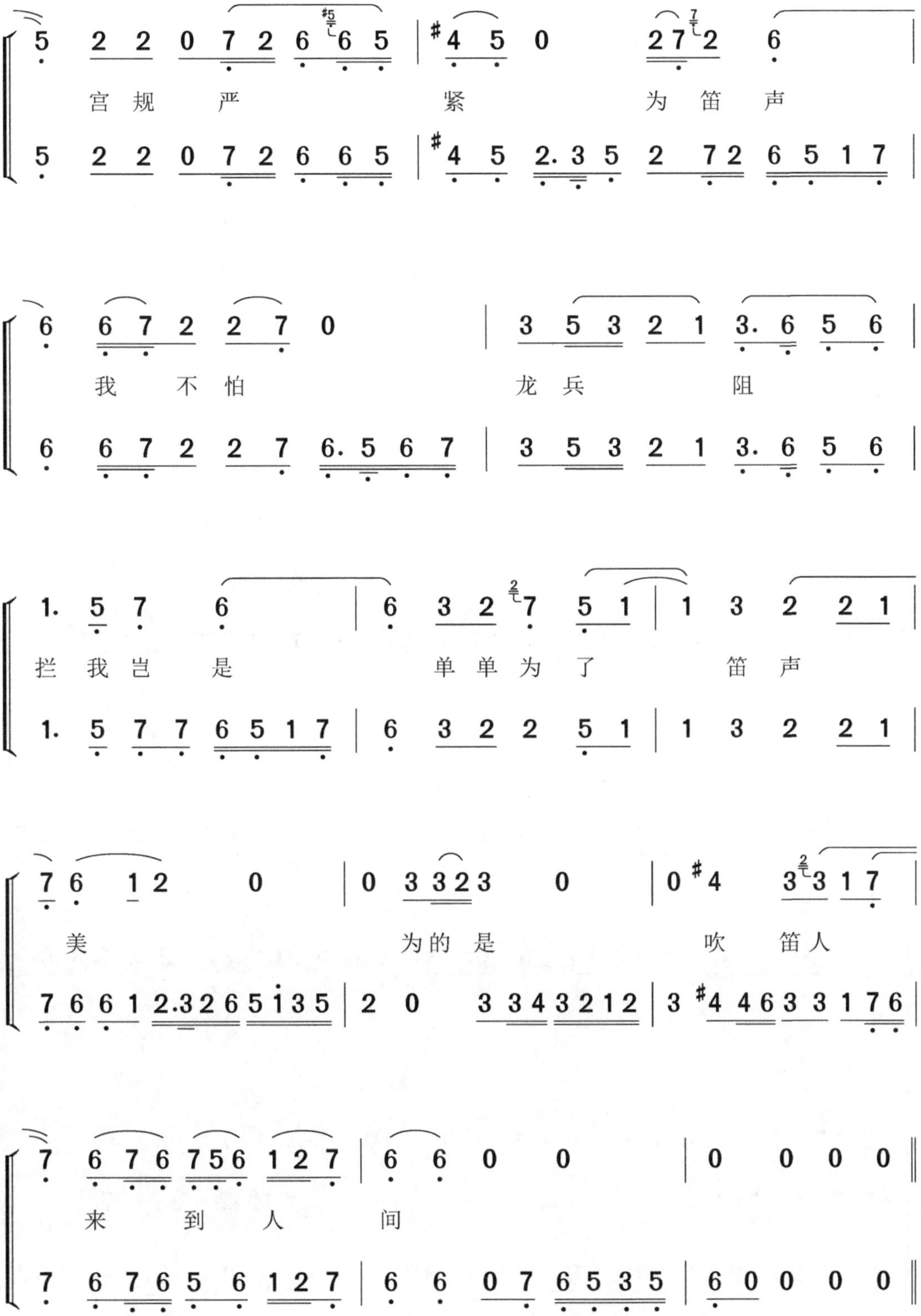

5 2 2 0 7 2 6 6 5 | #4 5 0 2 7 2 6 |

宫规严 紧 为笛声

5 2 2 0 7 2 6 6 5 | #4 5 2. 3 5 2 7 2 6 5 1 7 |

6 6 7 2 2 7 0 | 3 5 3 2 1 3. 6 5 6 |

我不怕 龙兵 阻

6 6 7 2 2 7 6. 5 6 7 | 3 5 3 2 1 3. 6 5 6 |

1. 5 7 6 | 6 3 2 7 5 1 | 1 3 2 2 1 |

拦我岂是 单单为了 笛声

1. 5 7 7 6 5 1 7 | 6 3 2 2 5 1 | 1 3 2 2 1 |

7 6 1 2 0 | 0 3 3 2 3 0 | 0 #4 3 3 1 7 |

美 为的是 吹笛人

7 6 6 1 2.3 2 6 5 1 3 5 | 2 0 3 3 4 3 2 1 2 | 3 #4 4 6 3 3 1 7 6 |

7 6 7 6 7 5 6 1 2 7 | 6 6 0 0 | 0 0 0 0 ‖

来到人 间

7 6 7 6 5 6 1 2 7 | 6 6 0 7 6 5 3 5 | 6 0 0 0 0 ‖

听笛声为的是把吹笛人儿找

《张羽煮海·定情》选段（三）

1 = ♭A

（5 2）弦

琼莲 唱

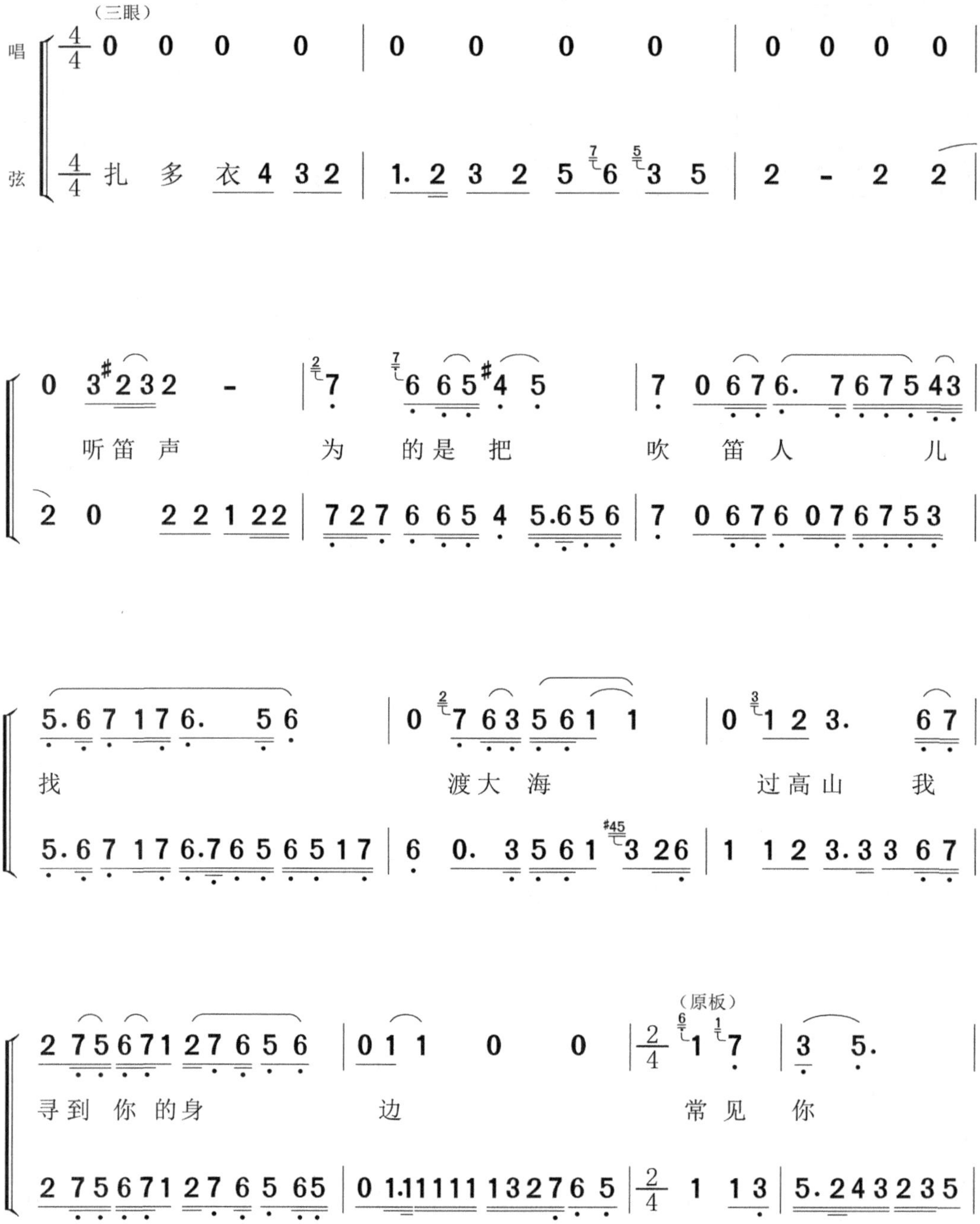

（三眼）

听笛声　为的是把　吹笛人儿找

渡大海　过高山我

寻到你的身边

（原板）

常见你

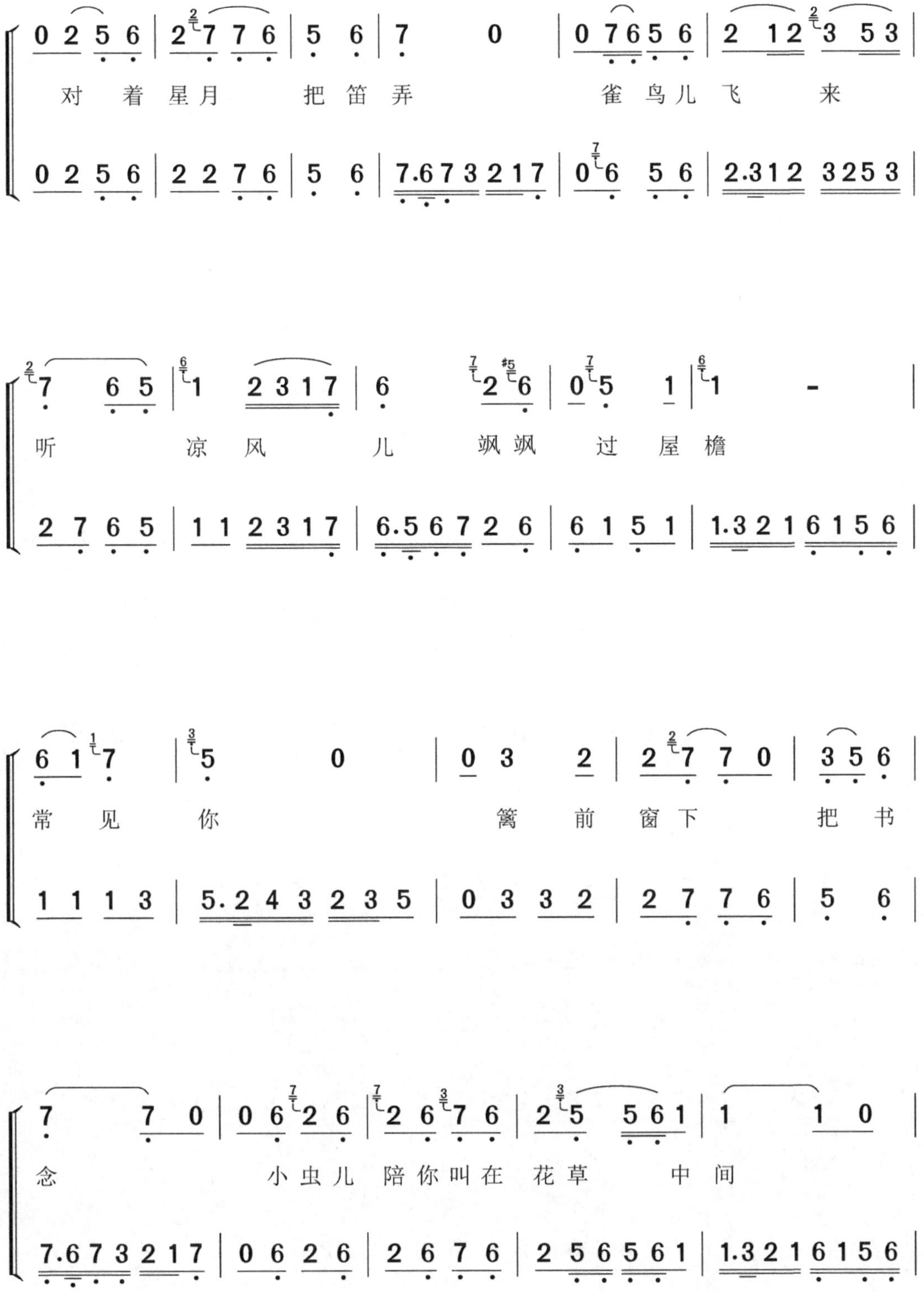

0 2 5 6 | 2 7 7 6 | 5 6 | 7 0 | 0 7 6 5 6 | 2 1 2 3 5 3 |

对 着 星月 把 笛 弄 雀 鸟 儿 飞 来

0 2 5 6 | 2 2 7 6 | 5 6 | 7.6 7 3 2 1 7 | 0 6 5 6 | 2.3 1 2 3 2 5 3 |

7 6 5 | 1 2 3 1 7 | 6 2 6 | 0 5 1 | 1 - |

听 凉 风 儿 飒飒 过 屋 檐

2 7 6 5 | 1 1 2 3 1 7 | 6.5 6 7 2 6 | 6 1 5 1 | 1.3 2 1 6 1 5 6 |

6 1 7 | 5 0 | 0 3 2 | 2 7 7 0 | 3 5 6 |

常 见 你 篱 前 窗 下 把 书

1 1 1 3 | 5.2 4 3 2 3 5 | 0 3 3 2 | 2 7 7 6 | 5 6 |

7 7 0 | 0 6 2 6 | 2 6 7 6 | 2 5 5 6 1 | 1 1 0 |

念 小 虫 儿 陪 你 叫 在 花 草 中 间

7.6 7 3 2 1 7 | 0 6 2 6 | 2 6 7 6 | 2 5 6 5 6 1 | 1.3 2 1 6 1 5 6 |

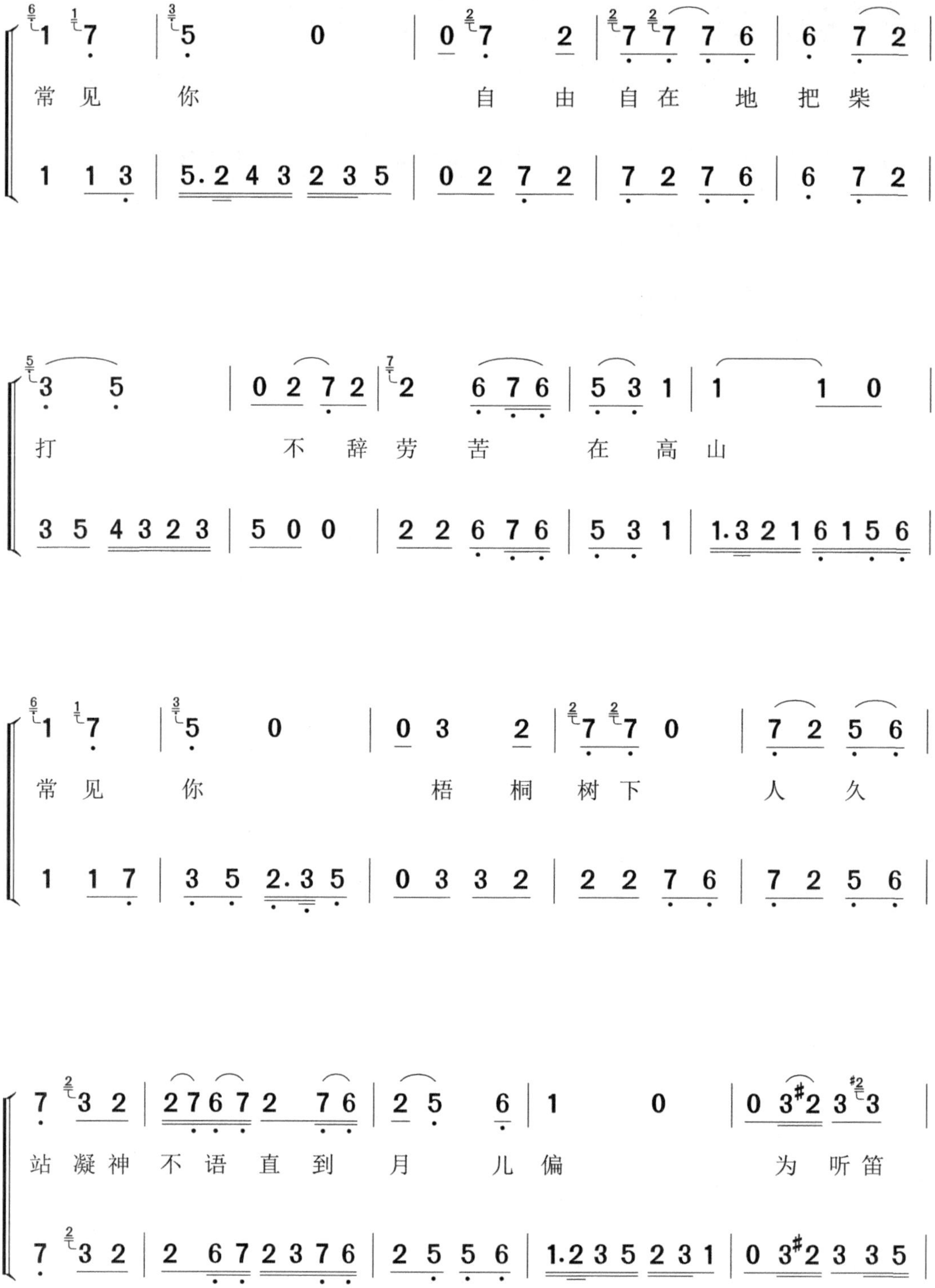

1 7 | 5 0 | 0 7 2 | 7 7 7 6 | 6 7 2 |

常见你 自由自在地把柴

1 1 3 | 5.2 4 3 2 3 5 | 0 2 7 2 | 7 2 7 6 | 6 7 2 |

3 5 | 0 2 7 2 | 2 6 7 6 | 5 3 1 | 1 1 0 |

打 不辞劳苦 在高山

3 5 4 3 2 3 | 5 0 0 | 2 2 6 7 6 | 5 3 1 | 1.3 2 1 6 1 5 6 |

1 7 | 5 0 | 0 3 2 | 7 7 0 | 7 2 5 6 |

常见你 梧桐树下 人久

1 1 7 | 3 5 2.3 5 | 0 3 3 2 | 2 2 7 6 | 7 2 5 6 |

7 3 2 | 2 7 6 7 2 7 6 | 2 5 6 | 1 0 | 0 3 #2 3 3 |

站凝神不语直到月儿偏 为听笛

7 3 2 | 2 6 7 2 3 7 6 | 2 5 5 6 | 1.2 3 5 2 3 1 | 0 3 #2 3 3 5 |

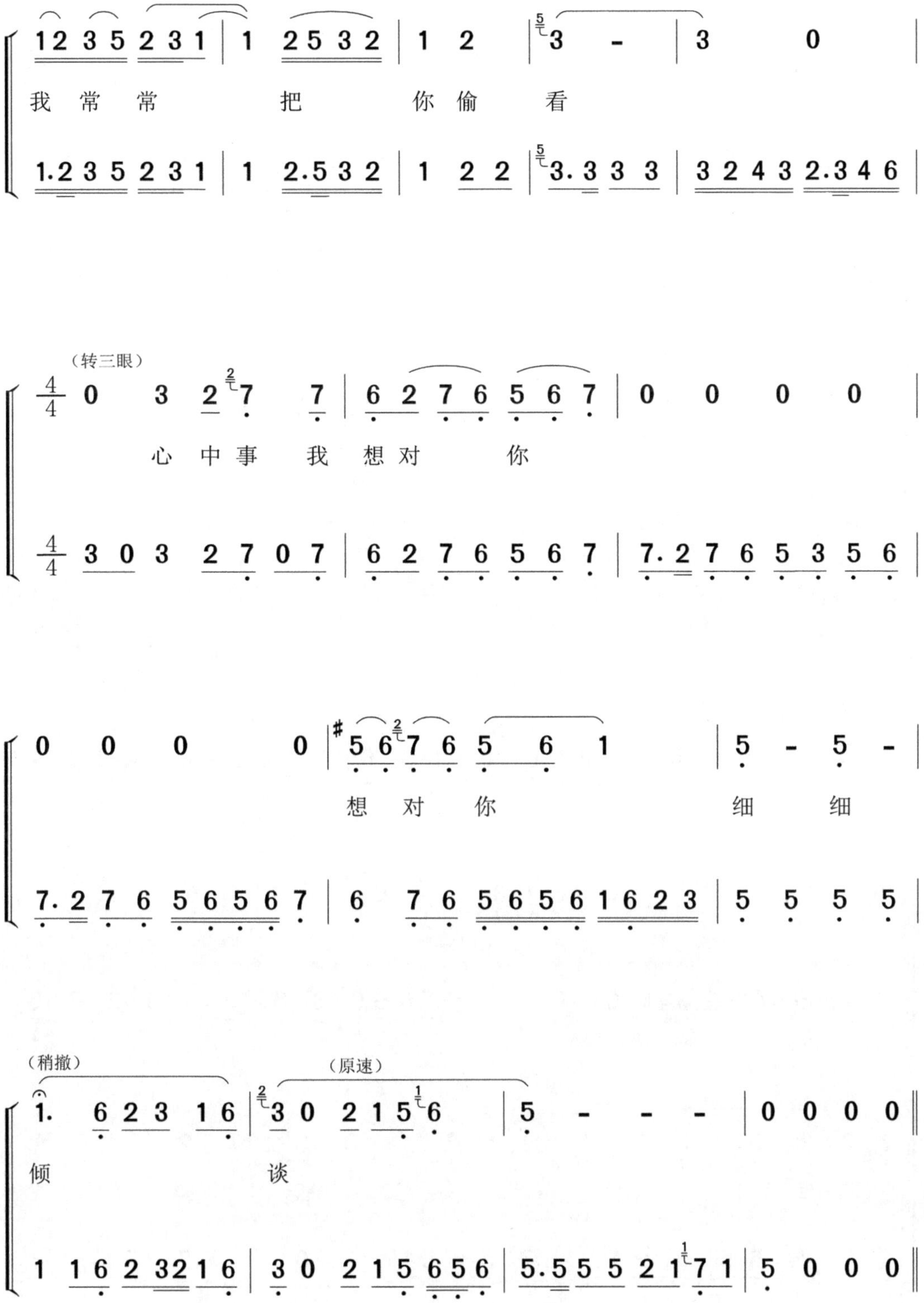

12 35 231 | 1 2532 | 1 2 | 3 - | 3 0 |

我常常 把 你偷 看

1.235 231 | 1 2.532 | 1 22 | 3.333 | 3243 2.346 |

（转三眼）

4/4 0 3 27 7 | 62 76 567 | 0 0 0 0 |

心中事 我想对 你

4/4 303 27 07 | 62 76 56 7 | 7.2 76 53 56 |

0 0 0 0 | 56 76 5 6 1 | 5 - 5 - |

想对你 细细

7.2 76 56567 7 | 6 76 5656 1623 | 5 5 5 5 |

（稍撤）

1. 623 16 |

（原速）

30 215 6 | 5 - - - | 0 0 0 0 ‖

倾 谈

1 16 2 3216 | 30 215 656 | 5.55 5 21 71 | 5 0 0 0 ‖

琼莲我囚在了黑石牢间

《张羽煮海》选段

1 = ♭A

琼莲 唱

（5 2）弦

（三眼）

唱 / 弦

$\frac{4}{4}$

琼 莲 我

囚 在 了 黑 石 牢 间

我 坐 也 不 是 立 也 不

安 一 阵 阵 眼 发 酸

心 里 乱 恨 不 能

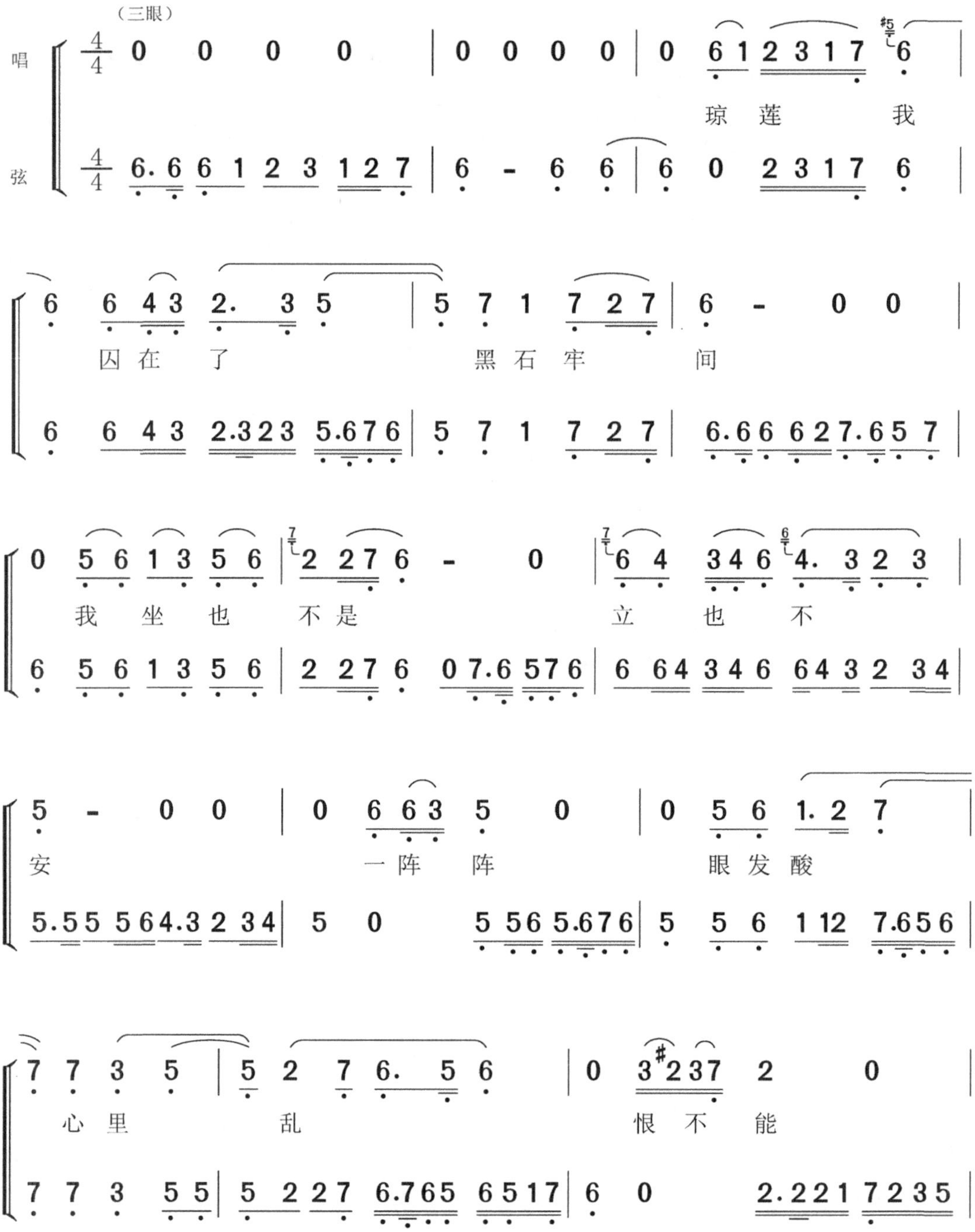

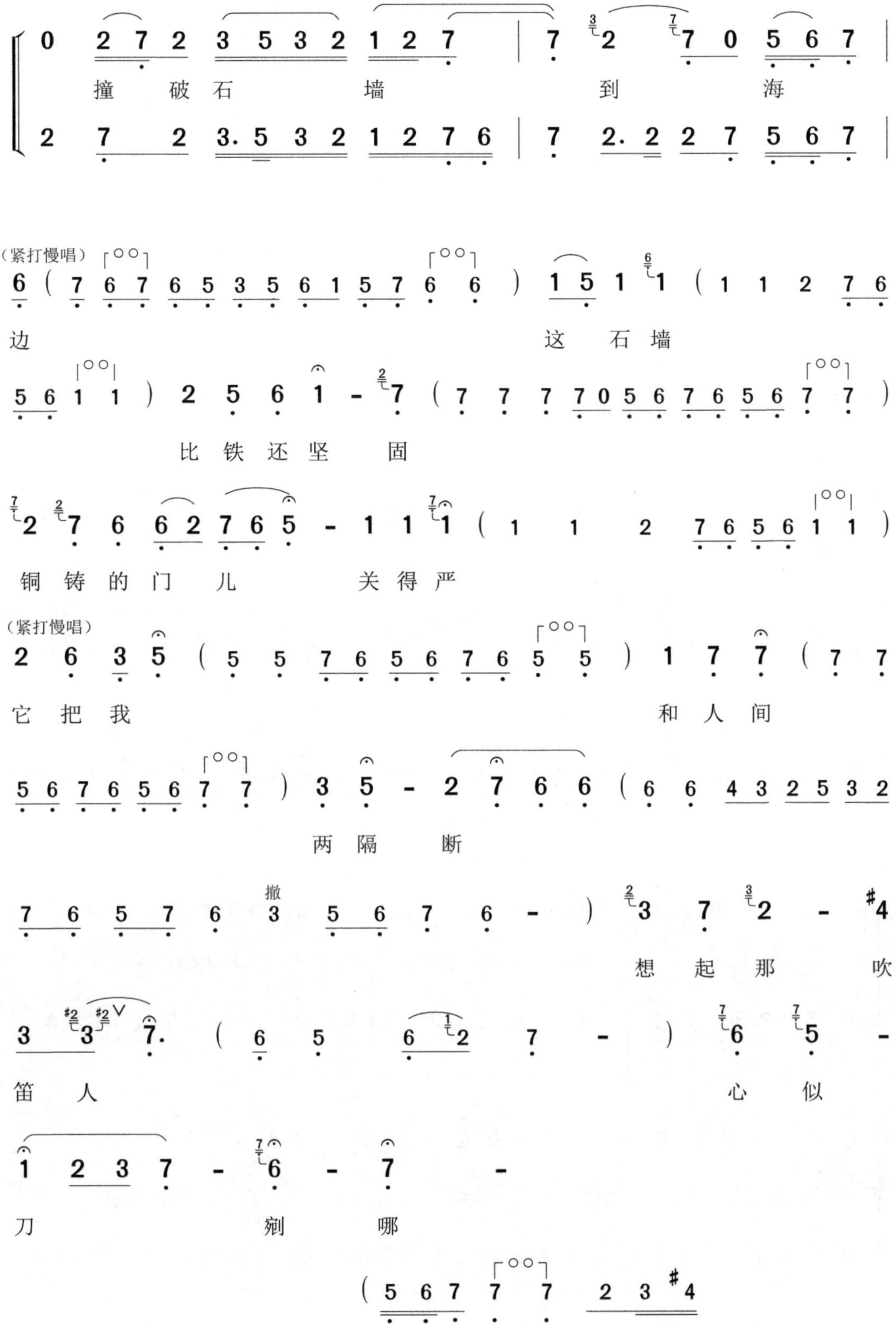

0 2 7 2 3 5 3 2 1 2 7 | 7 2 7 0 5 6 7 |

撞 破 石 墙 到 海

2 7 2 3. 5 3 2 1 2 7 6 | 7 2. 2 2 7 5 6 7 |

（紧打慢唱）

6 (7 6 7 6 5 3 5 6 1 5 7 6 6) 1 5 1 1 (1 1 2 7 6

边 这 石 墙

5 6 1 1) 2 5 6 1 - 7 (7 7 7 7 0 5 6 7 6 5 6 7 7)

比 铁 还 坚 固

2 7 6 6 2 7 6 5 - 1 1 1 (1 1 2 7 6 5 6 1 1)

铜 铸 的 门 儿 关 得 严

（紧打慢唱）

2 6 3 5 (5 5 7 6 5 6 7 6 5 5) 1 7 7 (7 7

它 把 我 和 人 间

5 6 7 6 5 6 7 7) 3 5 - 2 7 6 6 (6 6 4 3 2 5 3 2

两 隔 断

撤

7 6 5 7 6 3 5 6 7 6 -) 3 7 2 - #4

想 起 那 吹

3 3 7. (6 5 6 2 7 -) 6 5 -

笛 人 心 似

1 2 3 7 - 6 - 7 -

刀 剜 哪

(5 6 7 7 7 2 3 #4

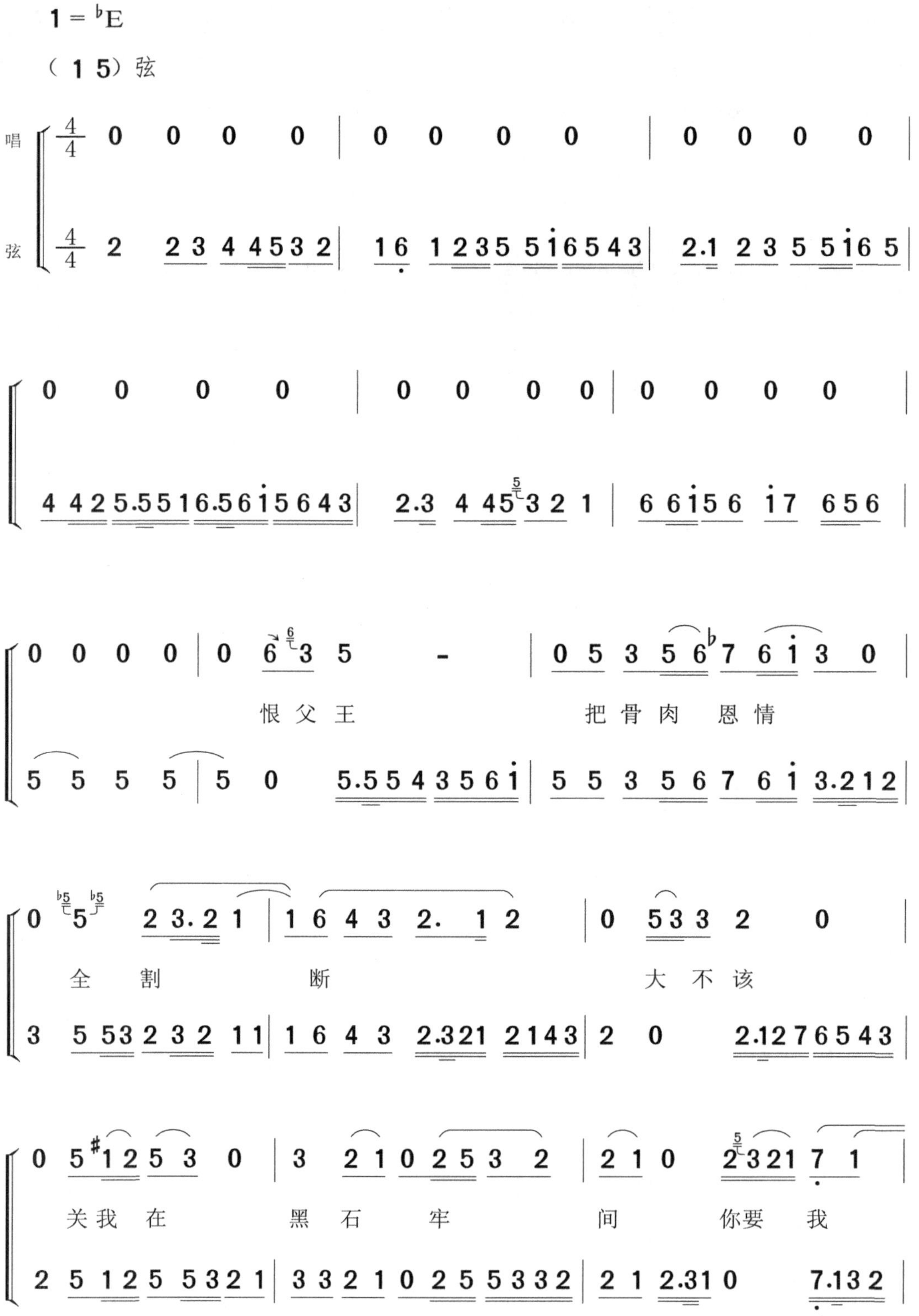

1 = ♭E

（1 5）弦

唱 4/4 0 0 0 0 | 0 0 0 0 | 0 0 0 0 |

弦 4/4 2 2 3 4 4 5 3 2 | 1 6 1 2 3 5 5 i 6 5 4 3 | 2.1 2 3 5 5 i 6 5 |

0 0 0 0 | 0 0 0 0 | 0 0 0 0 |

4 4 2 5.5 5 1 6.5 6 i 5 6 4 3 | 2.3 4 4 5 3 2 1 | 6 6 i 5 6 i 7 6 5 6 |

0 0 0 0 | 0 6 3 5 - | 0 5 3 5 6 ♭7 6 i 3 0 |

恨父王　把骨肉　恩情

5 5 5 5 | 5 0 5.5 5 4 3 5 6 i | 5 5 3 5 6 7 6 i 3.2 1 2 |

0 5 2 3.2 1 | 1 6 4 3 2. 1 2 | 0 5 3 3 2 0 |

全　割　断　大不该

3 5 5 3 2 3 2 1 1 | 1 6 4 3 2.3 2 1 2 1 4 3 | 2 0 2.1 2 7 6 5 4 3 |

0 5 ♯1 2 5 3 0 | 3 2 1 0 2 5 3 2 | 2 1 0 2 3 2 1 7 1 |

关我　在　黑　石　牢　间　你要　我

2 5 1 2 5 5 3 2 1 | 3 3 2 1 0 2 5 5 3 3 2 | 2 1 2.3 1 0 7.1 3 2 |

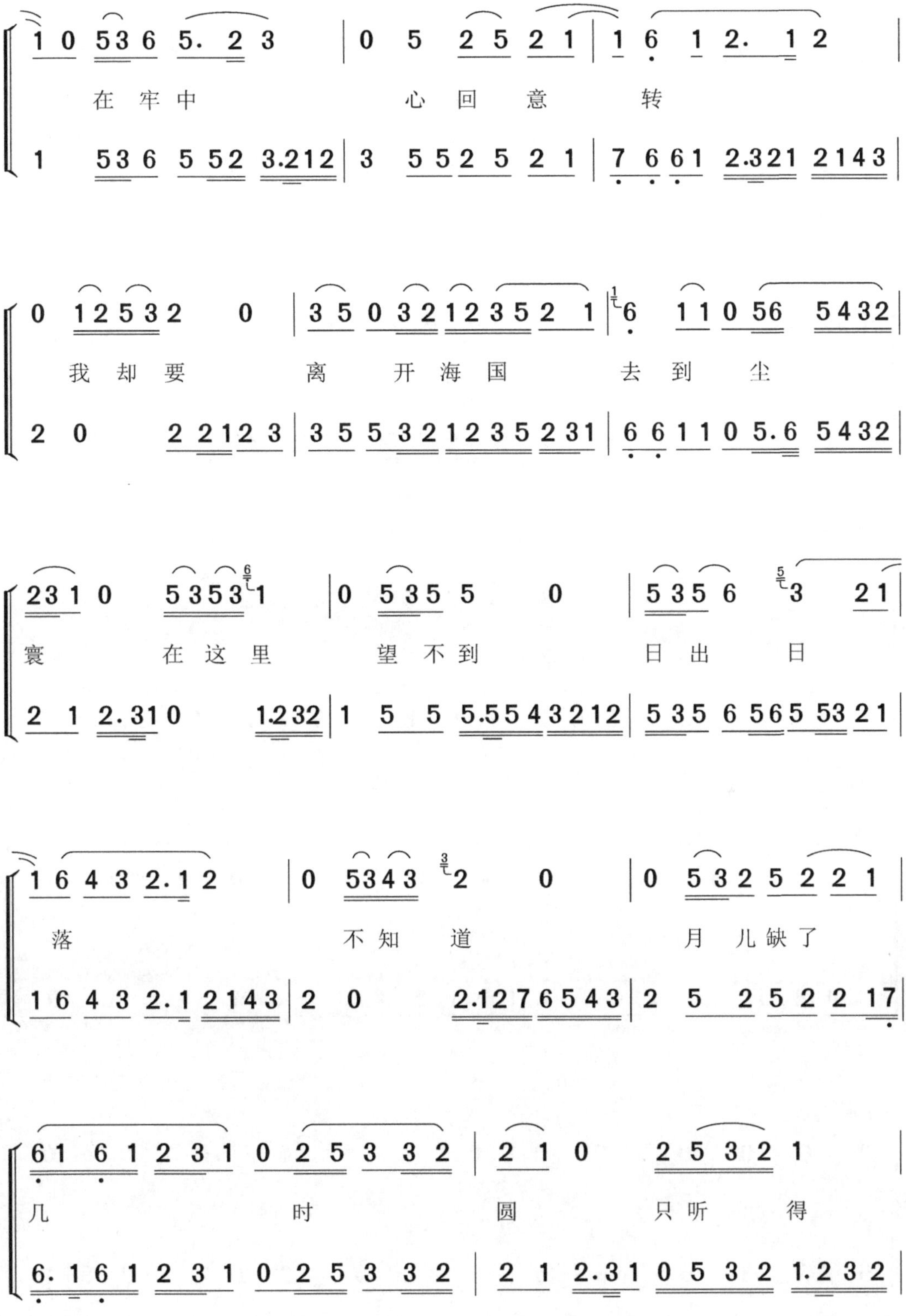

1 0 536 5. 2 3 | 0 5 2 5 2 1 | 1 6 1 2. 1 2 |

在 牢 中 心 回 意 转

1 536 5 52 3.212 | 3 5 5 2 5 2 1 | 7 6 61 2.321 2143 |

0 12532 0 | 3 5 0 3 2 1 2 3 5 2 1 | 6 1 1 0 56 5432 |

我 却 要 离 开 海 国 去 到 尘

2 0 2 2 1 2 3 | 3 5 5 3 2 1 2 3 5 2 3 1 | 6 6 1 1 0 5.6 5432 |

231 0 5353 1 | 0 535 5 0 | 535 6 3 21 |

寰 在 这 里 望 不 到 日 出 日

2 1 2.31 0 1.232 | 1 5 5 5.55 4 3 2 12 | 5 3 5 6 565 53 21 |

1 6 4 3 2.1 2 | 0 5343 2 0 | 0 5 3 2 5 2 2 1 |

落 不 知 道 月 儿 缺 了

1 6 4 3 2.1 2 1 4 3 | 2 0 2.127 6 5 4 3 | 2 5 2 5 2 2 17 |

61 6 1 2 3 1 0 2 5 3 3 2 | 2 1 0 2 5 3 2 1 |

几 时 圆 只 听 得

6. 1 6 1 2 3 1 0 2 5 3 3 2 | 2 1 2.31 0 5 3 2 1.2 3 2 |

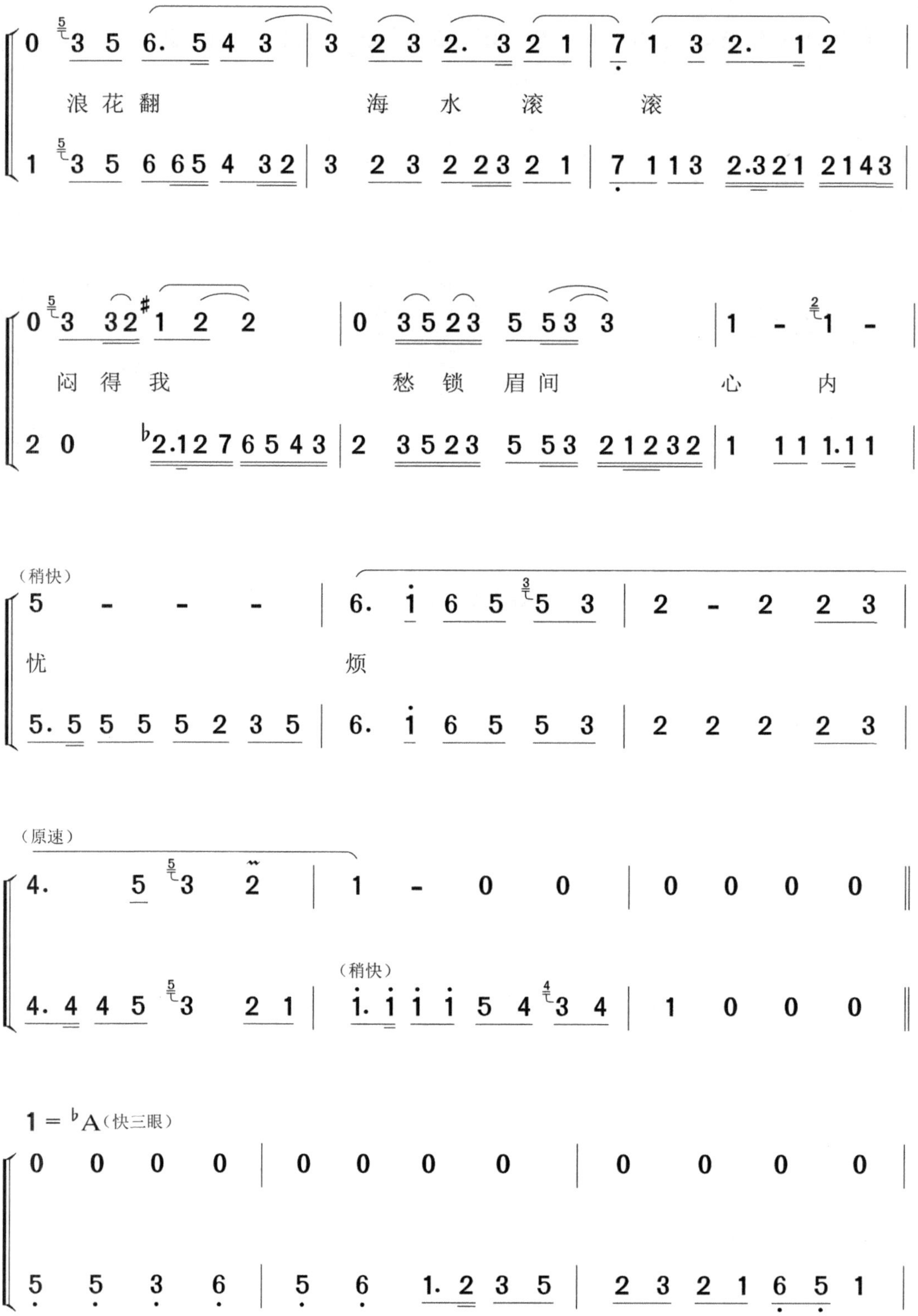

浪花翻 海 水 滚 滚

闷 得 我 愁 锁 眉 间 心 内

（稍快）

忧 烦

（原速）

（稍快）

1 = ♭A（快三眼）

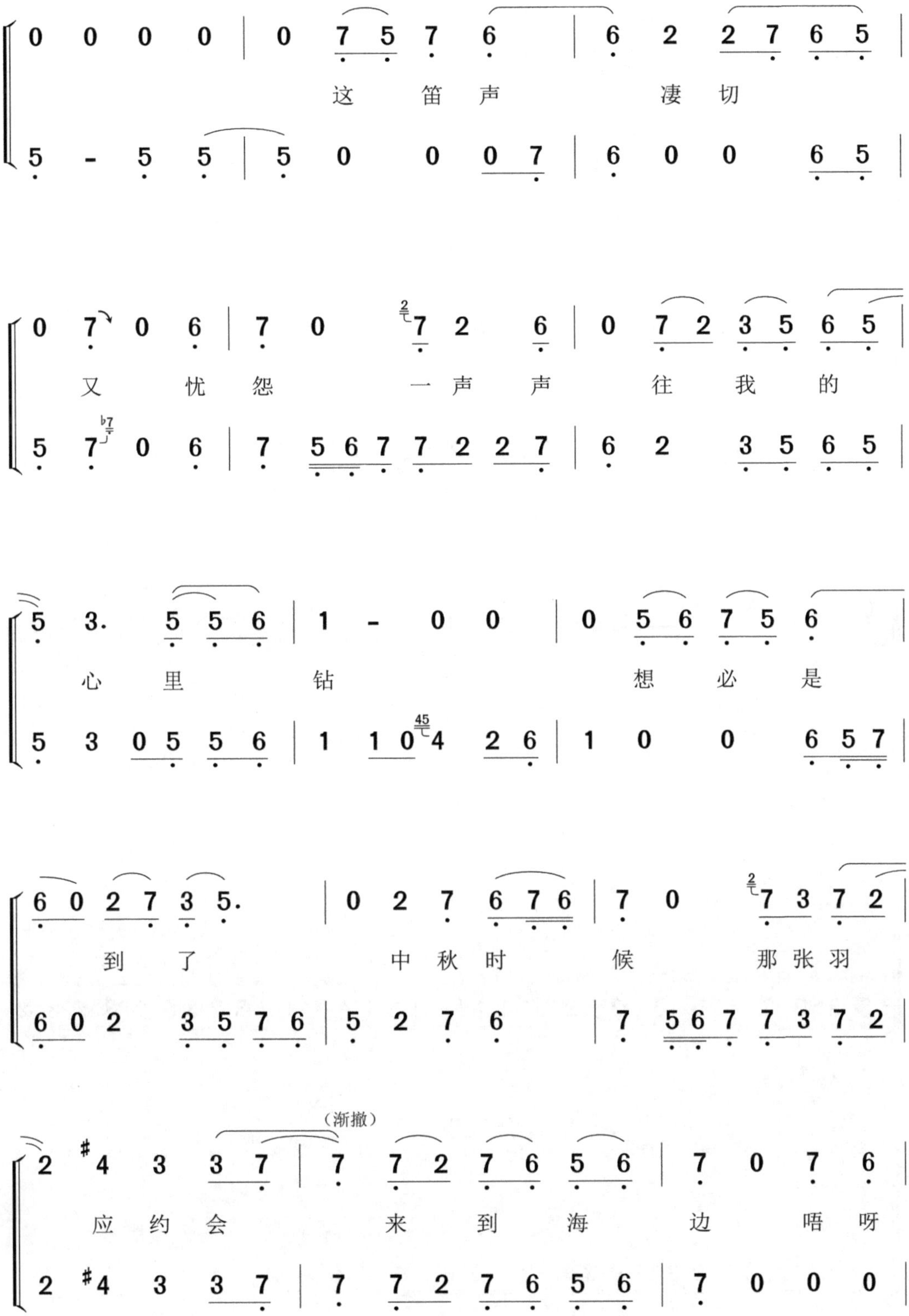

0 0 0 0 | 0 7 5 7 6 | 6 2 2 7 6 5 |

这 笛 声 凄 切

5 - 5 5 | 5 0 0 0 7 | 6 0 0 6 5 |

0 7 0 6 | 7 0 7 2 6 | 0 7 2 3 5 6 5 |

又 忧 怨 一 声 声 往 我 的

5 7 0 6 | 7 5 6 7 7 2 2 7 | 6 2 3 5 6 5 |

5 3. 5 5 6 | 1 - 0 0 | 0 5 6 7 5 6 |

心 里 钻 想 必 是

5 3 0 5 5 6 | 1 1 0 4 2 6 | 1 0 0 6 5 7 |

6 0 2 7 3 5. | 0 2 7 6 7 6 | 7 0 7 3 7 2 |

到 了 中 秋 时 候 那 张 羽

6 0 2 3 5 7 6 | 5 2 7 6 | 7 5 6 7 7 3 7 2 |

（渐撤）

2 #4 3 3 7 | 7 7 2 7 6 5 6 | 7 0 7 6 |

应 约 会 来 到 海 边 唔 呀

2 #4 3 3 7 | 7 7 2 7 6 5 6 | 7 0 0 0 |

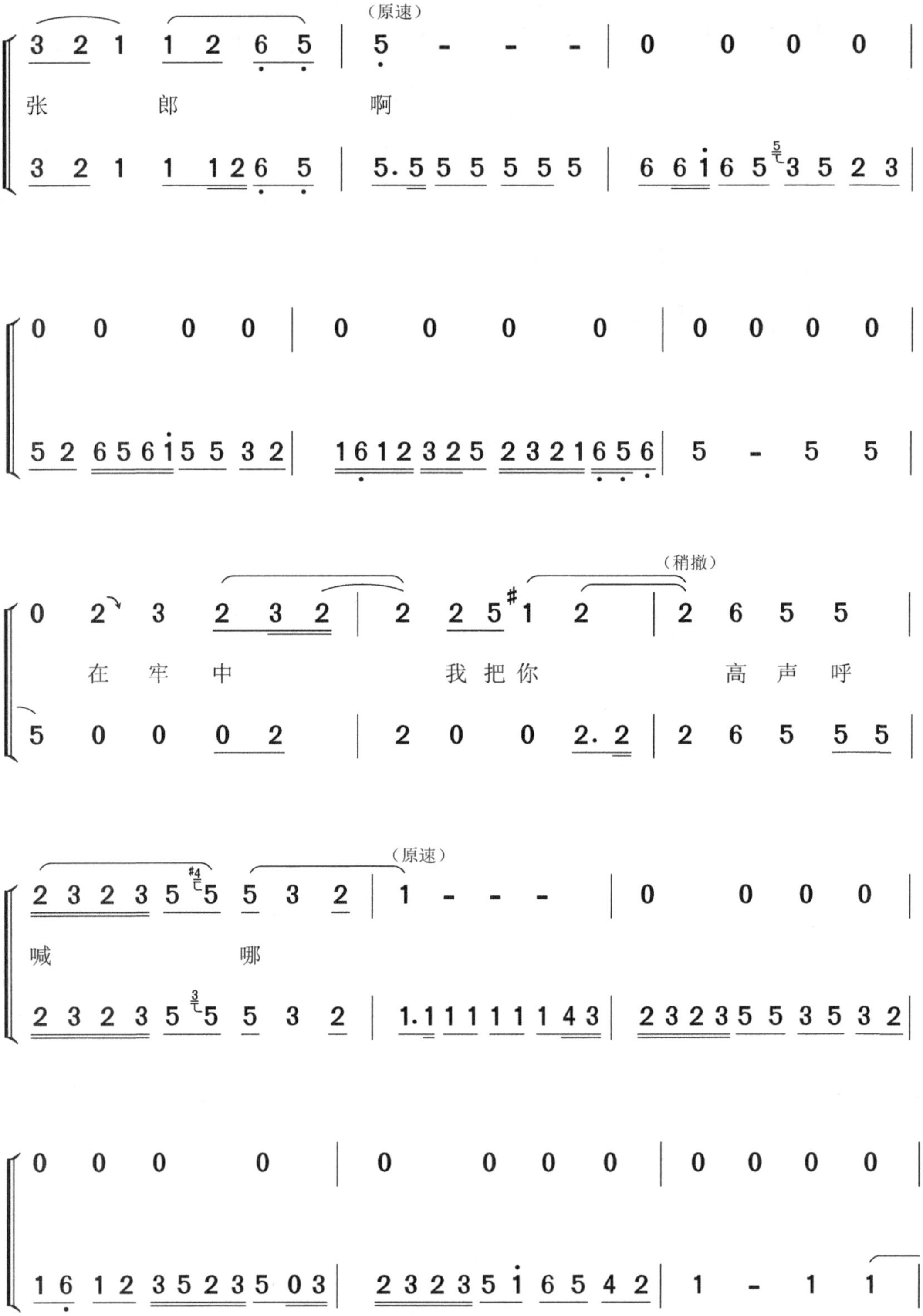

（原速）

3 2 1 1 2 6 5 | 5 - - - | 0 0 0 0 |

张 郎 啊

3 2 1 1 1 2 6 5 | 5. 5 5 5 5 5 5 | 6 6 i 6 5 3 5 2 3 |

0 0 0 0 | 0 0 0 0 | 0 0 0 0 |

5 2 6 5 6 i 5 5 3 2 | 1 6 1 2 3 2 5 2 3 2 1 6 5 6 | 5 - 5 5 |

（稍撤）

0 2 3 2 3 2 | 2 2 5 #1 2 | 2 6 5 5 |

在 牢 中 我 把 你 高 声 呼

5 0 0 0 2 | 2 0 0 2. 2 | 2 6 5 5 5 |

（原速）

2 3 2 3 5 5 5 3 2 | 1 - - - | 0 0 0 0 |

喊 哪

2 3 2 3 5 5 5 3 2 | 1. 1 1 1 1 1 1 4 3 | 2 3 2 3 5 5 3 5 3 2 |

0 0 0 0 | 0 0 0 0 | 0 0 0 0 |

1 6 1 2 3 5 2 3 5 0 3 | 2 3 2 3 5 i 6 5 4 2 | 1 - 1 1 |

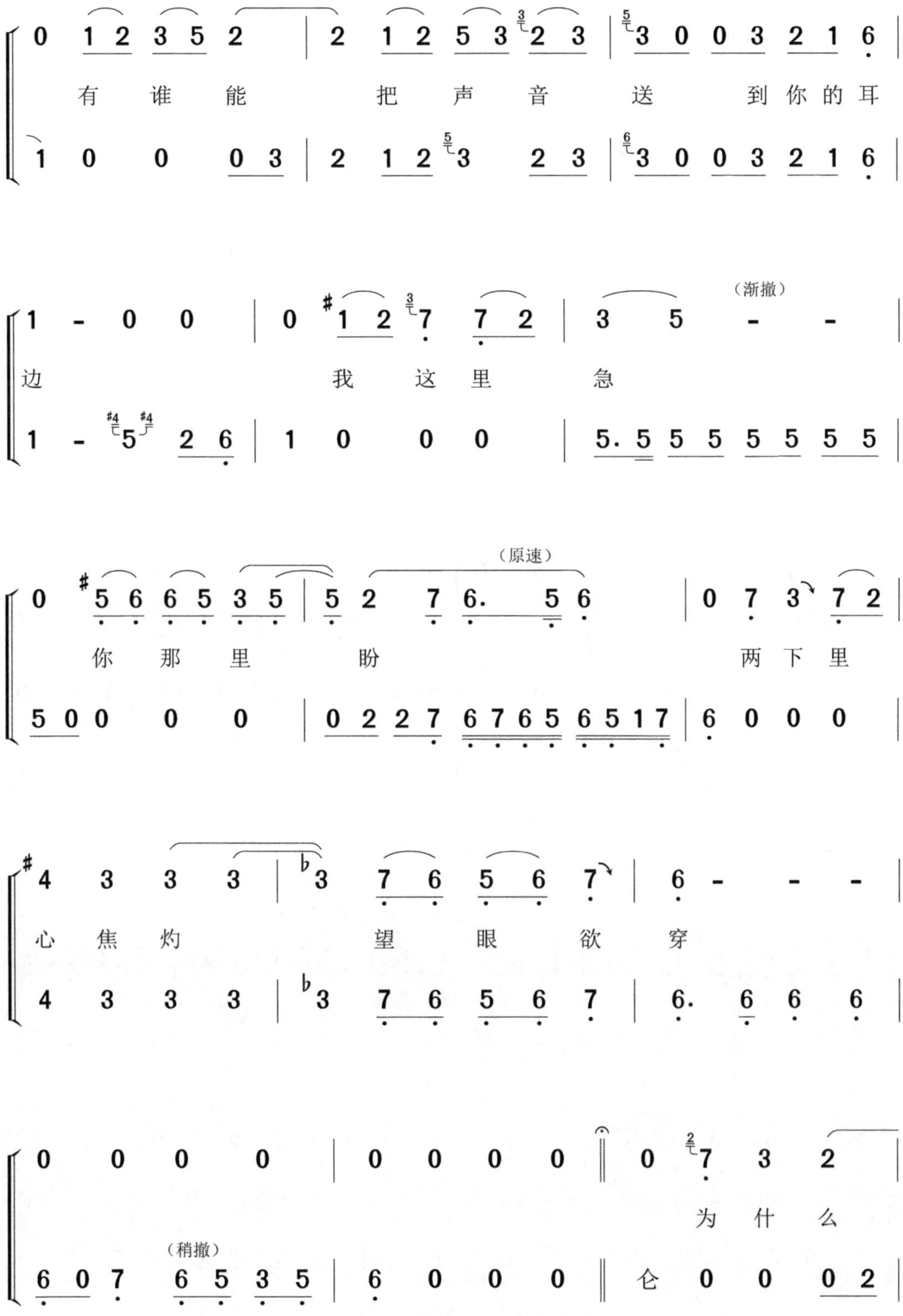

有谁能把声音送到你的耳边
我这里急（渐撤）
你那里盼（原速）两下里
心焦灼望眼欲穿
（稍撤）
为什么

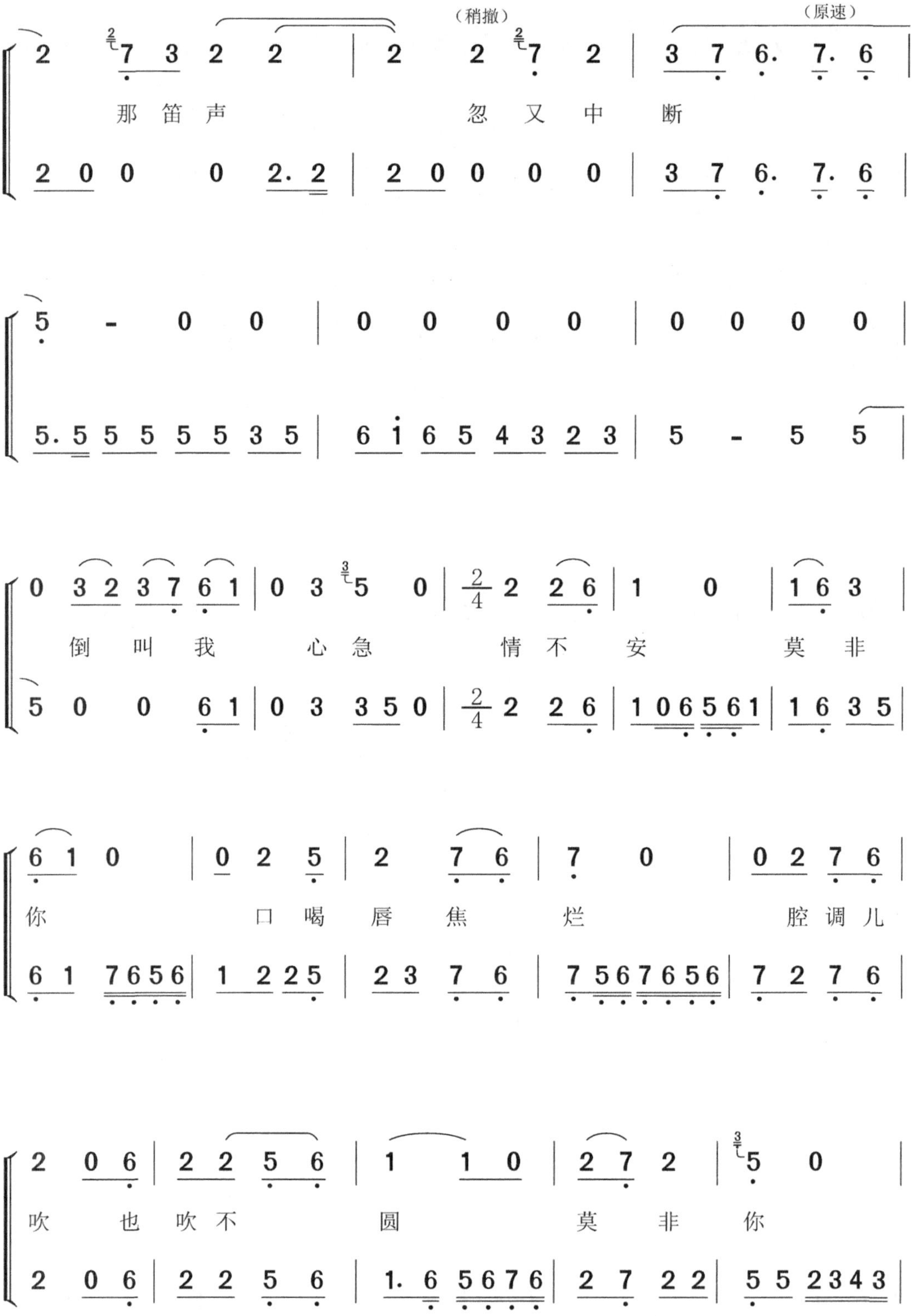

（稍撤）　（原速）

2 7 3 2 2 | 2 2 7 2 | 3 7 6. 7. 6 |

那笛声　忽又中　断

2 0 0 0 2. 2 | 2 0 0 0 0 | 3 7 6. 7. 6 |

5 - 0 0 | 0 0 0 0 | 0 0 0 0 |

5. 5 5 5 5 5 3 5 | 6 1 6 5 4 3 2 3 | 5 - 5 5 |

0 3 2 3 7 6 1 | 0 3 5 0 | 2/4 2 2 6 | 1 0 | 1 6 3 |

倒叫我　心急　情不安　莫非

5 0 0 6 1 | 0 3 3 5 0 | 2/4 2 2 6 | 1 0 6 5 6 1 | 1 6 3 5 |

6 1 0 | 0 2 5 | 2 7 6 | 7 0 | 0 2 7 6 |

你　口喝唇焦烂　腔调儿

6 1 7 6 5 6 | 1 2 2 5 | 2 3 7 6 | 7 5 6 7 6 5 6 | 7 2 7 6 |

2 0 6 | 2 2 5 6 | 1 1 0 | 2 7 2 | 5 0 |

吹也吹不　圆　莫非你

2 0 6 | 2 2 5 6 | 1. 6 5 6 7 6 | 2 7 2 2 | 5 5 2 3 4 3 |

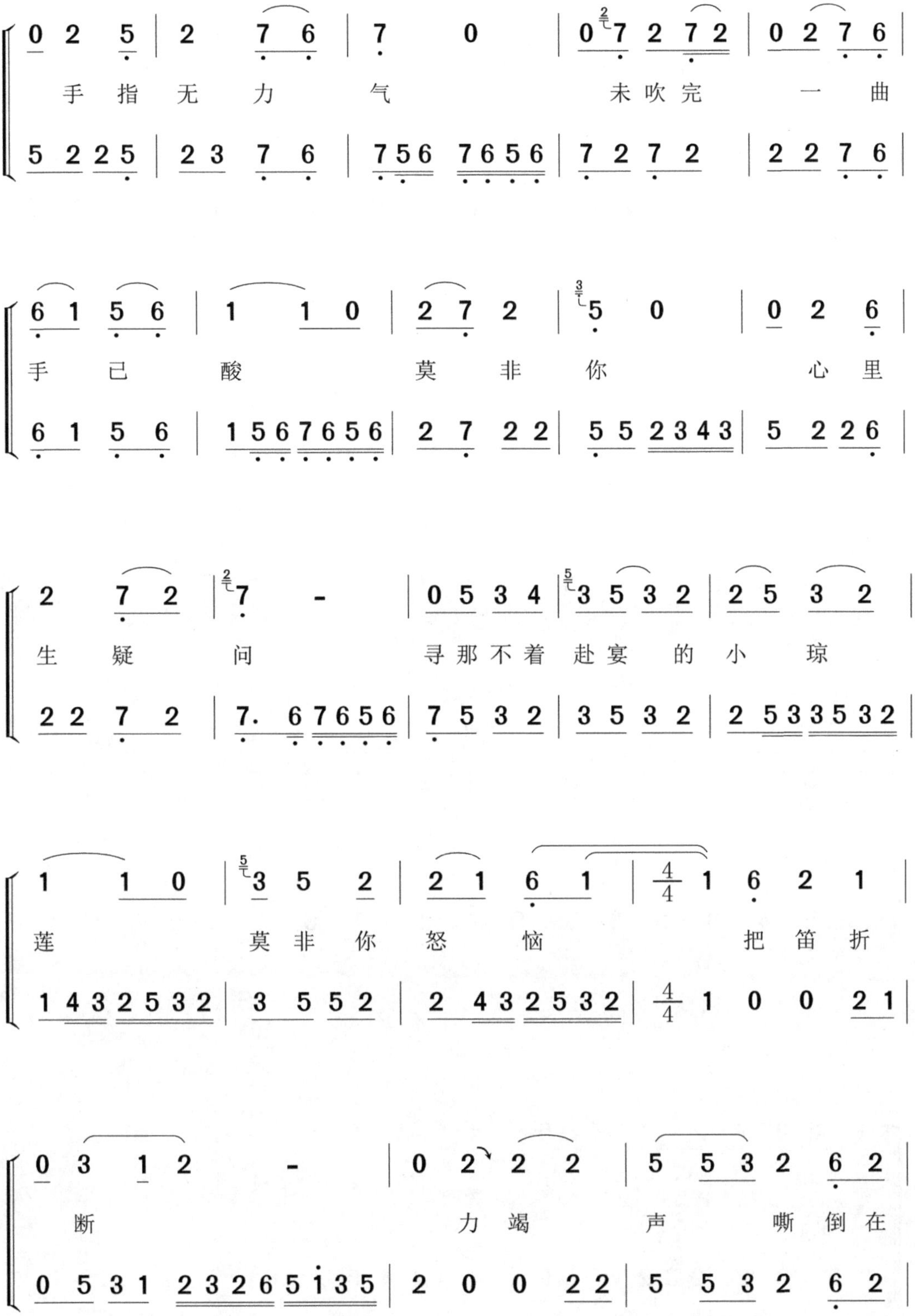

手指无力气 未吹完 一曲

手已酸 莫非你 心里

生疑问 寻那不着赴宴的小琼

莲 莫非你怒恼 把笛折

断 力竭 声 嘶倒在

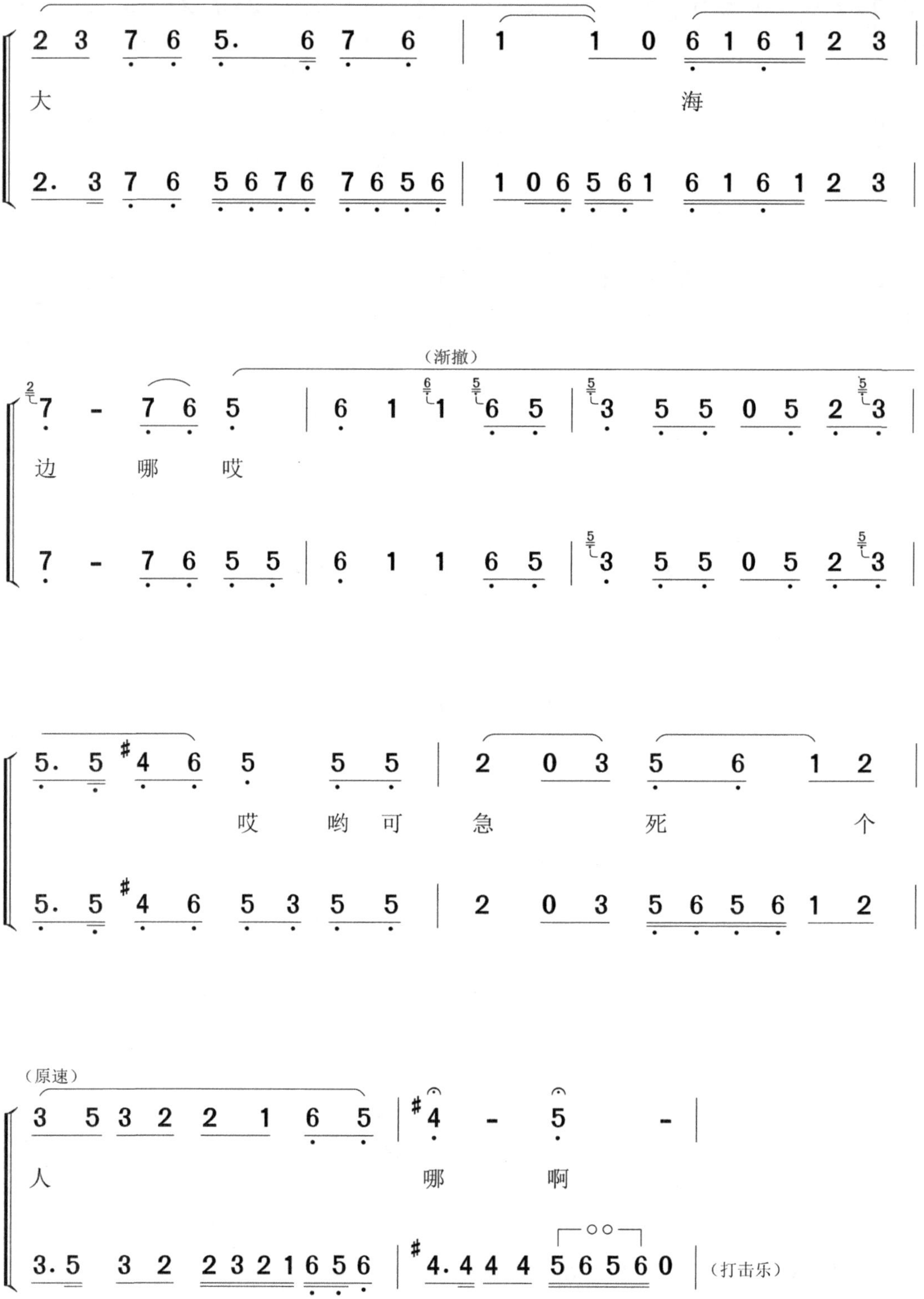

2 3 7 6 5. 6 7 6 | 1 1 0 6 1 6 1 2 3 |

大 海

2. 3 7 6 5 6 7 6 7 6 5 6 | 1 0 6 5 6 1 6 1 6 1 2 3 |

（渐撤）

7 - 7 6 5 | 6 1 1 6 5 | 3 5 5 0 5 2 3 |

边 哪 哎

7 - 7 6 5 5 | 6 1 1 6 5 | 3 5 5 0 5 2 3 |

5. 5 #4 6 5 5 5 | 2 0 3 5 6 1 2 |

哎 哟 可 急 死 个

5. 5 #4 6 5 3 5 5 | 2 0 3 5 6 5 6 1 2 |

（原速）

3 5 3 2 2 1 6 5 | #4 - 5 - |

人 哪 啊

3.5 3 2 2 3 2 1 6 5 6 | #4.4 4 4 5 6 5 6 0 | （打击乐）

（紧打慢唱、伴奏同唱腔）

サ（4 3 2 4 3 2 5 3 2 4 3 2 5 5）5 6 7 - 5 6 5 6 7 -

我 望 也 望 不 见

（5 6 7 6 5 6 7 0 5 6 7 6 5 6 7 7）6. 5 5 6 1

想 也 想 不 全

（1 1 4 3 2 5 3 2 7 6 5 6 1 3 2 5 3 2 7 6 5 6 1 1）3 7 3

一 阵 头

2 1 2 7（7 7 5 6 7 6 5 6 7 0 5 6 7 6 5 6 7 7）6 6 5 -

昏 心 绪

（撤）

2 7. 6 6（6 6 4 3 2 5 3 2 7 6 5 7 6 3 5 6 1 7 6 -）

乱

7 2 7 2 - 4 3 3 7 - 0 0 0

纵 然 死 魂 灵 儿

0 0 2 2 4 3 3 7 - 0 7 6 7 1 1 2

0 0 6 7 2 7 6 5 - 1 - 1 - ‖

也 要 去 到 人 间

7 - 6 7 2 7 6 3 5 - 1 7 1 - ‖

《白蛇传》

1954 年后，文化局不再重视北京市评剧团，先后把文化局协助剧团的编剧、导演都调到当时的北京京剧团去了。北京市评剧团为了生存，只得到处寻找剧本,《白蛇传》一剧就是从上海越剧团找来的越剧《白蛇传》的演出本，因张其祥 20 世纪 50 年代初看过上海越剧团来京演出的名剧《梁山伯与祝英台》，对此剧的优美唱腔非常喜欢，所以在拿到越剧的《白蛇传》剧本后，非常自然地在创作唱腔时带有明显的越剧风味，很是好听。

此剧由李忆兰饰演白素贞，袁凤霞饰演许仙，美灵霞饰演青蛇。60 年代初，此剧由地质文工团评剧团重新排演。白素贞由美灵霞扮演，青蛇由张桂珍扮演。

由于笔者所在的勇进团也排演了此剧，现在所提供的这些唱段是根据笔者的记忆记录的。

你看他借舟送行情意殷

《白蛇传·定情》选段

1＝♭A

（5 2）弦

白素贞 唱

（散） （散唱） （原板）

サ（7 6 5 5 5 5 5 －）5 6 765 | 2/4 6（6 6 6 5 6 7 | 2·3 4 6 3 2 1 7 |

（白）你 看 他

6·7 5 4 3 5 6 7）| 5 6 2 6 | 1（1 6 5 6 1）| 16321（5 6 1）| 15615（6 7 6 |

你 看 他 借 舟 送 行

5）2 3 3 7 6 1 | 2·（3 2 1 6 1 2 3）| 5 6 2 6 | 1（2 7 6 5 6 1 2）|

情 意 殷 你 看 他

3 2 2 3 7 | 6·（7 6 5）| 6 2 7 6 1 5 6 | 1（2 7 6 5 6 1）|

船 上 相 让 一 片 心

6 1 2 3 2 1 6 | 2（3 2 1 6 1 2）| 3 3（0 2 1 3）| 6 1 5 6 1（6 2 3）|

你 看 他 出 言 吐 语

7 6 5 6 | 7（0 6 5 6 7 6）| 5 6 7 6 5 | 6（7 6 5 3 2 3 5 |

多 稳 重 你 看 他

6）6 2 7 2 | 5 2 7 7 6 | 5 3 1 | 1·（2 7 6 5 6 | 1）6 3 2 3 |

你 看 他 体 贴 又 温 存 你 看 他

（撤）

6 3 3 3 5 | 6 1 2 | 3（2 3 4 6 | 3）6 1 6 1 2 | 3 3（6 1 5 6）|

雨 中 借 伞 体 人 意 你 看 他 是 忠 厚

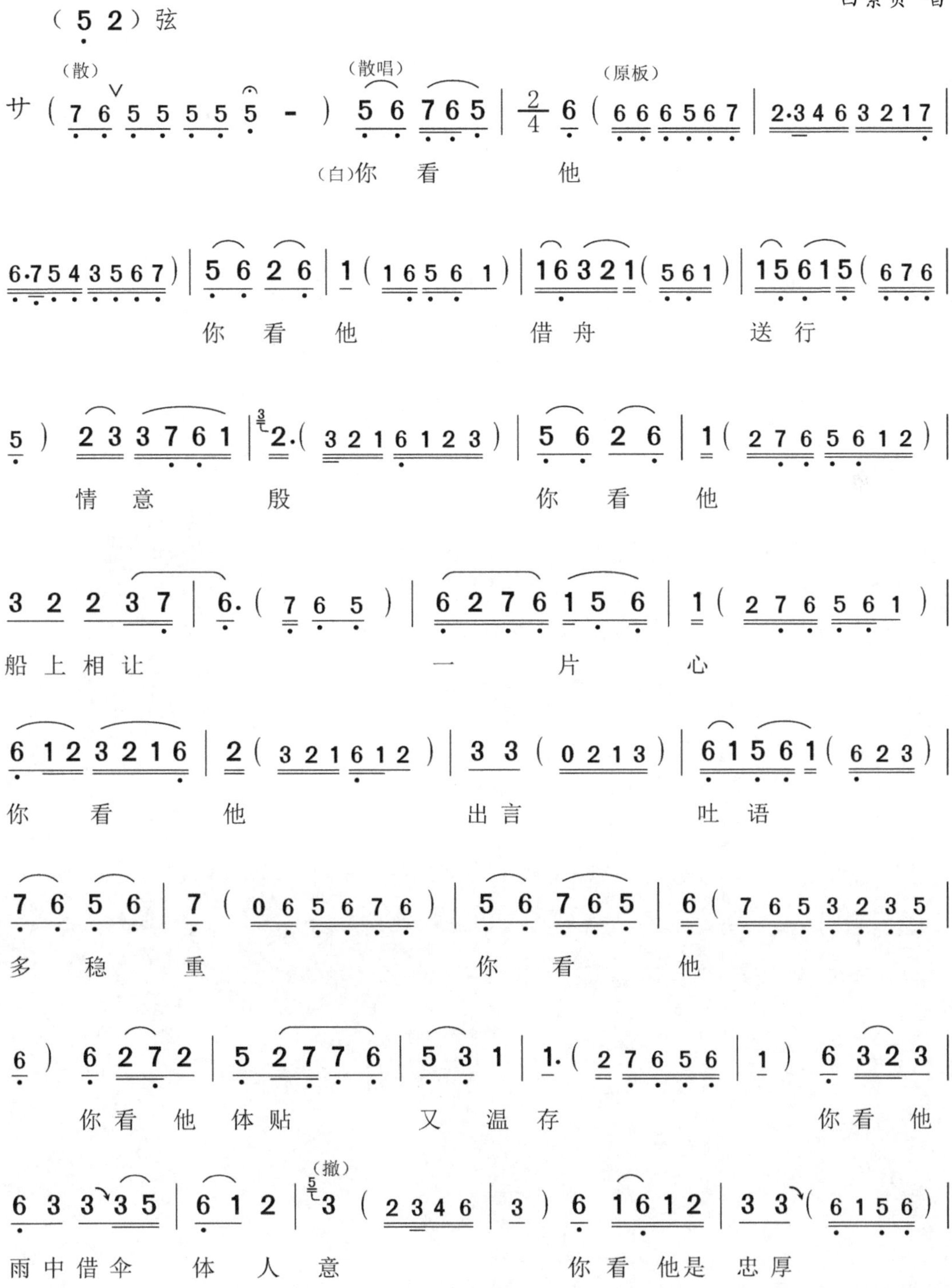

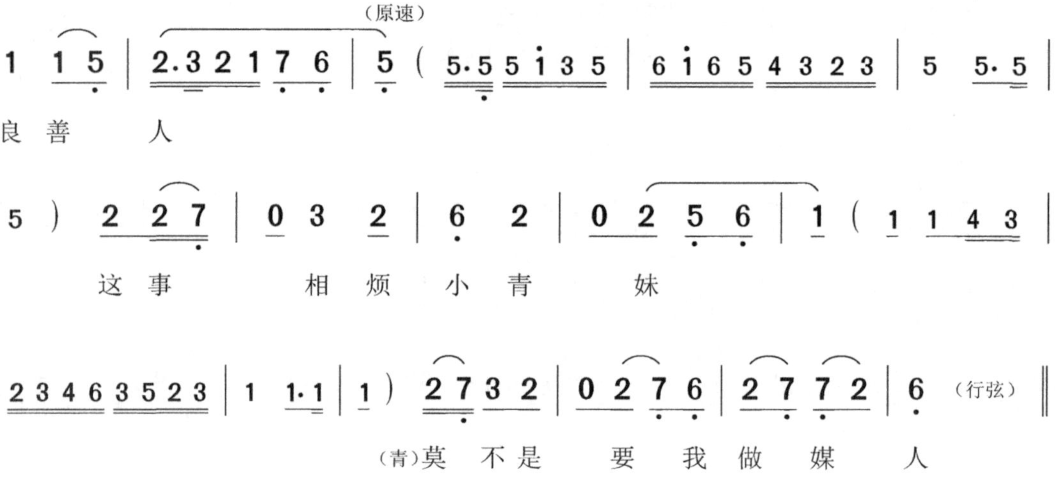

（原速）

1 1 5 | 2.3 2 1 7 6 | 5 (5·5 5 i 3 5 | 6 i 6 5 4 3 2 3 | 5 5· 5 |

良善 人

5) 2 2 7 | 0 3 2 | 6 2 | 0 2 5 6 | 1 (1 1 4 3 |

这事 相烦小青 妹

2 3 4 6 3 5 2 3 | 1 1·1 | 1) 2 7 3 2 | 0 2 7 6 | 2 7 7 2 | 6 （行弦）‖

（青）莫 不是 要 我 做 媒 人

官人他不知我难言之隐

1 = ♭A

《白蛇传·惊变》选段

白素贞 唱

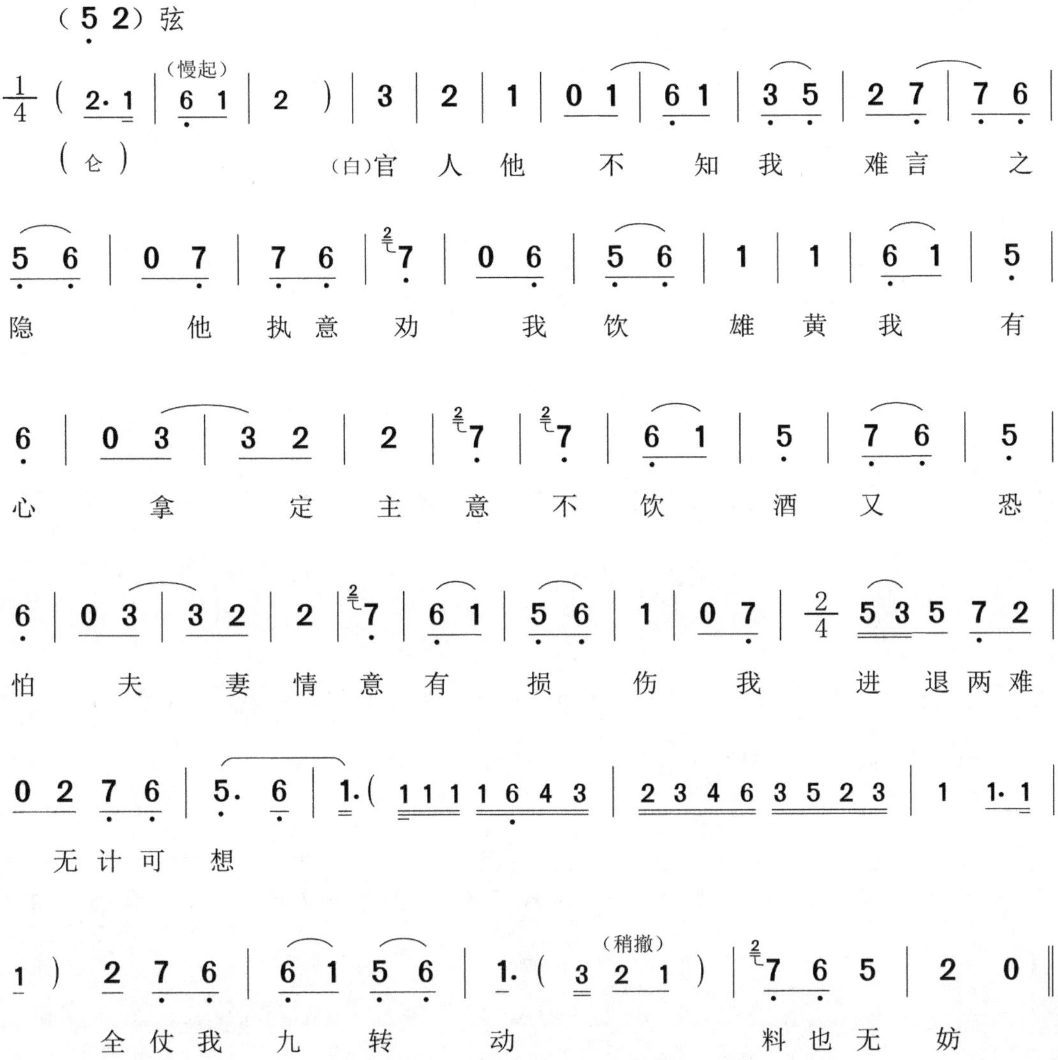

（5 2）弦

1/4 (2·1 | (慢起) 6 1 | 2) | 3 | 2 | 1 | 0 1 | 6 1 | 3 5 | 2 7 | 7 6 |
(仓)　(白)官人他不知我难言之

5 6 | 0 7 | 7 6 | 7 | 0 6 | 5 6 | 1 | 1 | 6 1 | 5 |
隐他执意劝我饮雄黄我有

6 | 0 3 | 3 2 | 2 | 7 | 7 | 6 1 | 5 | 7 6 | 5 |
心拿定主意不饮酒又恐

6 | 0 3 | 3 2 | 2 | 7 | 6 1 | 5 6 | 1 | 0 7 | 2/4 5 3 5 7 2 |
怕夫妻情意有损伤我进退两难

0 2 7 6 | 5· 6 | 1·(1 1 1 1 6 4 3 | 2 3 4 6 3 5 2 3 | 1 1· 1 |
无计可想

1) 2 7 6 | 6 1 5 6 | 1·((稍撤) 3 2 1) | 7 6 5 | 2 0 ‖
全仗我九转动料也无妨

舍死忘生到昆仑

《白蛇传·盗草》选段

1 = ♭E（1 5弦）

白素贞 唱

舍死忘生

（打击乐）

到昆仑

心如刀绞 泪纷纷 可叹 许郎为我死我又悔又恨

又伤心我虽然万里奔波 无怨 恨我舍死忘生

救 夫 君哪 啊

渐快

（转紧打慢唱）

幸喜此时无人在 灵芝仙草

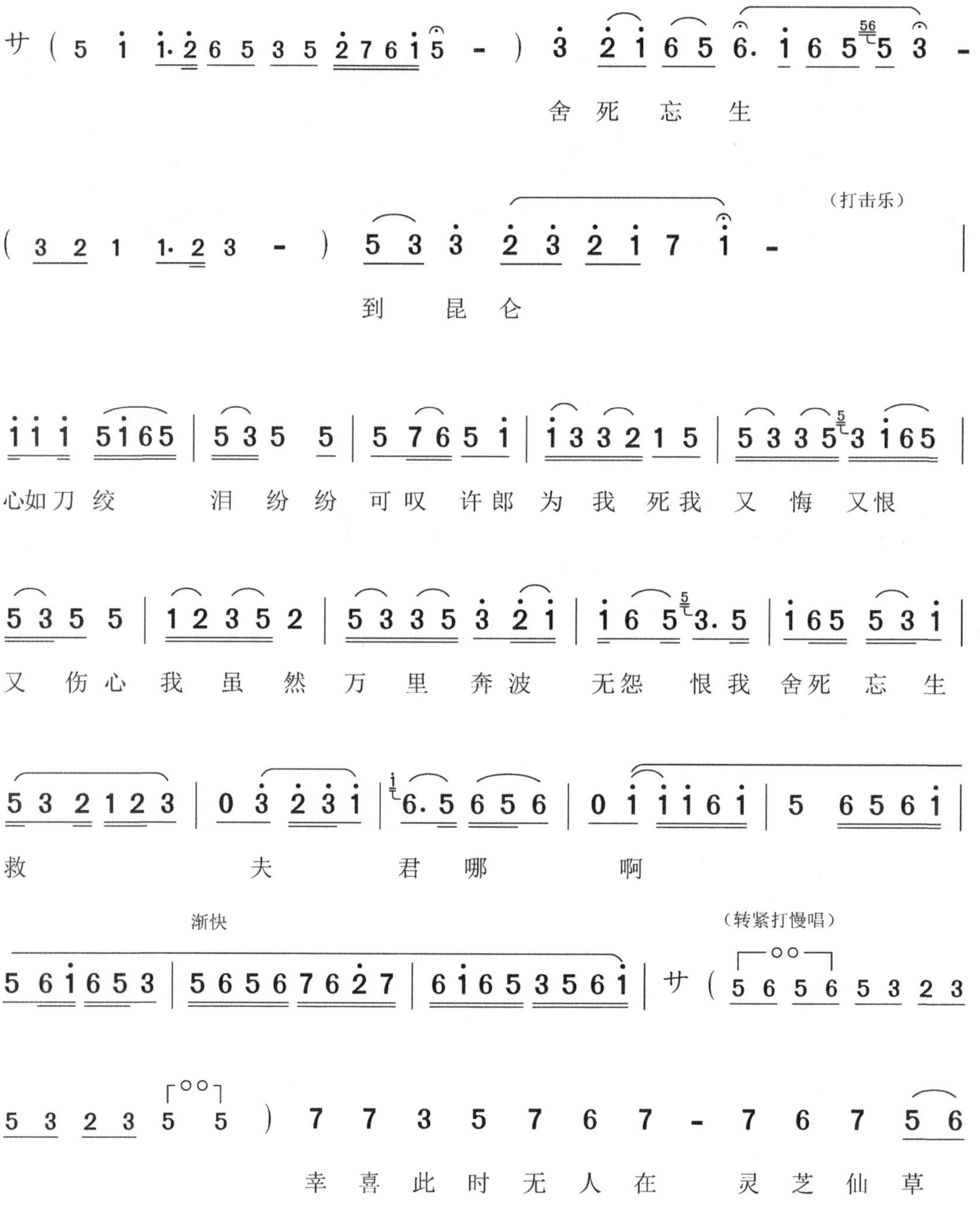

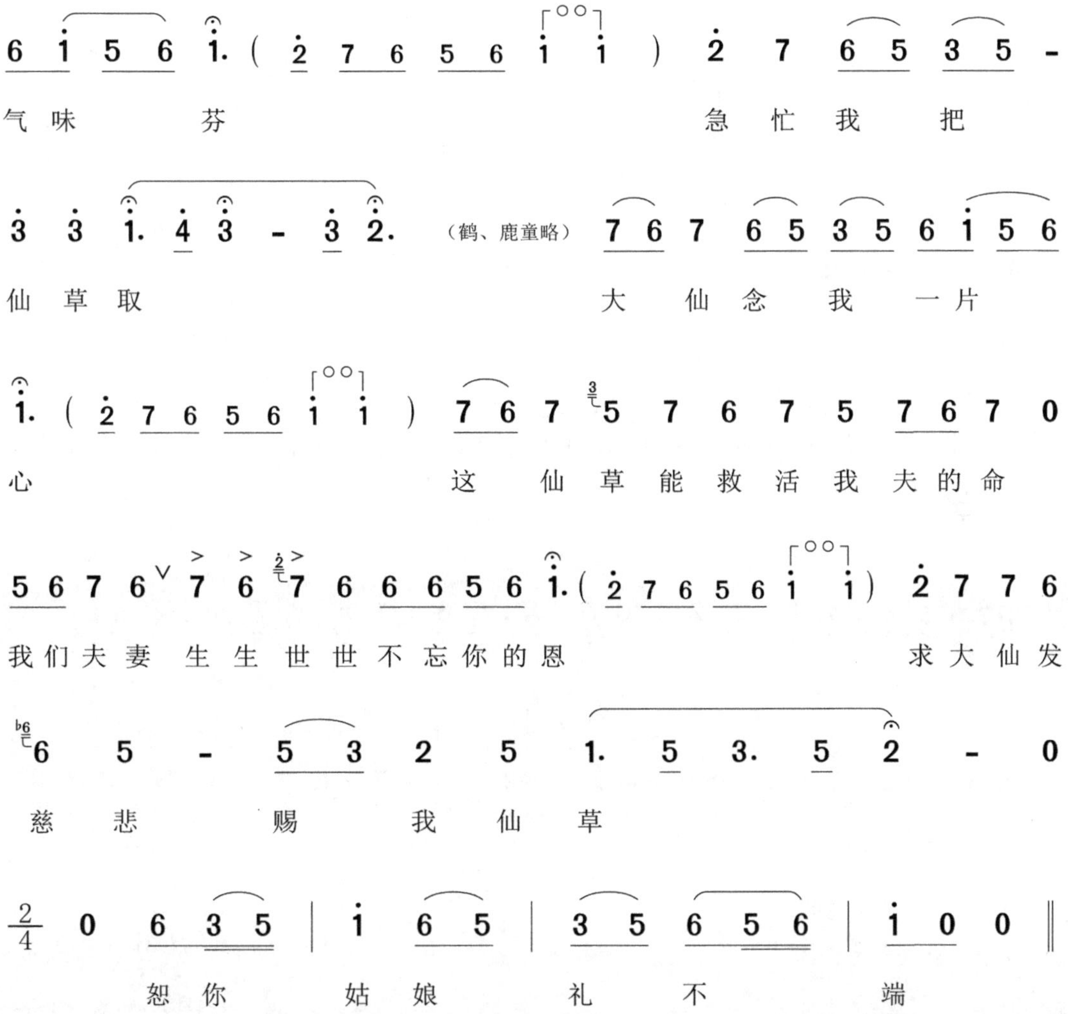

气味芬　　急忙我把

仙草取（鹤、鹿童略）大仙念我一片

心　　这仙草能救活我夫的命

我们夫妻生生世世不忘你的恩　　求大仙发

慈悲赐我仙草

恕你姑娘礼不端

西湖山水还依旧

《白蛇传·断桥》选段（一）

白素贞 唱

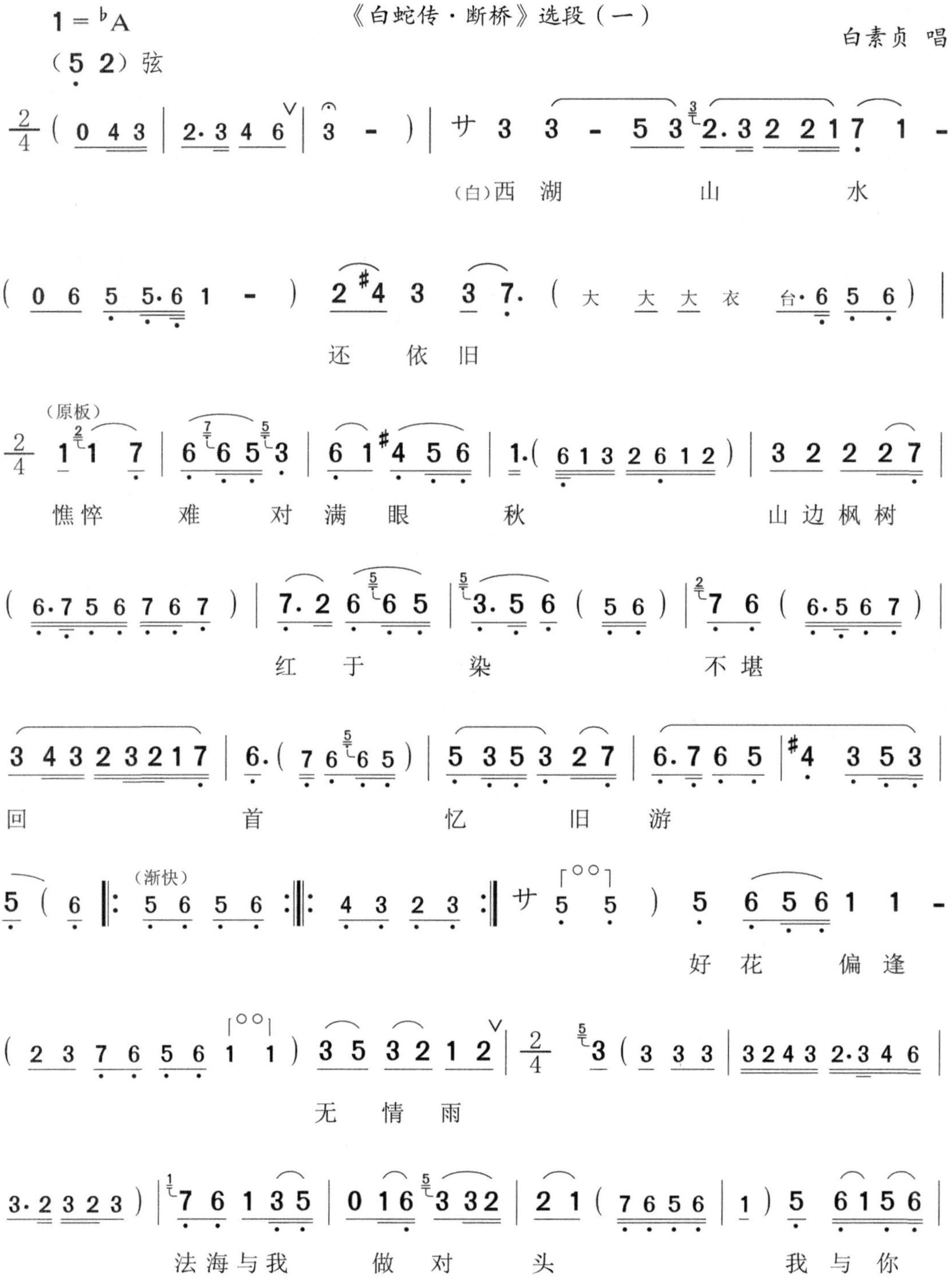

1 = ♭A

（5 2）弦

(白)西 湖 山 水

还 依 旧

(原板)

憔悴 难 对 满 眼 秋 山边枫树

红 于 染 不堪

回 首 忆 旧 游

(渐快)

好花 偏逢

无 情 雨

法海与我 做 对 头 我 与 你

金山索夫夫不见 不由我又是心酸又是

愁 难道他已遭法海害

（渐撤）

难道他果真出家 （撤散唱） 把

我丢 （快一倍）

（青）你不要再把那薄幸人想他与

你不是鸳侣与 （长板） 凤俦他日见到

念：这薄情种——

我手中青锋情不留

想当初西子湖畔曾相遇

《白蛇传·断桥》选段（二）

白素贞 唱

1 = $^{\flat}$A

（5 2）弦

$\frac{2}{4}$（原板）

（白）想 当 初

西 子湖 畔 曾 相 遇 风 雨 同 舟 你的

情 意 殷 我见 你是 忠 诚 的 真 君

子 钱 王 畔 两 成 婚

我 为 你 苏 州 城 内 开 药

铺 我 为 你 成 家 立 业 费 尽 心

端 阳 佳 节 你 的 病 沉 重 我 为 你

采 取 仙 草 到 昆 仑 我 为 你 千 山 万 水

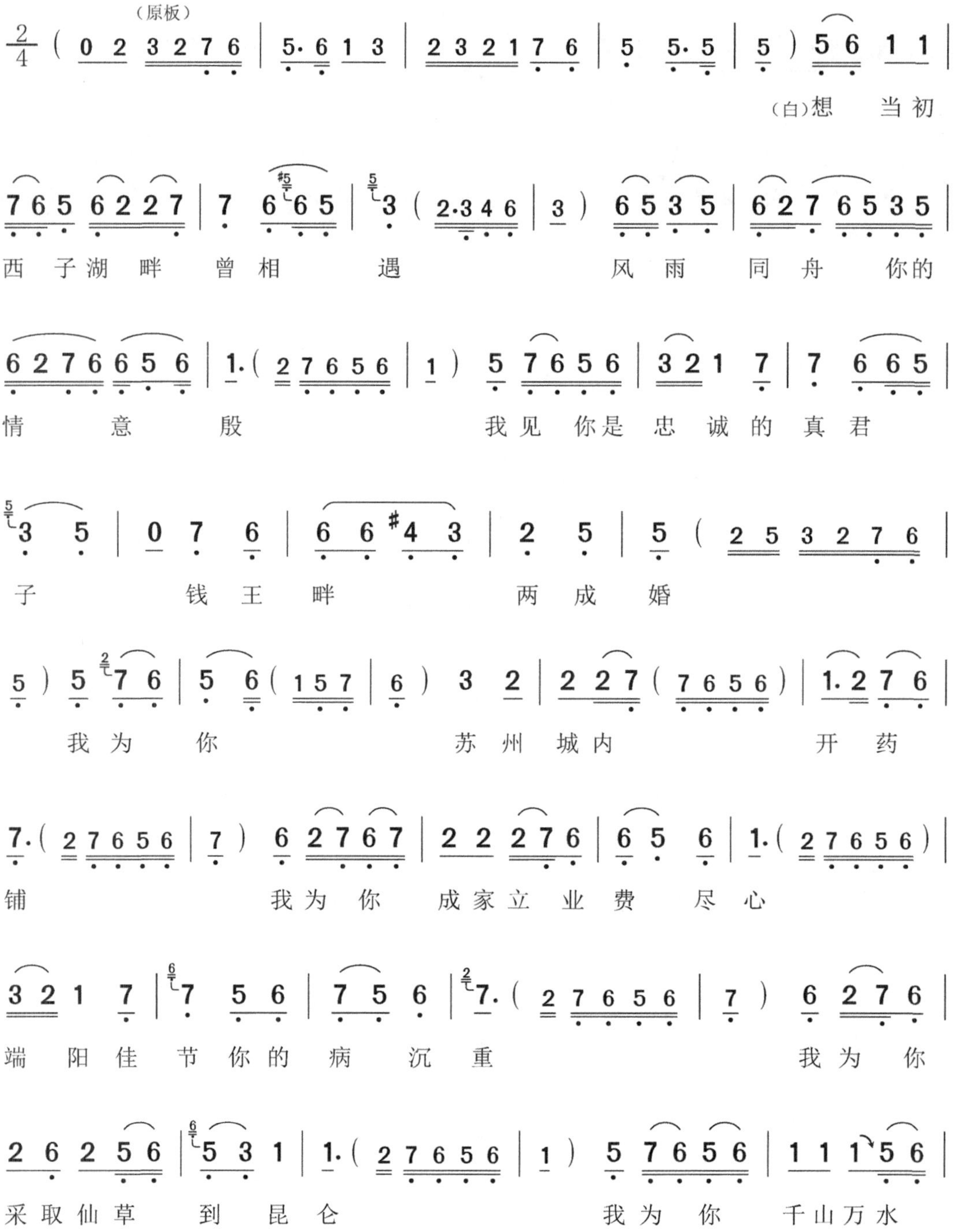

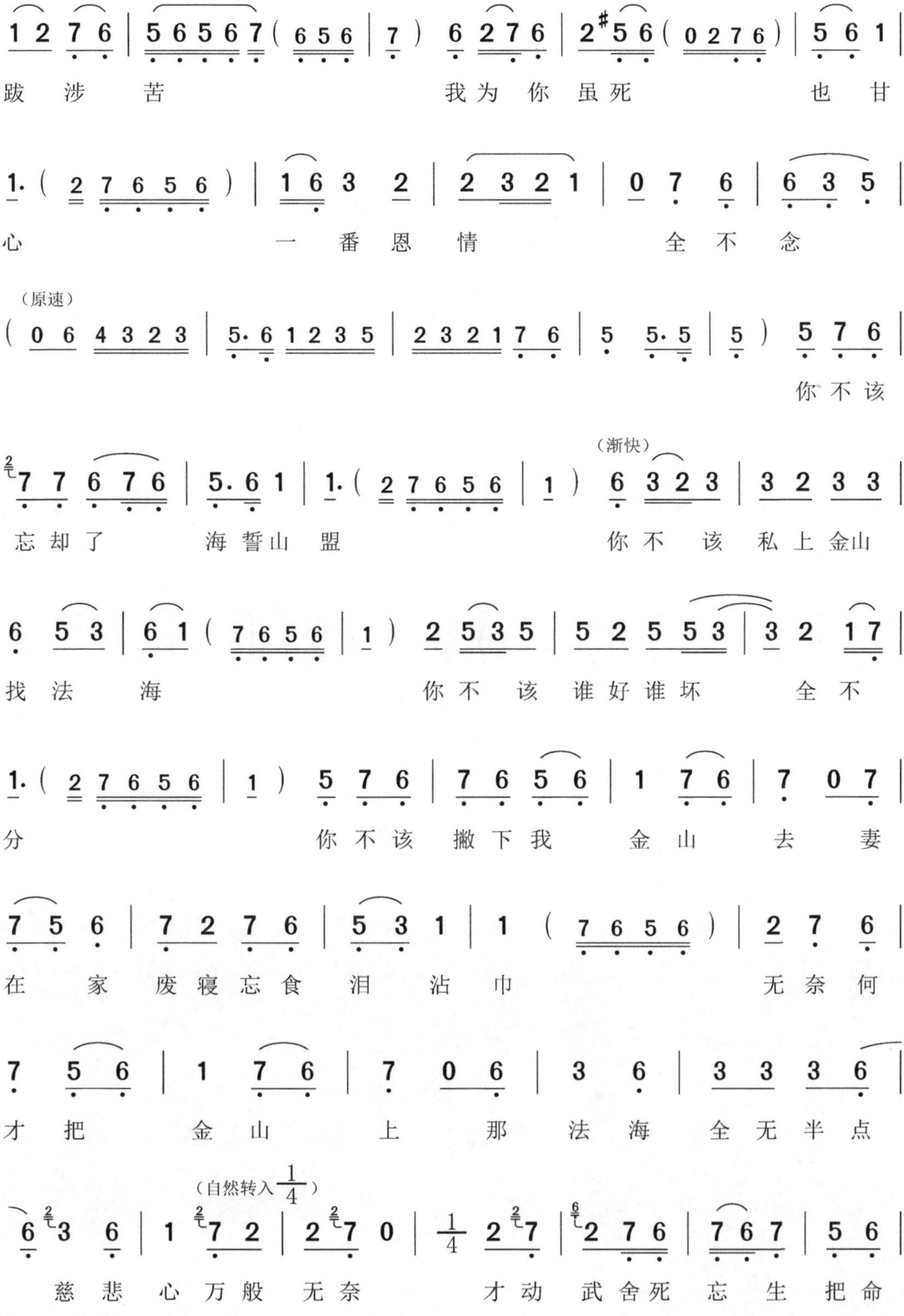

1 2 7 6 | 5 6 5 6 7 (6 5 6 | 7) 6 2 7 6 | 2 #5 6 (0 2 7 6) | 5 6 1 |

跋 涉 苦 我为 你 虽死 也 甘

1. (2 7 6 5 6) | 1 6 3 2 | 2 3 2 1 | 0 7 6 | 6 3 5 |

心 一 番 恩 情 全 不 念

（原速）

(0 6 4 3 2 3 | 5. 6 1 2 3 5 | 2 3 2 1 7 6 | 5 5. 5 | 5) 5 7 6 |

你 不 该

7 7 6 7 6 | 5. 6 1 | 1. (2 7 6 5 6 | 1) 6 3 2 3 | 3 2 3 3 |

（渐快）

忘 却 了 海 誓 山 盟 你 不 该 私 上 金山

6 5 3 | 6 1 (7 6 5 6 | 1) 2 5 3 5 | 5 2 5 5 3 | 3 2 1 7 |

找 法 海 你 不 该 谁 好 谁 坏 全 不

1. (2 7 6 5 6 | 1) 5 7 6 | 7 6 5 6 | 1 7 6 | 7 0 7 |

分 你 不 该 撇 下 我 金 山 去 妻

7 5 6 | 7 2 7 6 | 5 3 1 | 1 (7 6 5 6) | 2 7 6 |

在 家 废 寝 忘 食 泪 沾 巾 无 奈 何

7 5 6 | 1 7 6 | 7 0 6 | 3 6 | 3 3 3 6 |

才 把 金 山 上 那 法 海 全 无 半 点

（自然转入 $\frac{1}{4}$ ）

6 3 6 | 1 7 2 | 2 7 0 | $\frac{1}{4}$ 2 7 | 2 7 6 | 7 6 7 | 5 6 |

慈 悲 心 万 般 无 奈 才 动 武 舍 死 忘 生 把 命

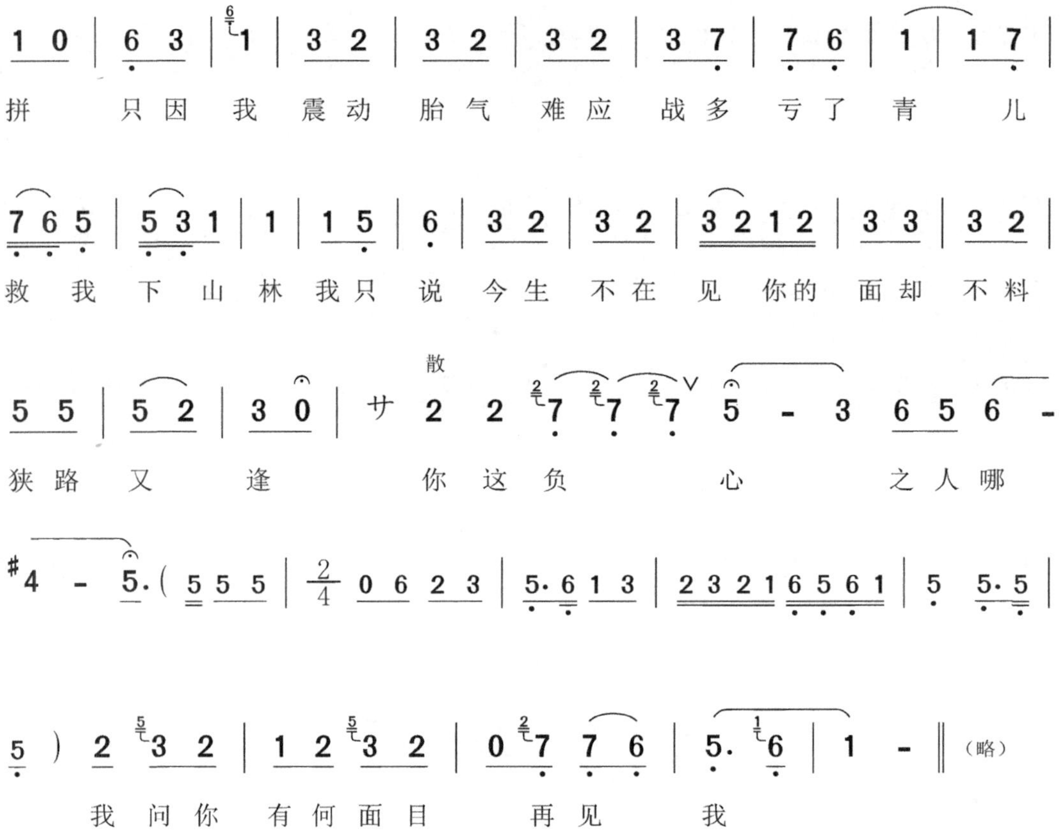

1 0 | 6 3 | 1 | 3 2 | 3 2 | 3 2 | 3 7 | 7 6 | 1 | 1 7 |

拼 只因 我 震动 胎气 难应 战多 亏了 青 儿

7 6 5 | 5 3 1 | 1 | 1 5 | 6 | 3 2 | 3 2 | 3 2 1 2 | 3 3 | 3 2 |

救 我 下 山 林 我只 说 今生 不在 见 你的 面却 不料

散

5 5 | 5 2 | 3 0 | サ 2 2 7 7 7 5 - 3 6 5 6 -

狭路 又 逢 你这负 心 之人哪

#4 - 5.(5 5 5 | 2/4 0 6 2 3 | 5·6 1 3 | 2 3 2 1 6 5 6 1 | 5 5·5 |

5) 2 3 2 | 1 2 3 2 | 0 7 7 6 | 5. 6 | 1 - ‖（略）

我 问 你 有 何 面 目 再 见 我

《花木兰》

李忆兰虽然不是武旦演员，一般的武戏还是能演。由于当时北京市文化局不再重视这个团，更不再为其编写剧本，为此北京市评剧团就为李忆兰相继寻找了《白蛇传》《花木兰》《樊梨花斩子》等剧目。

这个花木兰去从军的唱段，张其祥进行了大胆的尝试，按京剧的西皮唱腔的调式进行创作，这再一次展示了他勇于借鉴、敢于创新的品格。

此剧于20世纪60年代初由地质文工团评剧团重新排演，花木兰由美灵霞饰演。

此剧也是笔者所在的勇进评剧团的重排剧目，这些唱段是根据笔者记忆而记录的。

花木兰从军

《花木兰》选段

花木兰 唱

1 = F
（6 3弦）或（5 2弦）

サ（5 i 6·i 6 5 4 2 4 5 6 5 - ）7 6 6 4 3 2 4 3 2 1 -
一路上 紧加 鞭

7 6 6 3 5 - 3 - 6 - （打击乐）| 2/4（6·7 6 5 3 5 |
忙把路 赶 （仓）

6 6·6 | 6 ）5 5 | 0 1 3 2 1 | 6 0 | 1 2 4 3 | 2 1 0 |
餐风 饮 露 渡关 山

（打击乐）（1·6 5 4 | 3 5 2 3 1 | 0 4 3 2 | 1 6 1 2 3 2 5 | 2 3 2 1 6 1 2 3 |
（仓·个 来切 一个来 仓 打扑台 仓）

1 1·1 | 1 ）1 3 2 | 4 3 2 1 2 3（2 | 3 6 ）4 | 3 2 |
耳边厢 风声 紧 沙 尘 扑

2 6 1（6 2 | 1 ）3 6 5 | 5 3 7 6 7 5 | 5 6.2 | 1.2 4 6 3 2 |
面 猛抬头 见 白云 点 缀在天

1.（2 3 5 2 3 | 1 ）3 3 2 | 1.2 4 3 | 2 - | 2 3 2 1 2 | 7 5 |
边 听不见 二 爹 娘 将

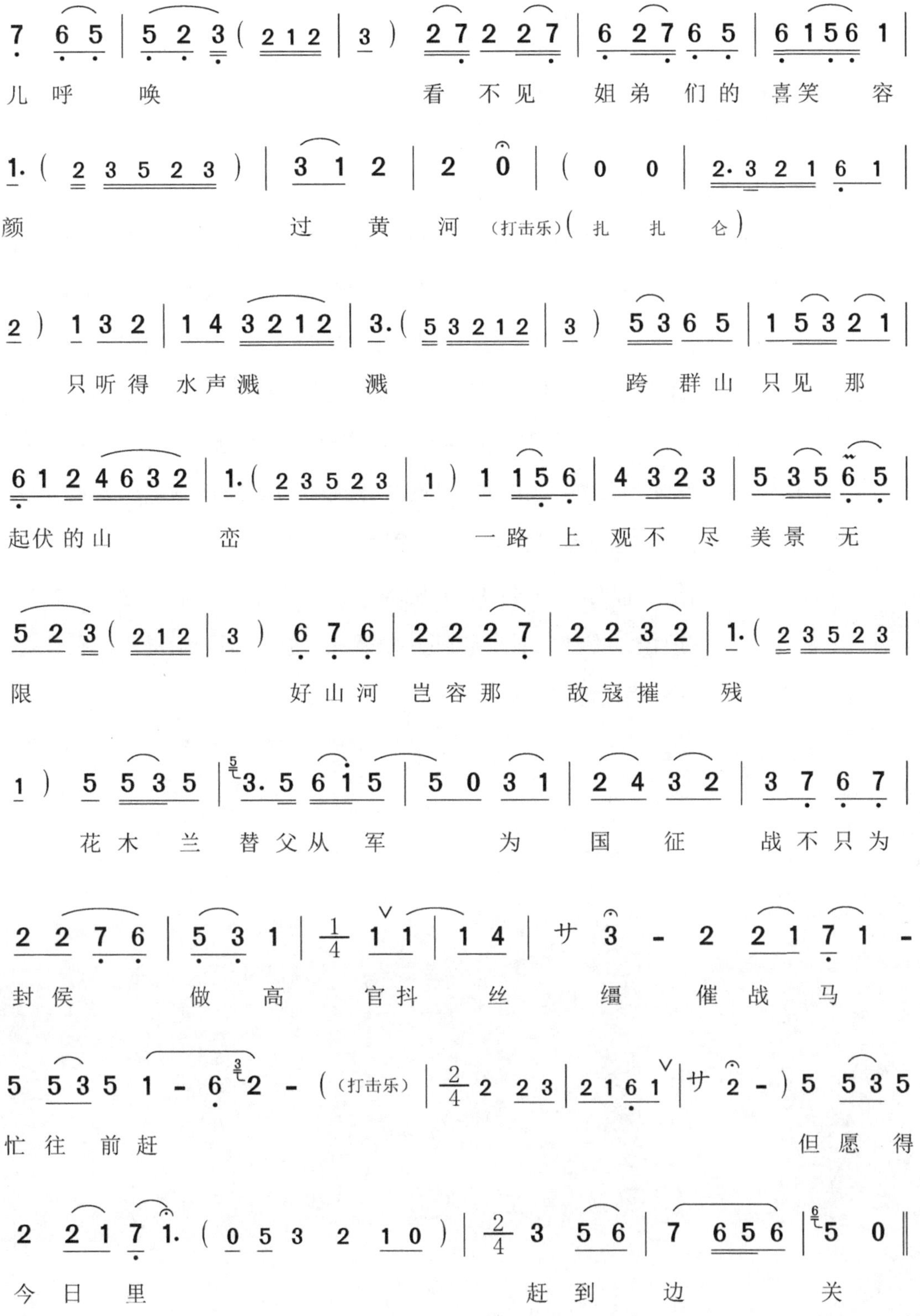

7 6 5 | 5 2 3 (2 1 2 | 3) 2 7 2 2 7 | 6 2 7 6 5 | 6 1 5 6 1 |

儿 呼 唤 看 不 见 姐 弟 们 的 喜 笑 容

1. (2 3 5 2 3) | 3 1 2 | 2 0 | (0 0 | 2. 3 2 1 6 1 |

颜 过 黄 河 （打击乐）(扎 扎 仓)

2) 1 3 2 | 1 4 3 2 1 2 | 3. (5 3 2 1 2 | 3) 5 3 6 5 | 1 5 3 2 1 |

只 听 得 水 声 溅 溅 跨 群 山 只 见 那

6 1 2 4 6 3 2 | 1. (2 3 5 2 3 | 1) 1 1 5 6 | 4 3 2 3 | 5 3 5 6 5 |

起 伏 的 山 峦 一 路 上 观 不 尽 美 景 无

5 2 3 (2 1 2 | 3) 6 7 6 | 2 2 2 7 | 2 2 3 2 | 1. (2 3 5 2 3 |

限 好 山 河 岂 容 那 敌 寇 摧 残

1) 5 5 3 5 | 3. 5 6 1 5 | 5 0 3 1 | 2 4 3 2 | 3 7 6 7 |

花 木 兰 替 父 从 军 为 国 征 战 不 只 为

2 2 7 6 | 5 3 1 | 1/4 1 1 | 1 4 | サ 3 - 2 2 1 7 1 -

封 侯 做 高 官 抖 丝 缰 催 战 马

5 5 3 5 1 - 6 2 - （打击乐） | 2/4 2 2 3 | 2 1 6 1 | サ 2 -) 5 5 3 5

忙 往 前 赶 但 愿 得

2 2 1 7 1. (0 5 3 2 1 0) | 2/4 3 5 6 | 7 6 5 6 | 5 0 ‖

今 日 里 赶 到 边 关

《拜月记》

这是张其祥为李忆兰所创作的诸多剧目唱腔中的一个。

1956年北京市评剧团决定排演《拜月记》。剧中主要角色王瑞兰由李忆兰扮演，蒋世隆由李德明扮演，妹妹蒋瑞莲由当时年仅十六岁的刘珊扮演。

此剧中李忆兰的所有唱腔及与她的唱腔相衔接的其他角色的唱段均由张其祥创作。现在提供的曲谱即是1956年由北京电台录制的。此场戏是《拜月记》一剧中的主要一场，均是张其祥创作，由李忆兰、刘珊演唱，张其祥（琴师）、伊焕明（鼓师）伴奏。1958年北京市评剧团与中国评剧院合并后，此剧也同时由李忆兰、刘珊等带到了中国评剧院。

下边这段唱是“拜月”一场的重要唱段，剧中主角色王瑞兰念白：款步踏青台，轻移香炉盖，三炷馨香诉怨怀。乐队从“怀”字开始进入，到“对月深深拜”的“拜”字落在$\underset{\cdot}{\overset{\frown}{7}}$音上。

我这里拜新月

《拜月记》选段

白瑞兰 唱

1 = ♭A

（5 2）弦

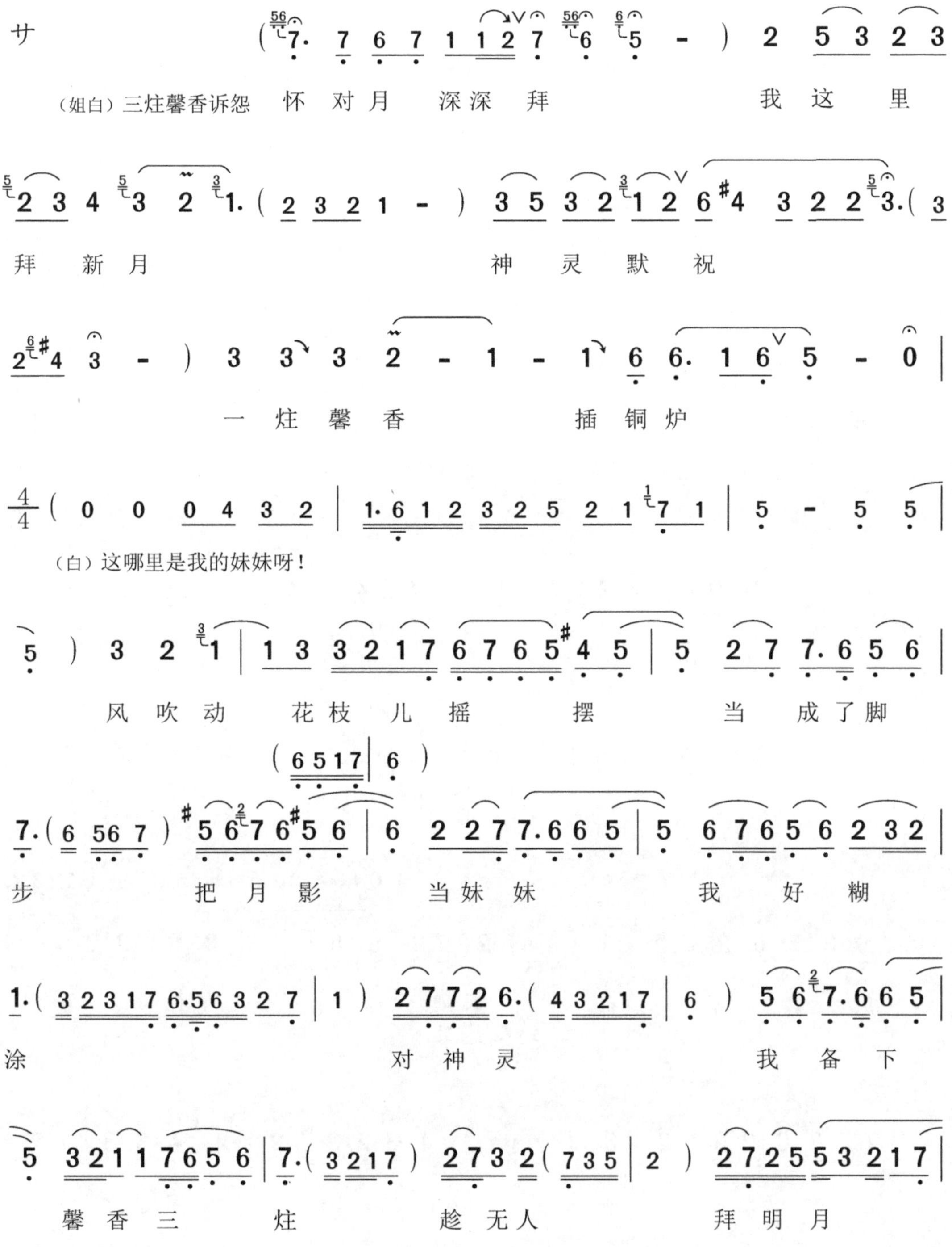

サ

（姐白）三炷馨香诉怨 怀 对月 深深 拜 我 这 里

拜 新 月 神 灵 默 祝

一 炷 馨 香 插 铜 炉

4/4

（白）这哪里是我的妹妹呀！

风 吹 动 花 枝 儿 摇 摆 当 成 了 脚

步 把 月 影 当 妹 妹 我 好 糊

涂 对 神 灵 我 备 下

馨 香 三 炷 趁 无 人 拜 明 月

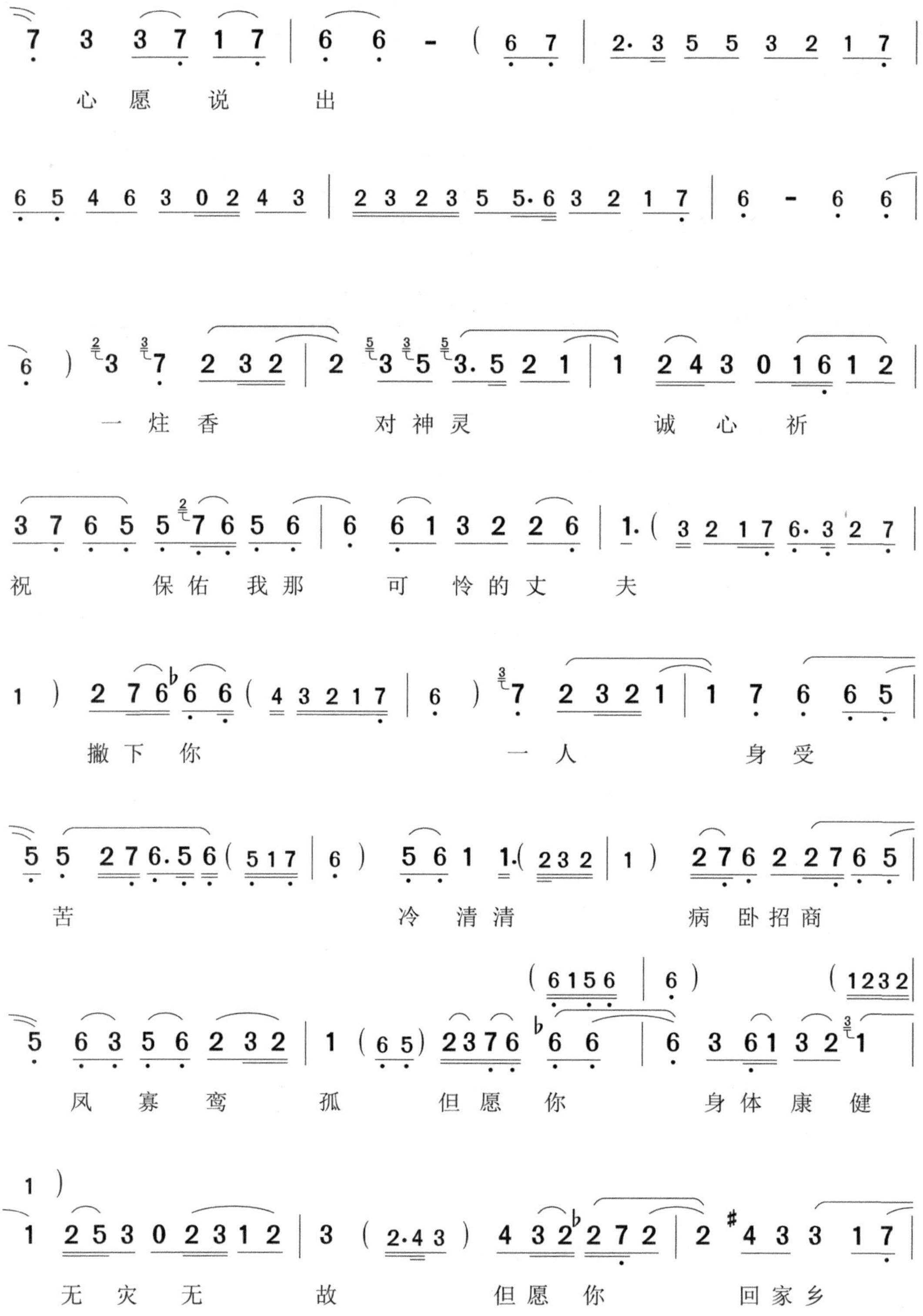

7 3 3 7 1 7 | 6 6 - (6 7 | 2· 3 5 5 3 2 1 7 |

心愿说出

6 5 4 6 3 0 2 4 3 | 2 3 2 3 5 5·6 3 2 1 7 | 6 - 6 6 |

6) 3 7 2 3 2 | 2 3 5 3. 5 2 1 | 1 2 4 3 0 1 6 1 2 |

一炷香 对神灵 诚心祈

3 7 6 5 5 7 6 5 6 | 6 6 1 3 2 2 6 | 1· (3 2 1 7 6· 3 2 7 |

祝 保佑我那 可怜的丈夫

1) 2 7 6 ♭6 6 (4 3 2 1 7 | 6) 7 2 3 2 1 | 1 7 6 6 5 |

撇下你 一人 身受

5 5 2 7 6. 5 6 (5 1 7 | 6) 5 6 1 1·(2 3 2 | 1) 2 7 6 2 2 7 6 5 |

苦 冷清清 病卧招商

(6 1 5 6 | 6) (1 2 3 2 |

5 6 3 5 6 2 3 2 | 1 (6 5) 2 3 7 6 ♭6 6 | 6 3 6 1 3 2 1 |

凤寡鸾孤 但愿你 身体康健

1)

1 2 5 3 0 2 3 1 2 | 3 (2·4 3) 4 3 2 ♭2 7 2 | 2 ♯4 3 3 1 7 |

无灾无故 但愿你 回家乡

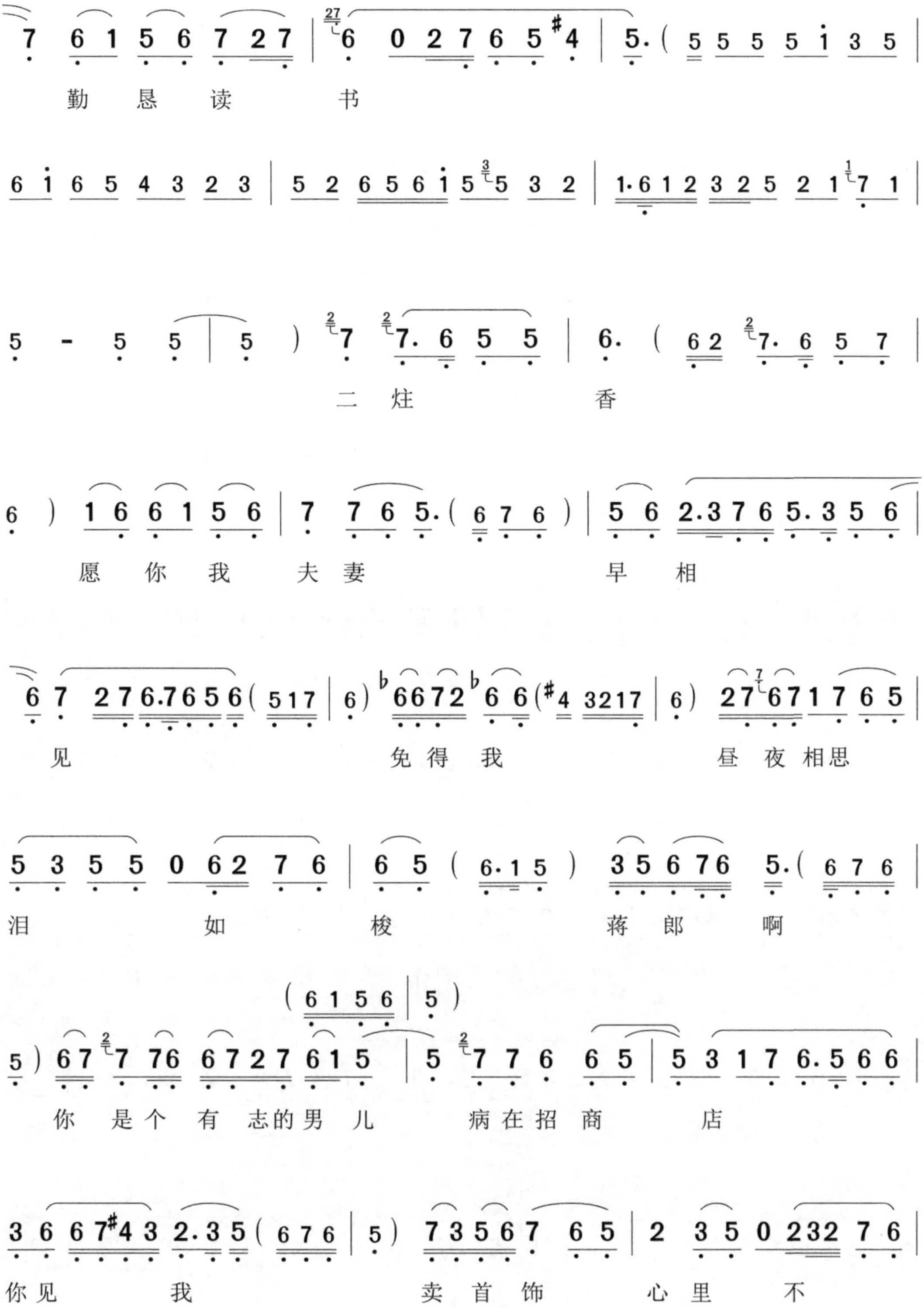

勤恳读书

二炷香

愿你我夫妻早相

见免得我昼夜相思

泪如梭蒋郎啊

你是个有志的男儿病在招商店

你见我卖首饰心里不

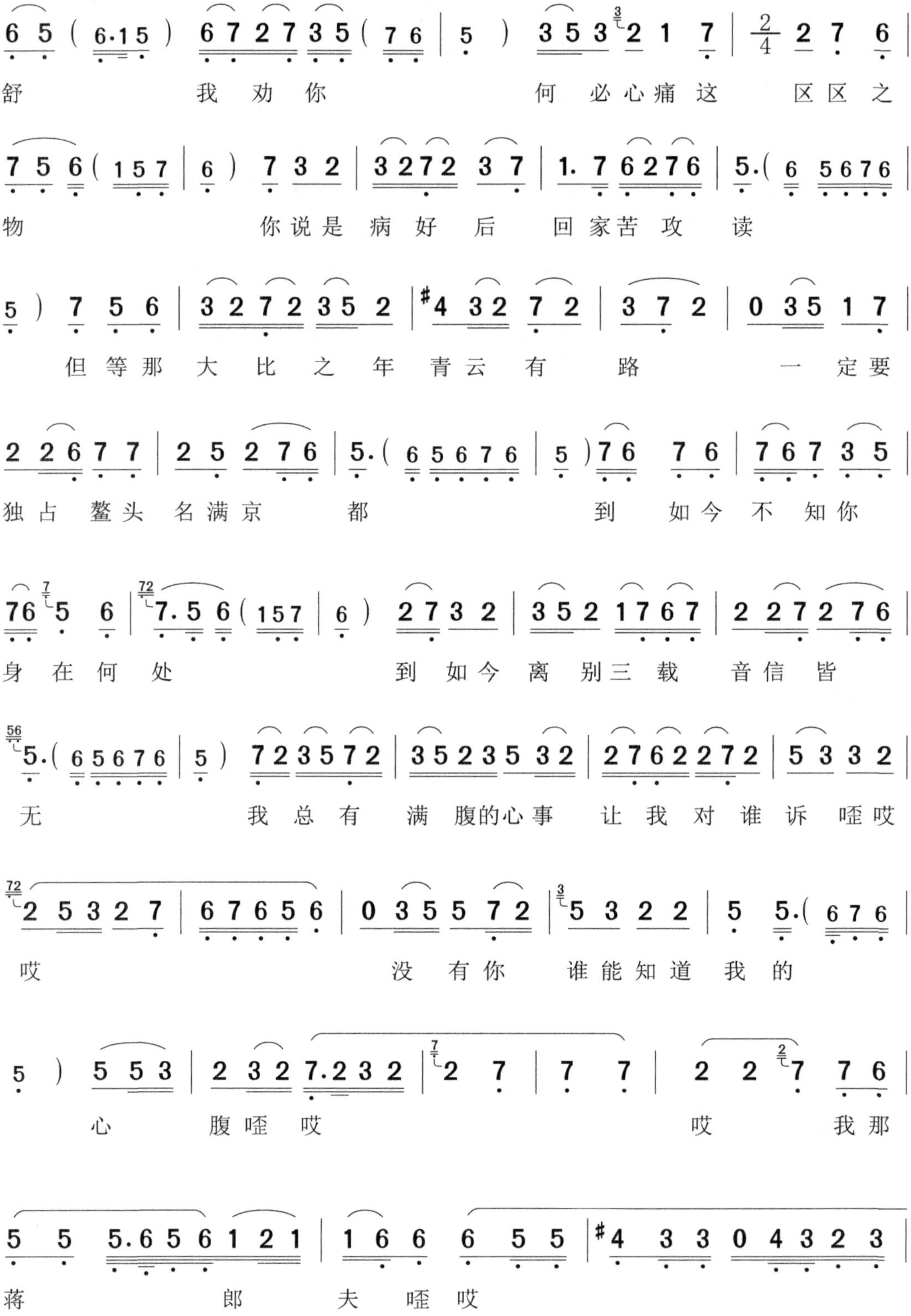

舒 我劝你 何必心痛这 区区之

物 你说是病好后 回家苦攻读

但等那大比之年青云有路 一定要

独占鳌头名满京都 到如今不知你

身在何处 到如今离别三载 音信皆

无 我总有满腹的心事让我对谁诉 咥哎

哎 没有你 谁能知道我的

心腹咥哎 哎 我那

蒋郎夫咥哎

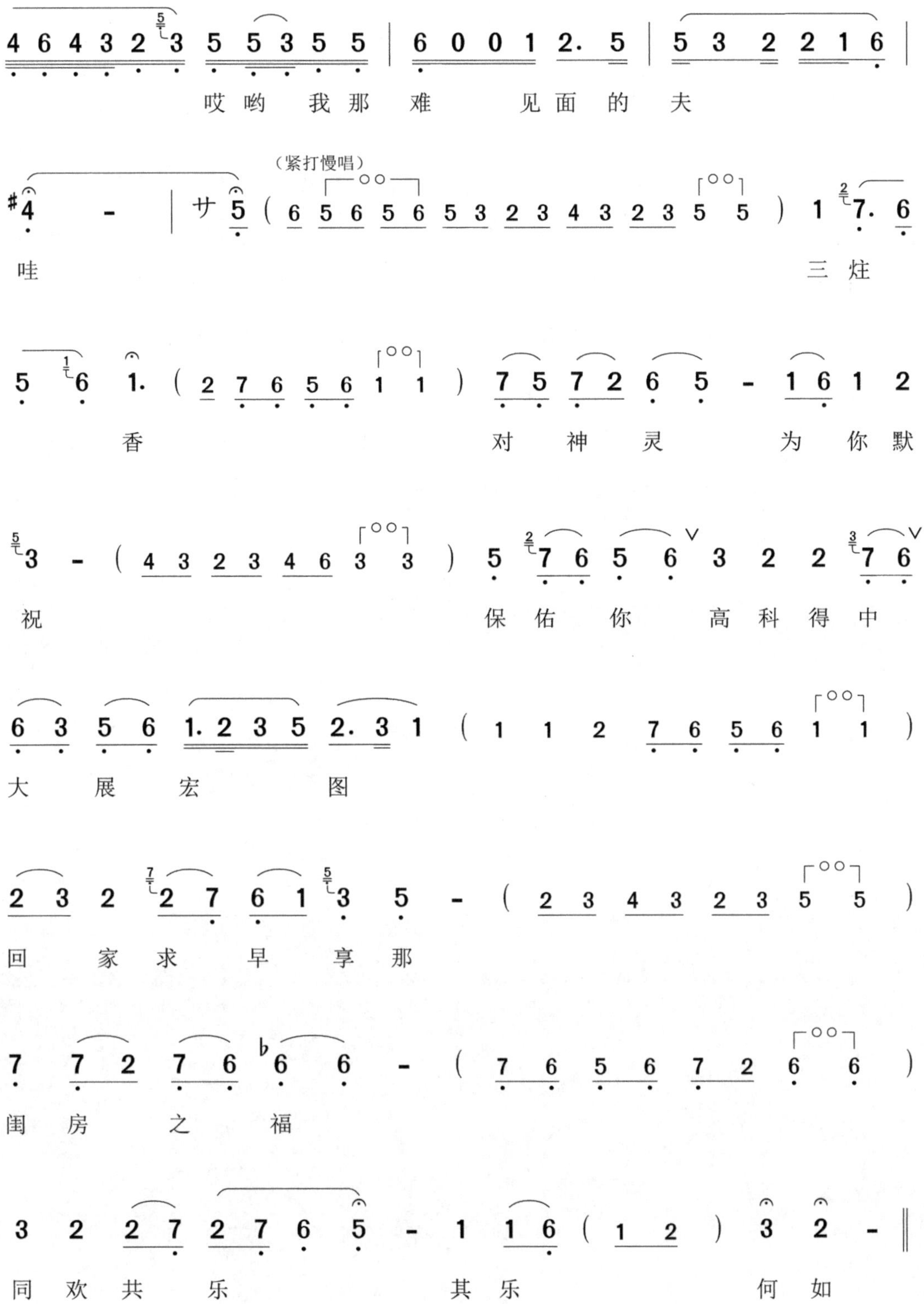

4 6 4 3 2 3 5 5 3 5 5 | 6 0 0 1 2. 5 | 5 3 2 2 1 6 |

哎哟 我那 难 见面 的 夫

（紧打慢唱）

#4 - | サ 5 (6 5 6 5 6 5 3 2 3 4 3 2 3 5 5) 1 7. 6

哇 三炷

5 6 1. (2 7 6 5 6 1 1) 7 5 7 2 6 5 - 1 6 1 2

香 对 神 灵 为 你 默

3 - (4 3 2 3 4 6 3 3) 5 7 6 5 6 3 2 2 7 6

祝 保佑 你 高 科 得 中

6 3 5 6 1.2 3 5 2. 3 1 (1 1 2 7 6 5 6 1 1)

大 展 宏 图

2 3 2 2 7 6 1 3 5 - (2 3 4 3 2 3 5 5)

回 家 求 早 享 那

7 7 2 7 6 ♭6 6 - (7 6 5 6 7 2 6 6)

闺 房 之 福

3 2 2 7 2 7 6 5 - 1 1 6 (1 2) 3 2 - ‖

同 欢 共 乐 其 乐 何 如

《庵堂认母》

1952年新凤霞参军后，首都实验评剧团（后改称北京市评剧团）为了充实评剧艺术人才，在1952—1953年，天津不少名演员来到此团，其中就有花月仙、小幼兰。1953年北京市评剧团排演《庵堂认母》一剧，此剧就由花月仙、小幼兰排演、张其祥为她们创作了此剧的全部唱腔，整出戏文场是最累的，基本没休息的时间，除了行弦就是唱腔。

此剧大概于1962年由原地质部文工团评剧团重新排演。王志贞由徐晶扮演，徐元宰由年丽珠扮演。由于时间较远，笔者只回忆起了这三段娃娃生的唱腔介绍给大家。

天地无边路绵长

《庵堂认母》选段（一）

1 = G

（5 2）弦

徐元宰 唱

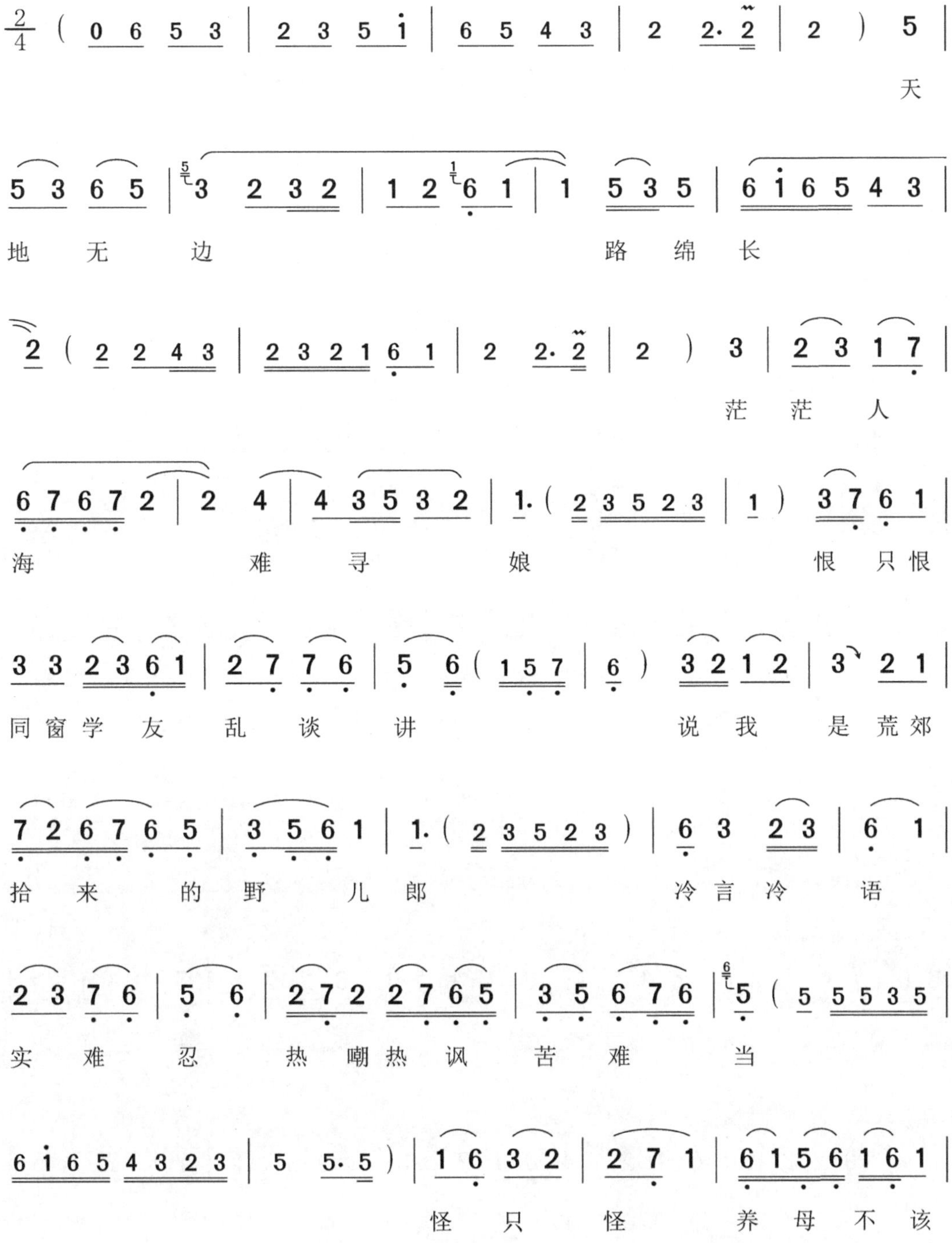

2/4

天

地 无 边 路 绵 长

茫 茫 人

海 难 寻 娘 恨 只 恨

同 窗 学 友 乱 谈 讲 说 我 是 荒 郊

拾 来 的 野 儿 郎 冷 言 冷 语

实 难 忍 热 嘲 热 讽 苦 难 当

怪 只 怪 养 母 不 该

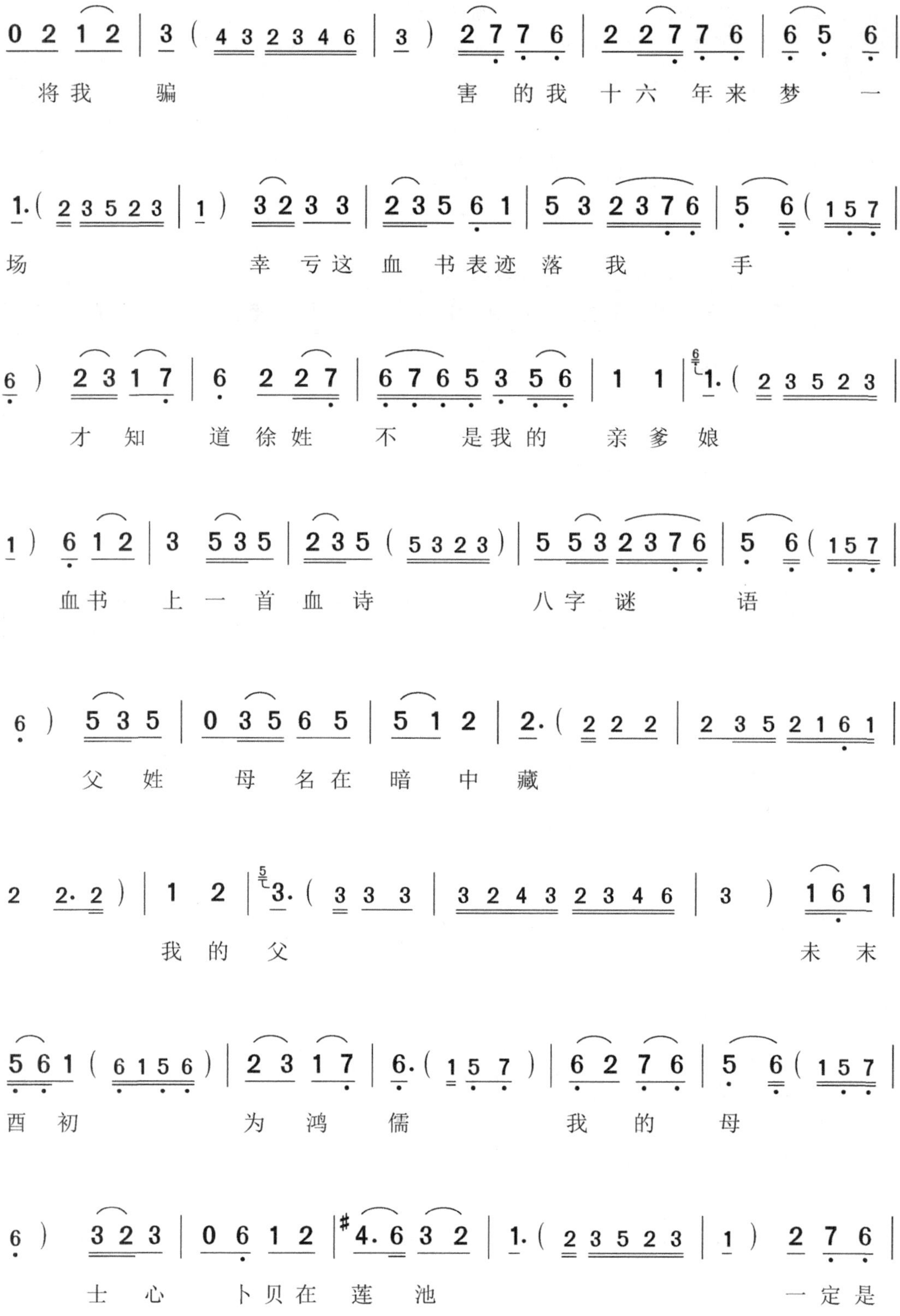

0 2 1 2 | 3 (4 3 2 3 4 6 | 3) 2 7 7 6 | 2 2 7 7 6 | 6 5 6 |

将我 骗 害 的我 十六 年来 梦 一

1· (2 3 5 2 3 | 1) 3 2 3 3 | 2 3 5 6 1 | 5 3 2 3 7 6 | 5 6 (1 5 7 |

场 幸 亏这 血 书表迹 落 我 手

6) 2 3 1 7 | 6 2 2 7 | 6 7 6 5 3 5 6 | 1 1 | 1· (2 3 5 2 3 |

才 知 道徐姓 不 是我的 亲 爹 娘

1) 6 1 2 | 3 5 3 5 | 2 3 5 (5 3 2 3) | 5 5 3 2 3 7 6 | 5 6 (1 5 7 |

血书 上 一 首 血 诗 八字 谜 语

6) 5 3 5 | 0 3 5 6 5 | 5 1 2 | 2· (2 2 2 | 2 3 5 2 1 6 1 |

父 姓 母 名在 暗 中 藏

2 2· 2) | 1 2 | 3· (3 3 3 | 3 2 4 3 2 3 4 6 | 3) 1 6 1 |

我 的 父 未 末

5 6 1 (6 1 5 6) | 2 3 1 7 | 6· (1 5 7) | 6 2 7 6 | 5 6 (1 5 7 |

西 初 为 鸿 儒 我 的 母

6) 3 2 3 | 0 6 1 2 | #4· 6 3 2 | 1· (2 3 5 2 3 | 1) 2 7 6 |

士 心 卜贝在 莲 池 一 定是

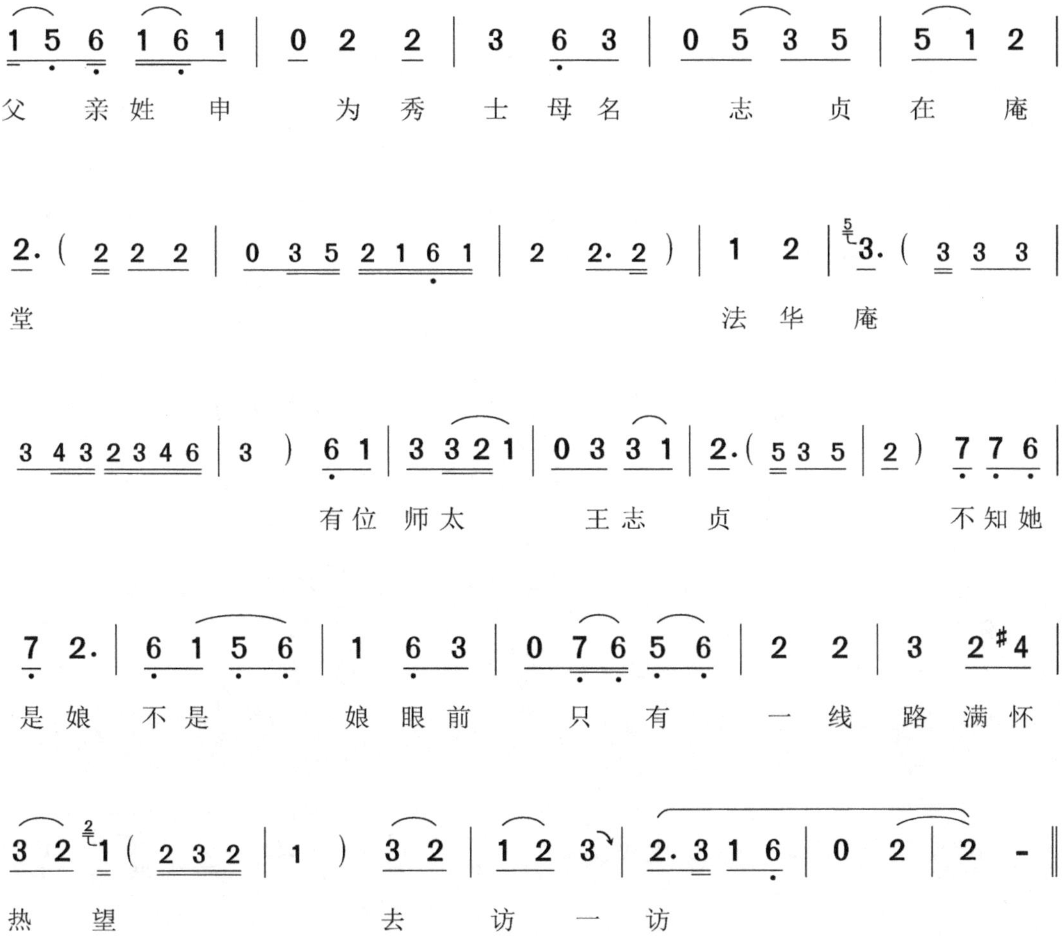

1 5 6 1 6 1 | 0 2 2 | 3 6 3 | 0 5 3 5 | 5 1 2 |

父 亲 姓 申 为 秀 士 母 名 志 贞 在 庵

2.(2 2 2 | 0 3 5 2 1 6 1 | 2 2. 2) | 1 2 | 3.(3 3 3 |

堂 法 华 庵

3 4 3 2 3 4 6 | 3) 6 1 | 3 3 2 1 | 0 3 3 1 | 2.(5 3 5 | 2) 7 7 6 |

有位 师太 王志 贞 不知她

7 2. | 6 1 5 6 | 1 6 3 | 0 7 6 5 6 | 2 2 | 3 2 #4 |

是娘 不是 娘眼前 只 有 一 线 路 满 怀

3 2 1(2 3 2 | 1) 3 2 | 1 2 3 | 2. 3 1 6 | 0 2 | 2 - ‖

热 望 去 访 一 访

观音大士请听真

《庵堂认母》选段（二）

1＝G

（5 2）弦

徐元宰 唱

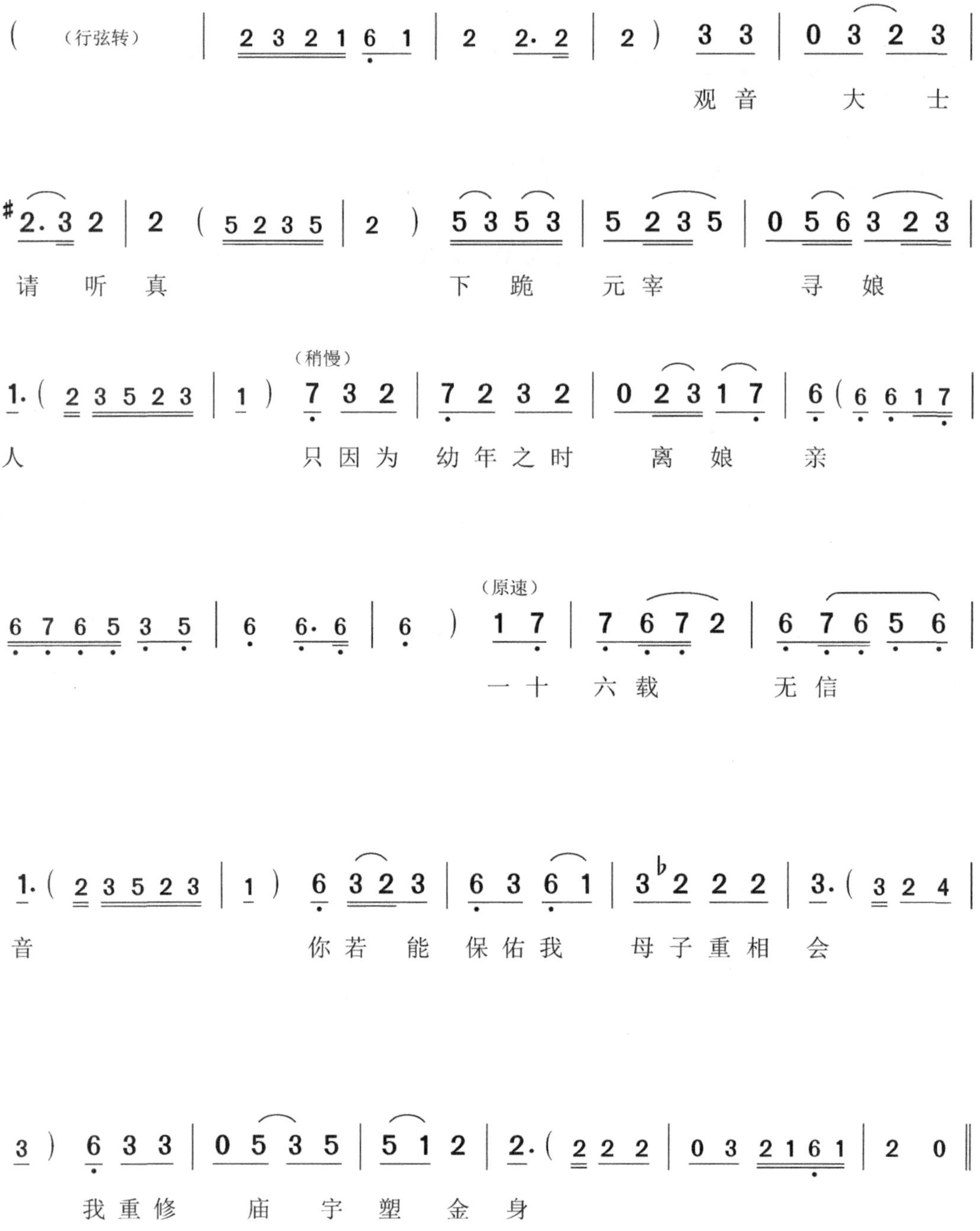

我手拿血书为凭证

《庵堂认母》选段（三）

1 = G

徐元宰 唱

（5 2）弦

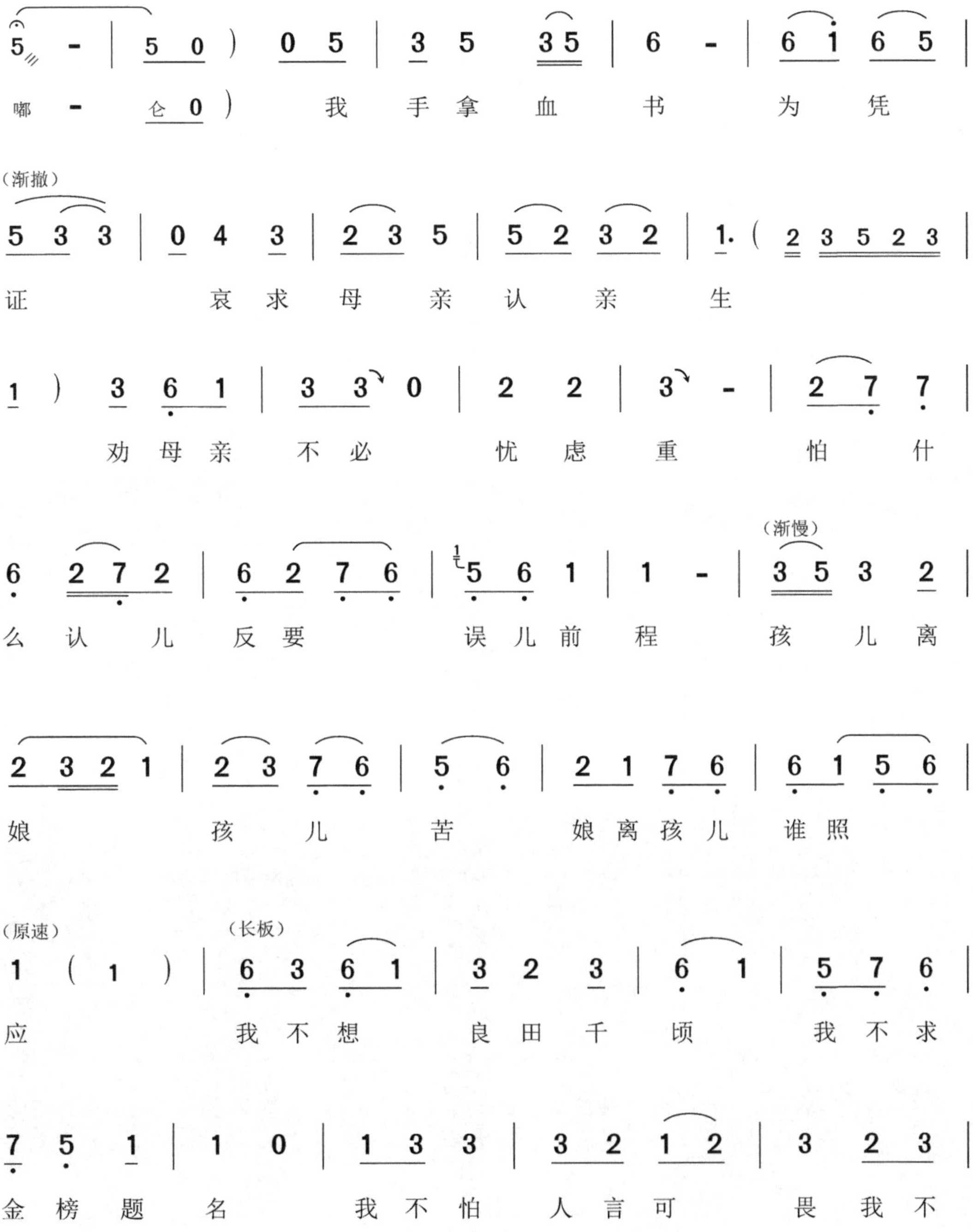

5 - | 5 0 ） 0 5 | 3 5 35 | 6 - | 6 1 6 5 |

嘟 - 仑 0 ） 我 手 拿 血 书 为 凭

（渐撤）

5 3 3 | 0 4 3 | 2 3 5 | 5 2 3 2 | 1.（ 2 3 5 2 3 |

证 哀 求 母 亲 认 亲 生

1 ） 3 6 1 | 3 3 0 | 2 2 | 3 - | 2 7 7 |

劝 母 亲 不 必 忧 虑 重 怕 什

（渐慢）

6 2 7 2 | 6 2 7 6 | 5 6 1 | 1 - | 3 5 3 2 |

么 认 儿 反 要 误 儿 前 程 孩 儿 离

2 3 2 1 | 2 3 7 6 | 5 6 | 2 1 7 6 | 6 1 5 6 |

娘 孩 儿 苦 娘 离 孩 儿 谁 照

（原速） （长板）

1 （ 1 ） | 6 3 6 1 | 3 2 3 | 6 1 | 5 7 6 |

应 我 不 想 良 田 千 顷 我 不 求

7 5 1 | 1 0 | 1 3 3 | 3 2 1 2 | 3 2 3 |

金 榜 题 名 我 不 怕 人 言 可 畏 我 不

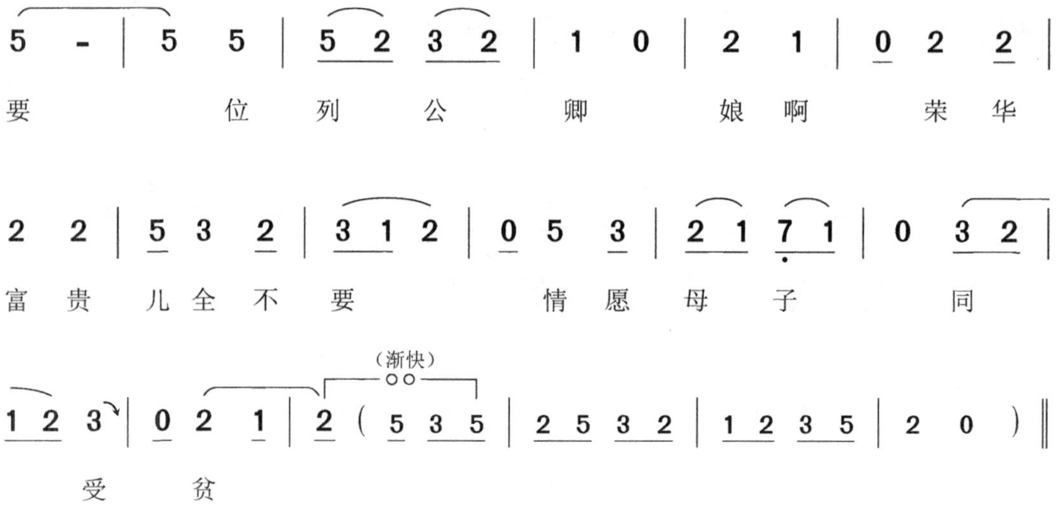

5 - | 5 5 | 5 2 3 2 | 1 0 | 2 1 | 0 2 2 |

要　位 列 公 卿 娘 啊 荣 华

2 2 | 5 3 2 | 3 1 2 | 0 5 3 | 2 1 7 1 | 0 3 2 |

富 贵 儿 全 不 要 情 愿 母 子 同

（渐快）

1 2 3 | 0 2 1 | 2 (5 3 5 | 2 5 3 2 | 1 2 3 5 | 2 0) ‖

受 贫

《两代尖兵》

张其祥调到中国地质文工团评剧团后的1959年，该评剧团排演了歌颂地质勘探队员不畏艰险、为国探寻宝藏事迹的一出戏，其中一个老地质学家有点保守和畏难情绪，这段唱是他在遇到危险困难时的一种几近绝望又无奈心态的情感表露。这段唱对人物内心的沮丧情绪表现得淋漓尽致，因此丰富和拓展了演员的表演空间。

好的唱腔不在于多么华丽，而在于能巧妙应用唱腔旋律去准确地展现主人公内心的情感变化。因此，和张其祥创作的众多好的唱腔一样，虽然五十多年过去了，笔者记忆犹新，尽管这段唱仅仅六句。

饰演此角色的是中国地质文工团评剧团的优秀青年演员刘杰，他演过话剧，他能准确地体现剧中人物的内心世界，不管从语言和形体都很有内涵，这段唱腔他演唱得非常到位。

出森林上雪山又是好几天

《两代尖兵》选段

地质专家 唱

1 = G

（5 2）弦

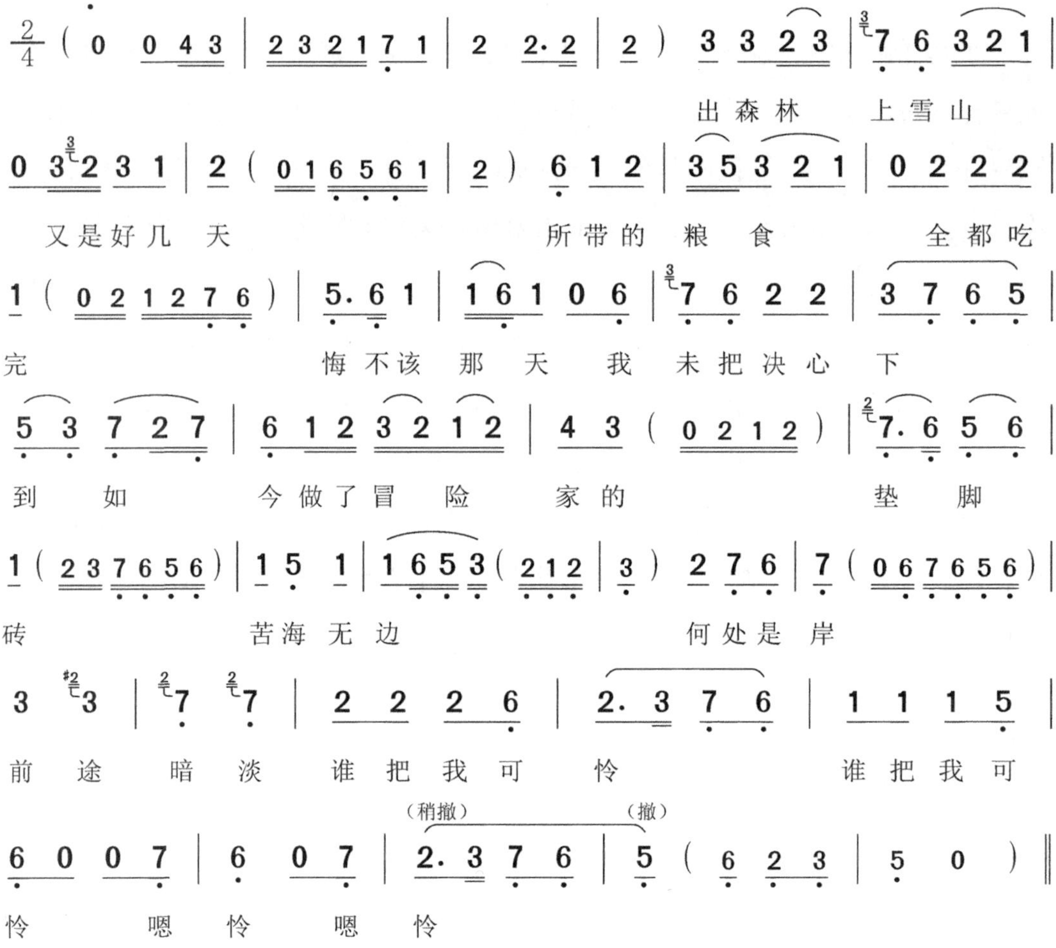

2/4 (0 043 | 232171 | 2 2·2 | 2) 3 3 23 | 76 321 |

出森林 上雪山

0 3231 | 2 (016561 | 2) 612 | 35321 | 0222 |

又是好几天 所带的粮食 全都吃

1 (021276) | 5·61 | 161 06 | 7622 | 3765 |

完 悔不该那天我未把决心下

53 727 | 612 3212 | 43 (0212) | 7·6 56 |

到如今做了冒险家的垫脚

1 (237656) | 15 1 | 1653 (212 | 3) 276 | 7 (067656) |

砖 苦海无边 何处是岸

3 3 | 7 7 | 2226 | 2·376 | 1115 |

前途暗淡谁把我可怜 谁把我可

6007 | 6 07 | （稍撤）2·376 | （撤）5 (623 | 50) ‖

怜 嗯怜 嗯怜

《邢燕子》和《英雄人物数今朝》

在《邢燕子》和《英雄人物数今朝》两剧中，有两段唱腔运用西路评剧的典型旋律改编创作，体现了张其祥创作精神，在演出中创造了很好的演出效果。

此两段唱皆由勇进团青年主演周艳君演唱。

咱二人从幼小儿一起长啊

《邢燕子》选段

1＝D

（1 5弦）

邢燕子 唱

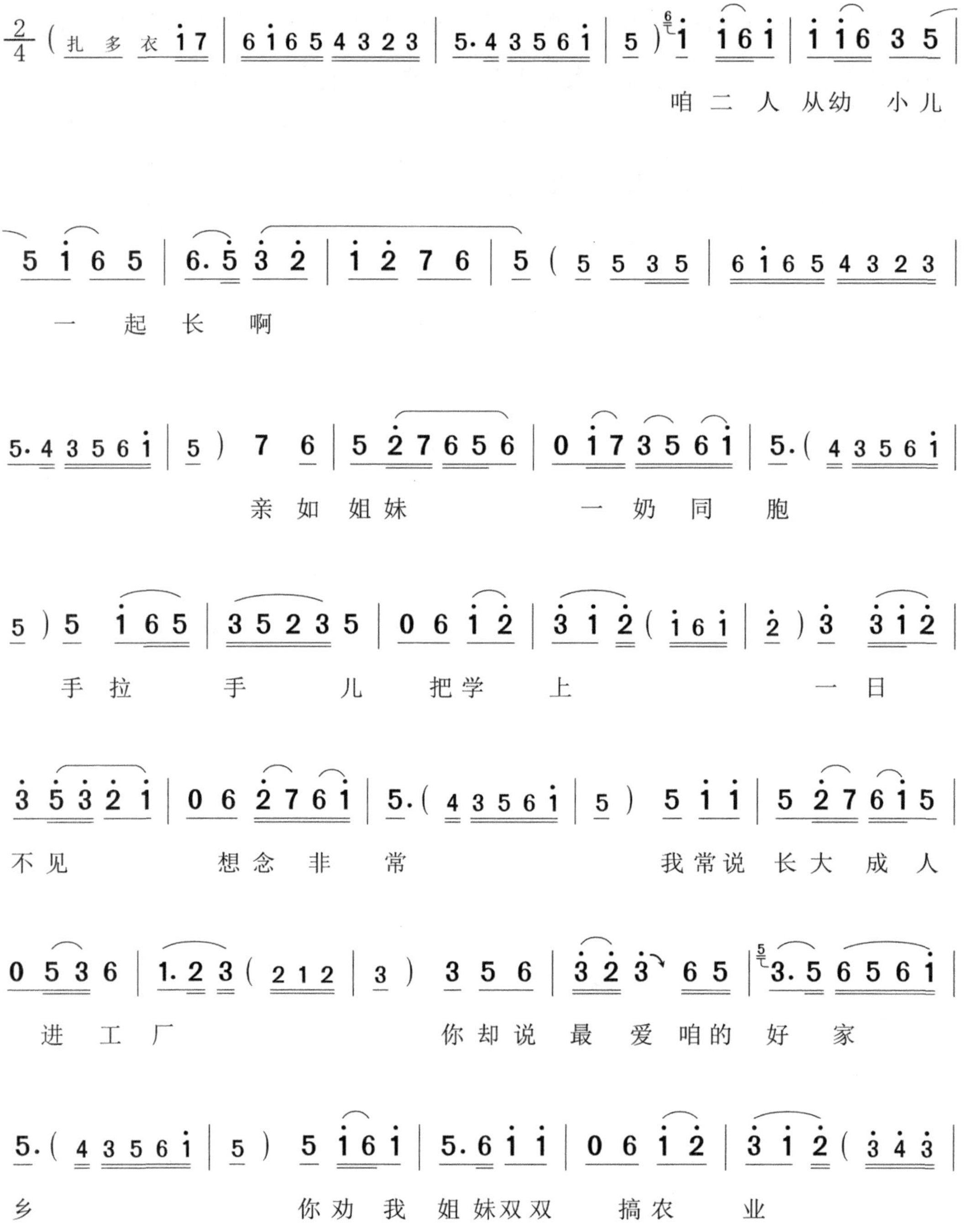

咱二人从幼小儿一起长啊

亲如姐妹一奶同胞

手拉手儿把学上

一日不见想念非常

我常说长大成人进工厂

你却说最爱咱的好家乡

你劝我姐妹双双搞农业

2) 3 2 1 2 | 0 5 4 3 | 2 (1 2) | 1. 2 5 3 | 2. 3 7 6 |

亲 手 把 咱 司 家 庄 建 成 天 堂

5 (5 5 1 3 5 | 6 1 6 5 4 3 2 3 | 5. 4 3 5 6 1 | 5) 1 6 1 1 | 5 2 7 6 5 |

到 如今 你 为 何

2 (1 6 1 |

0 3 6 3 | 6. 1 2 | 2) 1 3. 2 | 1 2 3 | 1. 2 3 3 |

变 了 理 想 我 爱 上 北 大 洼 你 却 不 爱

0 3 3 2 3 | 2 2. | 3. 5 3 2 | 1. 6 1 2 | 3. 5 3 2 |

咱 的 家 乡 啊 啊

1 2 7 6 | 5 (5 5 1 3 5 | 6 1 6 5 4 3 2 3 | 5. 4 3 5 6 1 | 5) 1 7 2 7 6 |

劝 妹 妹

1 7 6 1 5 | 0 6 3 | 6. 1 2 (1 6 1 | 2) 2 1 2 | 5 4 3 2 |

多 为 人 民 想 一 想 咱 国 家 多 么 需

（渐撤）

1. (6 5 6 1) | 1 2 3 | 2 1 6 5 3 | 5. (6 1 3 | 2 7 6 1 | 5 -) ‖

要 增 产 食 粮

向秀丽心里正思忖

《英雄人物数今朝》选段

（1 5弦）

向秀丽 唱

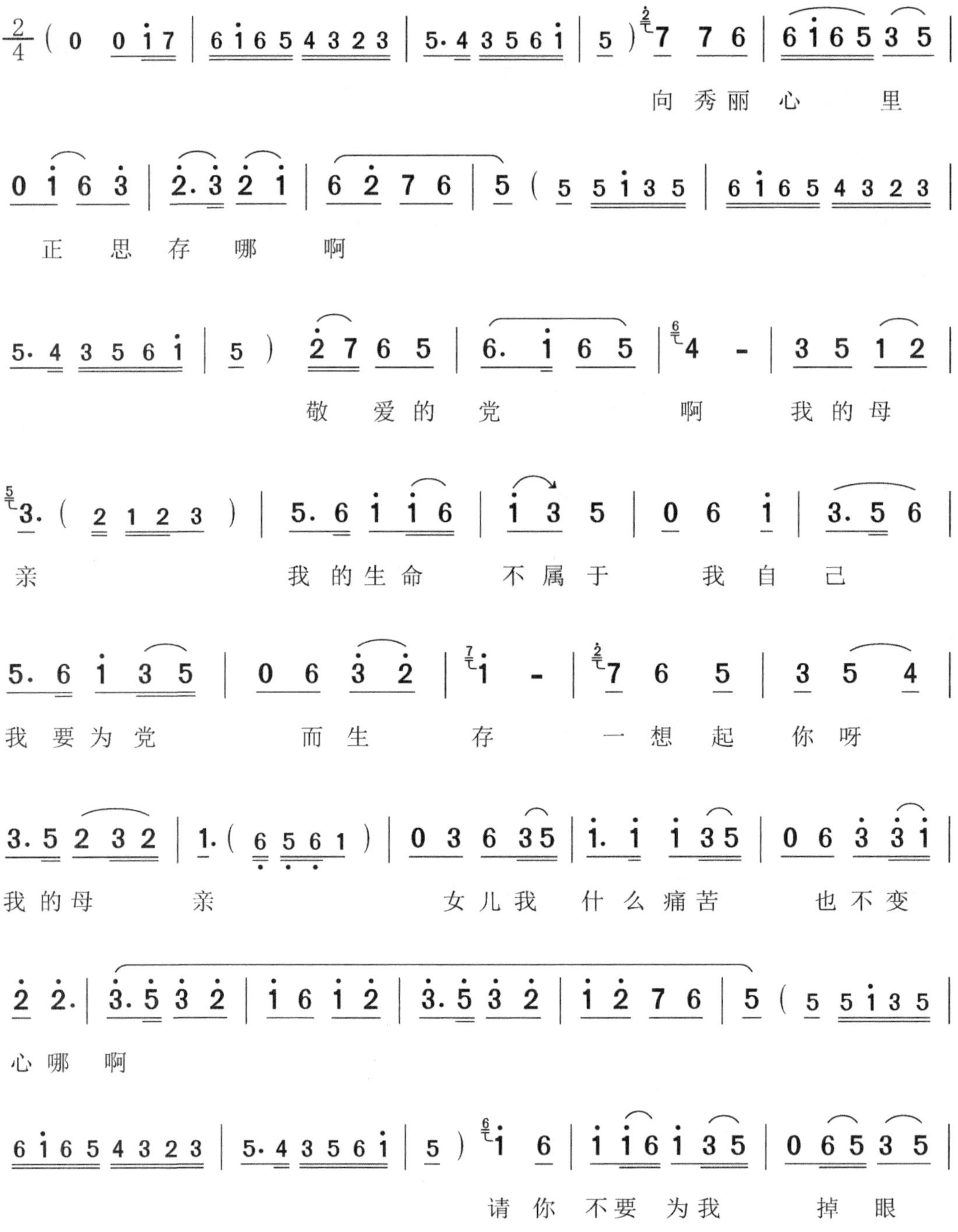

2/4 (0 0 1 7 | 6 1 6 5 4 3 2 3 | 5· 4 3 5 6 1 | 5) 7 7 6 | 6 1 6 5 3 5 |

向 秀 丽 心 里

0 1 6 3 | 2· 3 2 1 | 6 2 7 6 | 5 (5 5 1 3 5 | 6 1 6 5 4 3 2 3 |

正 思 存 哪 啊

5· 4 3 5 6 1 | 5) 2 7 6 5 | 6. 1 6 5 | 4 - | 3 5 1 2 |

敬 爱 的 党 啊 我 的 母

3. (2 1 2 3) | 5. 6 1 1 6 | 1 3 5 | 0 6 1 | 3. 5 6 |

亲 我 的 生 命 不 属 于 我 自 己

5. 6 1 3 5 | 0 6 3 2 | 1 - | 7 6 5 | 3 5 4 |

我 要 为 党 而 生 存 一 想 起 你 呀

3. 5 2 3 2 | 1. (6 5 6 1) | 0 3 6 3 5 | 1. 1 1 3 5 | 0 6 3 3 1 |

我 的 母 亲 女 儿 我 什 么 痛 苦 也 不 变

2 2. | 3. 5 3 2 | 1 6 1 2 | 3. 5 3 2 | 1 2 7 6 | 5 (5 5 1 3 5 |

心 哪 啊

6 1 6 5 4 3 2 3 | 5· 4 3 5 6 1 | 5) 1 6 | 1 1 6 1 3 5 | 0 6 5 3 5 |

请 你 不 要 为 我 掉 眼

5123 (212 | 3) 1 6 | 3 1 2 3 2 3 | 0 3 3 7 6 1 | 5. (4 3 5 6 1) |

泪 千万莫让那悲伤忧虑来临

3 5 6 1 1 | 1. (6 5 6 1) | 7 7 6 | 6 3 5 | 3. 2 3 3 1 |

打开了收音机 放声歌唱 歌声帮助

2. (1 6 1 2) | 7 7 6 5 | 3 5 | 6 6 5 | 6 1 3 5 |

她 战胜痛苦 她心里憧憬着

（稍撤）

3 3 1 2 3 2 | 1. 2 | 7 7 6 3 | 5 - | 6 4 3 2 |

未来的美景 她的歌声 虽然微

（原速）

2 1. | 5 3 5 | 1 6 1 (5 6 1) | 3 2 3 | 6. 1 2 |

弱 那力量却能 排山倒海

1. 2 3 5 3 | 2 2. | 3. 5 3 2 | 1. 6 1 2 | 3. 5 3 2 |

点石成金哪啊

1 2 7 6 | 5 (5 5 1 3 5 | 6 1 6 5 4 3 2 3 | 5. 4 3 5 6 1 | 5) 1 6 1 1 6 |

病魔对

3 2 1. 1 | 2 2 2 | 3 1 2 (1 6 1 | 2) 5 3 6 5 | 6 4 3 2 |

英雄是无能为力 这歌声代表

（渐撤）

1. (6 5 6 1) | 1 2 3 | 2 1 6 5 3 | 5. (6 1 3 | 2 7 6 1 | 5 -) ‖

着 英雄之心

《江姐》

此剧是中国地质文工团评剧团在归属于文化部后，于1964年排演的剧目，此剧的唱腔张其祥创作得非常好，笔者只记住了“看长江战歌掀起千层浪”这一段唱腔，非常遗憾。

看长江战歌掀起千层浪

《江姐》选段

1＝♭A

（5 2）弦

江姐 唱

サ（2· 3 4 6 5 －）3. 3 2 3 4 － 3 －（6 1 2 3 －）

看 长 江

1 6 1 6 5 3 5 － 3 2 7·（6 5 5· 6 7 －）5 3 1 1 －

战 歌 掀 起 千 层 浪 望 山 城

3 2 2 1 2 5 － 3. 3 2 3 ♯4. 6 3 2 3 2 3 2 1 |

红 灯 闪 闪 雾 茫

2/4 1 － | 0 0 |（1· 6 5 4 | 3 5 2 3 1 | 0 6 5 3 2 3 5 |

茫

（仓 顿 | 大大 大大 | 仓·尔 来 切 | 一 来 仓 | 打 扑 台 |

6·6 6 6 6 5 4 3 | 2 3 5 3 5 6 4 3 2 | 1 1 1 | 1）1 6 3 3 | 5 7 6 5 3 5 |

（仓 0 | 0 0 | 0 0） 一 颗 心 似 江 水

0 4 3 2 | 3（3 3 3 | 6·6 6 6 5 6 2 7 | 6 7 6 5 6 4 | 3 5 3 2 1 6 1 2 |

奔 腾 激 荡

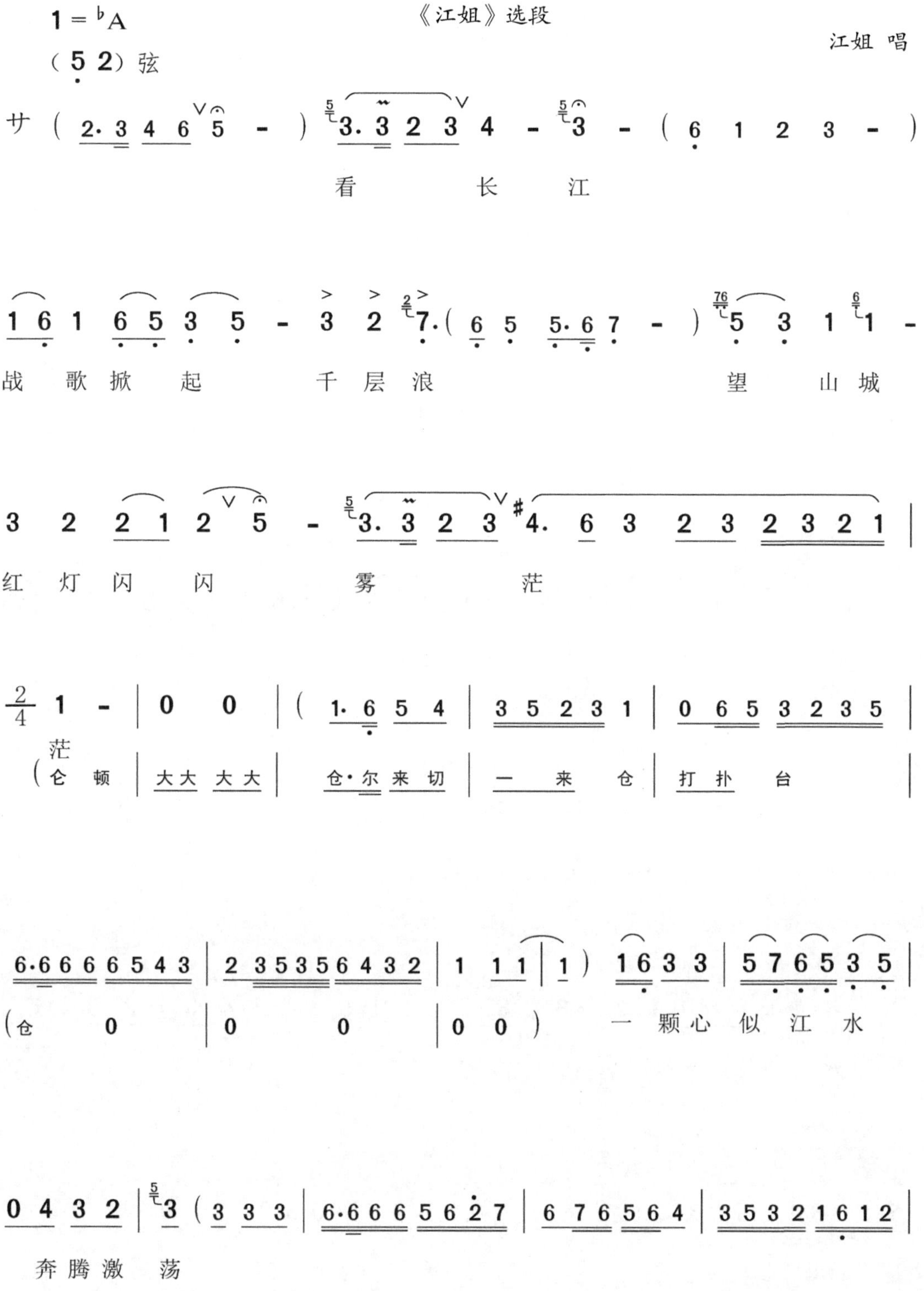

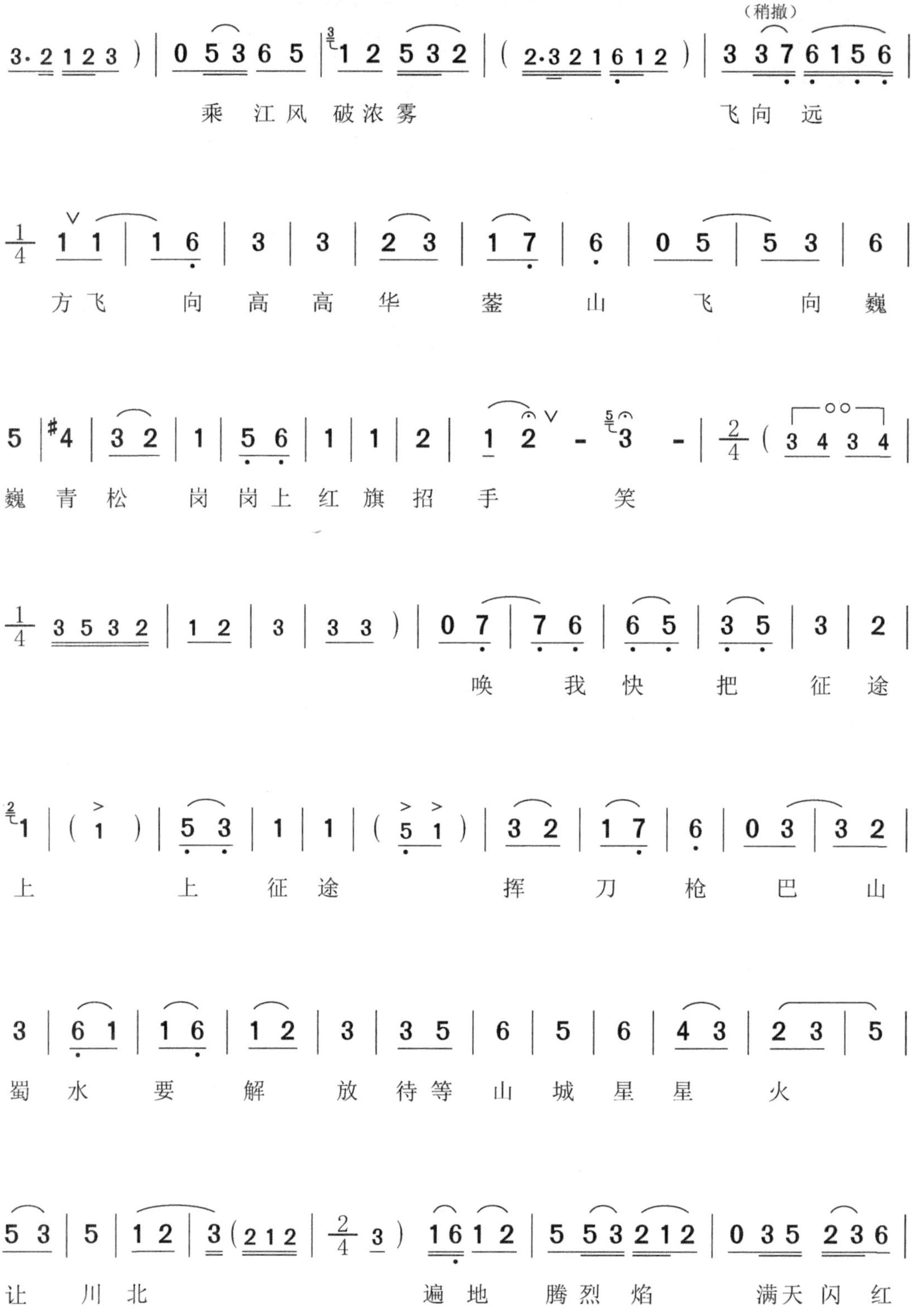

3·2 1 2 3) | 0 5 3 6 5 | 1 2 5 3 2 | (2·3 2 1 6 1 2) | （稍撤） 3 3 7 6 1 5 6 |

乘 江风 破浓雾 飞向 远

1/4 1 1 | 1 6 | 3 | 3 | 2 3 | 1 7 | 6 | 0 5 | 5 3 | 6 |

方飞 向 高 高 华 蓥 山 飞 向 巍

5 | #4 | 3 2 | 1 | 5 6 | 1 | 1 | 2 | 1 2 - 3 - | 2/4 (3 4 3 4 |

巍 青 松 岗 岗上 红 旗 招 手 笑

1/4 3 5 3 2 | 1 2 | 3 | 3 3) | 0 7 | 7 6 | 6 5 | 3 5 | 3 | 2 |

唤 我 快 把 征 途

1 | (1) | 5 3 | 1 | 1 | (5 1) | 3 2 | 1 7 | 6 | 0 3 | 3 2 |

上 上 征 途 挥 刀 枪 巴 山

3 | 6 1 | 1 6 | 1 2 | 3 | 3 5 | 6 | 5 | 6 | 4 3 | 2 3 | 5 |

蜀 水 要 解 放 待 等 山 城 星 星 火

5 3 | 5 | 1 2 | 3 (2 1 2 | 2/4 3) 1 6 1 2 | 5 5 3 2 1 2 | 0 3 5 2 3 6 |

让 川 北 遍 地 腾 烈 焰 满 天 闪 红

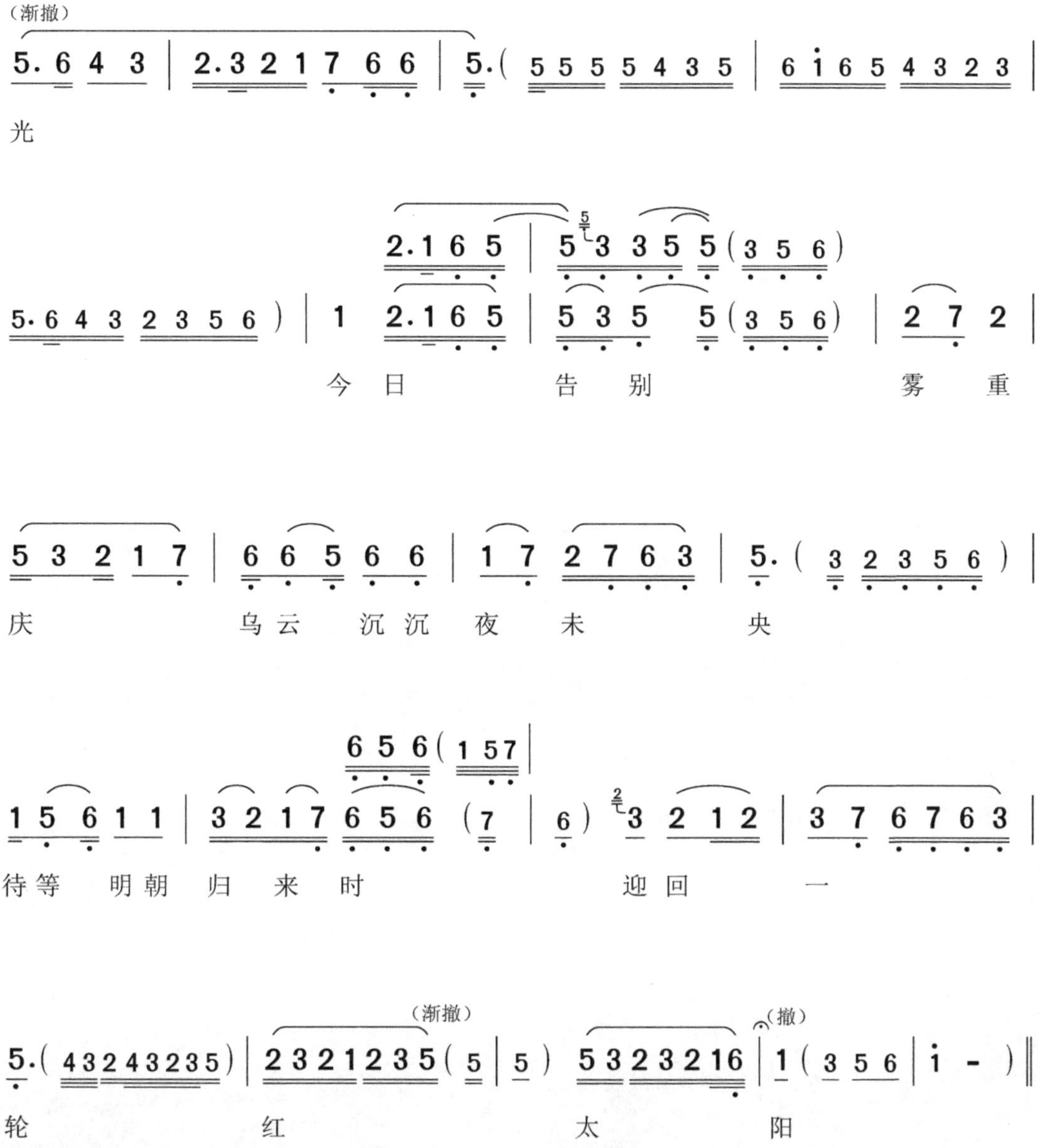

（渐撤）

5. 6 4 3 | 2. 3 2 1 7 6 6 | 5.(5 5 5 5 4 3 5 | 6 i 6 5 4 3 2 3 |

光

2. 1 6 5 | 5 3 3 5 5 (3 5 6)

5. 6 4 3 2 3 5 6) | 1 2. 1 6 5 | 5 3 5 5 (3 5 6) | 2 7 2 |

今日 告别 雾重

5 3 2 1 7 | 6 6 5 6 6 | 1 7 2 7 6 3 | 5.(3 2 3 5 6) |

庆 乌云 沉沉 夜 未 央

6 5 6 (1 5 7 |

1 5 6 1 1 | 3 2 1 7 6 5 6 (7 | 6) 3 2 1 2 | 3 7 6 7 6 3 |

待等 明朝 归 来 时 迎回 一

（渐撤） （撤）

5.(4 3 2 4 3 2 3 5) | 2 3 2 1 2 3 5 (5 | 5) 5 3 2 3 2 1 6 | 1 (3 5 6 | i -) ‖

轮 红 太 阳

跋 为戏曲音乐家们呼吁

人们对于已故表演艺术家新凤霞、李忆兰都很熟悉，但是说到20世纪50年代初期，能够让她们在短短的一两年内就得以成名的代表剧目中的唱腔是谁创作的？是谁教授的？又是谁为她们伴奏的？这答案除了少数业内人士及还健在的评剧老艺术家外，早已鲜为人知。甚至多数人都会认为这些唱腔都是当年演唱者自己创作的。不仅在评剧界，京剧界和其他兄弟剧种中都可能存在这种情况，即名演员是他们所演唱的成名唱段的当然创作者和拥有者，似乎这早已成为一种共识。其实这是人们认知上的一个误区，一个剥夺他人原创权的误区，一个抑制戏曲艺术发展的误区。

1950—1951年，新凤霞在她赖以成名的现代评剧《祥林嫂》《艺海深仇》《刘巧儿》剧目中所扮演的祥林嫂、陈凤英、刘巧儿，以及1952—1953年李忆兰在她赖以成名的现代评剧《女教师》，神话剧《张羽煮海》中所扮演的宋洁芬、琼莲等角色的唱腔，都是由张其祥创作、教授并伴奏的。尤其从创作方面的贡献来说，张其祥可被称作一位真正的“戏曲音乐家”。

中国戏曲不同于西方歌剧，其音乐的创作不是由专门的作曲家完成。一个新排剧目的唱腔、音乐，一般都是由琴师创作。拿张其祥的经历来说，他所在的是当时经营较好的民营剧团，每天日夜共两场戏，星期天要演三场。新戏的排练只能在散了夜戏以后进行，何况包括新凤霞在内的很多艺人当时都不识字，因此他们没有能力、也根本没有时间去创作唱腔。这种由乐队琴师创作新排剧目中的唱腔、音乐的创作模式沿用至今。

李忆兰原是京剧演员，不懂评剧。来团后是张其祥先生一字一句地教她唱《刘巧儿》一剧中的唱段，并反复为她吊嗓、吊唱。不管叫“启蒙”也好，叫“开坯子”也好，总之是张其祥先生把她领进了评剧演唱艺术之门，并亲自为她首次排演的现代评剧《女教师》创腔、教唱、伴奏。此剧参加了第一届全国戏曲观摩演出大会（1952 年 10 月 6 日至 11 月 14 日在北京举行），她获得了表演奖。张其祥先生相继又为她创作了神话剧《张羽煮海》的唱腔，并在此剧唱腔的创作过程中，他首次移植了京剧中的摇板板式，从而丰富了评剧演唱艺术的表现力，为评剧演唱艺术增添了一个紧打慢唱的新板式。在 1954 年北京市第一届戏曲观摩演出中，此剧又获得了表演、音乐唱腔创作等多个奖项。仅短短一年多的时间，李忆兰从一个对评剧一无所知的京剧演员，迅速成长为评剧舞台上的一颗新星，一颗令当时戏曲界很多优秀青年演员所钦羡的新星。之后，张其祥先生又相继为她创作了《白蛇传》《樊梨花斩子》《拜月记》等诸多剧目的唱腔。可以这样说，从与新凤霞、李忆兰合作始，她们在团中（即从“凤鸣剧社”到“首都实验评剧团”再到“北京市评剧团”）排演的所有的新剧目中所饰演角色的唱腔，都是张其祥先生亲自创作、教授、伴奏。这些剧目构成了“新派”艺术、“李派”艺术的基础，那些流传下来的优秀剧目及其唱段，自然成为“新派”艺术、“李派”艺术中的代表剧目和其演唱艺术风格中的精品唱段。

好戏要有好演员演，好腔要有好演员唱。演员在舞台上的贡献是最容易被看到的。反观戏曲音乐家，作为幕后贡献者，他们在戏曲艺术的发展中几乎是“无名”的，但戏曲的繁荣又离不开这些幕后无名者所创的腔、所写的曲。曲，在戏曲艺术中占绝对重要位置，它关系着戏曲艺术的传承和发展，悬系着戏曲艺术的振兴与辉煌。同是一出戏，皆因曲的风格迥异而变得更加丰富多彩、琳琅满目。戏因曲而丰满、动人、更具魅力；曲由戏而生，并交融、贯穿戏的始终。

张其祥以及更多的戏曲音乐家，无偿或者以很少的报酬为演员们创作唱腔、教授唱腔，只因他们热爱戏曲艺术，全身心地投入其中。而今天我们能给予他们的尊重，不妨从这里起步：在涉及相关剧目时，为这些戏曲音乐家署名。同时也在此呼吁，为了戏曲艺术的繁荣与发展，请正视戏曲音乐人的价值，尊重他们的创作成果，维护他们应有的权益。

后 记

我国的戏曲艺术源远流长，是我们民族艺术的重要组成部分，是民族艺术之本。书稿本为纪念我父亲张其祥而作，初成型时只有六万余字，后增写了几篇也仅有七万字。为了将它出版，也为了将我父亲对评剧的贡献更直观地展现给读者，我突发奇想将他创作的一些剧目的唱腔曲谱有选择地整理出来，终成此书。书稿定稿，距我初完成时已过去了二十年，我很自嘲。

由于对此书定位为我父亲的“艺术人生”，故而对我母亲的回忆未能收录其中。我父亲能够心无旁骛地投入他所钟爱的戏曲事业及唱腔创作中，主要是因为我的母亲。她独自负担起了家庭的事务及我们兄弟姐妹九人的生活、教育、成长的全部责任，让父亲没有丝毫后顾之忧。她没有什么文化，仍无私地把爱给予我们全家所有人。此书出版之际，忆及家慈，百感交集。

这本书能出版，我很感谢李松。他曾是我的同事，后在中华人民共和国文化和旅游部民族民间文艺发展中心主持工作。为了考察、调研我国各民族、各地方的优秀文化遗产，他的足迹踏遍了祖国大地，回京后还要编辑整理成书，他对我国文化艺术遗产的传承功不可没，利在千秋。他在如此百忙之中，还抽出时间向我介绍了有关图书出版的相关知识，并联系学苑出版社帮我出版。在这里我代表我的家人尤其是我的兄弟姐妹，向李松，向学苑出版社洪文雄社长和责编黄佳表示衷心感谢！

我衷心祝愿我国的戏曲艺术再现辉煌！

致礼

张茂生

2022 年 7 月